如何成为超级创业英雄

硅谷神话推手写给创业者的教科书

[美] 提姆·德瑞普（Tim Draper）◎著

李文远◎译

HOW TO BE
THE
STARTUP
HERO

ZHEJIANG UNIVERSITY PRESS

浙江大学出版社

RECOMMENDATION

推荐序

有趣是对投资人的最高评价

"硅谷经济学"奠基人布莱恩·亚瑟（Brain Arthur）教授曾经说过：美国四分之三的投资人都不了解科技公司发展的原理，他们用老一套的估值模型对互联网企业进行定价，自然给出了不切实际的价格。

硅谷风投神人提姆·德瑞普先生绝对是个例外，堪称风投这个行业内的翘楚，说他是最顶尖的那一类神人也不为过。

提姆·德瑞普先生旗下的德丰杰全球创投基金穿越数个经济周期，作为早期投资方成功投资过 Hotmail、Skype、Yahoo!、百度、分众传媒、空中网、特斯拉、SpaceX 等 200 多家明星创业公司，他本人也曾开辟过风投领域无数个"第一"：第一个在美国为自己的投资公司花钱打广告、第一个走出国门进行海外投资、第一个在全球设立分公司或子公司等。除此以外，他的家族盛名响彻硅谷，他的祖父成立了西海岸第一家风投公司，从此启动了硅谷的创新引擎，爷孙三代的人生轨迹始终与美国创投圈的跌宕浮沉交融在一起。

我与德瑞普先生缘起于 2015 年。彼时的我初出茅庐，刚写完《增长黑客》初稿，满世界找寻慧眼识珠的大佬为我推荐作序。德瑞普进入我的视野，不仅因为他的盛名，更由于他当年第一个想出利用电子邮件签名进行病毒式营销，并成功地运用在所投的 Hotmail 上，成就了短时间风靡全球、最终被微软收购的传奇佳话，可谓"增长黑客"的始祖巨匠。

成功者总有勇攀新高峰的夙愿。倘若你已经站在罗马帝国之巅，你会采取怎样的行动来避免自己的衰落？面对这个问题，伊隆·马斯克选择继续开疆拓土，并行运作数家公司，上天入地搅动时空，体味创业者"嚼着玻璃凝视深渊"的快意人生。而作为他的投资人，功成名就的提姆·德瑞普选择急流勇退，不再担任德丰杰的合伙人，转而在投资以外开创了一项新的事业——用超级英雄理念对创业者进行短期培训的"德瑞普大学（Draper University）"。

这个位于湾区中部圣马特奥（San Mateo）中心的创业学校，面向 18～26 岁、对创业有兴趣的年轻人，提供 10 周左右的短期学习。他的课堂不仅邀请顶尖创业者现身说法，更有让你哭笑不得、事后回味却收益良多的实战演练，比如把学员分组带到荒山老林，每队配发一个指南针，要求所有人在指定时间到市中心集合。我虽未曾有幸亲历，但每听身边往届学员谈起在德瑞普大学的经历与收获，都颇感有趣。

说到有趣，这大概是对一个人的最高评价。颜值无法让渡，才华很难传承，财富鲜有捐弃，而有趣则是一种能对外散发的迷人的后天特质。德瑞普先生又恰是一个有趣的人。通常来说，这在开启了"上帝视角"、洞若观火、谨言慎行的投资人圈里，是难能可贵的标签。

他的有趣，从德瑞普大学的装潢中可见一斑：大厅墙壁上喷涂着超人、神奇女侠等美国漫画超级英雄，而学员到堂的第一课就是被要求各自阐述"自己具备什么样的超能力"。

德瑞普本人风趣健谈、毫无架子的性格，也可以从本书中窥得几分，比如他会跟你侃侃而谈自己在乌克兰投资受骗的倒霉经历，或是 Skype 早期为了演示视频通话功能不惜切断 10 万个音频呼叫的八卦内幕，更会将自己人生清单上的 101 个项目毫无保留地呈现给你。在这张清单上，你将看到诸如"亲身经历飓风""制作一款棋盘游戏""帮助一名囚犯获得自由""去华西街喝蛇血""从恶魔岛越狱"这样无厘头的计划。

他总能用自己的方式撇开尘嚣，体味这个世界的独特精彩之处，相应地，他也希望每一个报考德瑞普大学的年轻人能够在申请书里表明，自己有能力、正在或已经从某种程度上改变世界——哪怕当下不那么波澜壮阔，而仅是一颗坚毅的种子，生发自某个看似微不足道的罅隙之中。

这本书有趣有料，字里行间虽穿插看似玩世不恭的戏谑调侃，背后却蕴藏着世事洞明的真诚豁达与大道至简的高级智慧。我很荣幸能作为早期的推荐者，配合策划和出版公司将这本书引入国内，完成中文版的推荐序，以铅字的形式与提姆·德瑞普再续前缘。

祝你也从这本书中获得乐趣和养料。

范冰

《增长黑客》作者、增长官研究院创始人

卷二　创业英雄操作手册

结语

PREFACE

序　章

DEDICATION

献　辞

献给我的父亲和精神支柱比尔·德瑞普（Bill Draper）

　　我的父亲是个平凡的人，但他的一生充满了激情和热忱。他是风险投资行业的先驱。从 1958 年，也就是我出生那年起，父亲便开启了他的职业生涯。他曾担任过美国进出口银行（Export Import Bank）董事长、联合国开发计划署（United Nations Development Programme，UNDP）署长，是首位投资印度市场的风险投资家；他还创立了第一家社会风险投资基金。除了照顾自己的小家庭之外，他养活了整个德瑞普家族……他写过一本名为《创业游戏》（*The Startup Game*）的书，书的内容十分精彩。我建议各位读者也看看，它能够让你的精神为之一振。父亲的乐观主义精神极具感染力，他就是我的创业英雄。

　　我的父亲受人爱戴，对他所认识的每一个人都很热心。他拥有非凡的判断力，能看到每个人的优点；只需简单聊几句，他就能知道对方想做什么和拥有什么样的潜力。这是他与生俱来的天赋。多年来，他给我提供了很多有用的建议，譬如"多投入10%的精力""做生意就是让所有人都满意""每天都把钱包和钥匙放在一起""不打无把握之仗"等。不过，他给我的最佳建议也许来自另一件事。有一次，他想让我把几张桌子卖给当时即将成为副总统的乔治·赫伯特·沃克·布什（George H. W. Bush，即老布什），当时老布什正在为竞选举办筹款活动。父亲对我说："儿子，你爷爷跟我讲过一个道理，现在我要把这个道理告诉你，做生意最重要的不是谁在买东西、谁在卖东西，而是人与人之间的关系。"这个建议让我受益匪浅。从那时起，我总是毫不犹豫地发起募捐，捐款要么是无偿的，要么就是为我的风险投资基金筹集资金，这样做都是为了加强人际关系。通过募捐活动，我结交了很多好朋友和生意伙伴。

献给我的母亲和人生导师菲丽丝·德瑞普（Phyllis Draper）

我的母亲教会我注意自己的言行举止，阅读经典书籍，学习盲打。她养育了我，教我语法，为我营造了一个让我尽情探索和创造的环境，教我从事园艺，并且对我进行学前教育。每当我想表达意见的时候，她总是耐心倾听我的心声。

在我所认识的人当中，她是最坚强的。她患有帕金森综合征。我问她："这种病很可怕吗？"她说："人生充满了挑战，这只是挑战之一而已。"尽管疾病让她的身体非常虚弱，但她仍然坚持每天步行一英里，而且经常参加儿孙们的户外活动。帕金森综合征导致她经常跌倒，而每次倒地时，她的第一句话总是："我没事。"她的决心和毅力是所有人的榜样，她也是我的创业英雄。

献给我的妻子和挚爱梅丽莎（Melissa）

梅丽莎一直都是我的坚实后盾。每当我摇摆不定时，她总会给我精神上的指引。她帮助我摆脱思想负担，鼓励陷入困境的我东山再起。她带我进入了一个充满艺术、鲜花、室内设计和城市生活的世界。假如没有遇到她，我可能会跟这个世界绝缘。她对人性的理解入木三分，她的深思熟虑、明辨是非的能力，异常有趣和古怪的幽默感，以及她对我的爱和信念让我的人生变得精彩无比，从而造就了这一本书。她是我的避风港，为我遮风挡雨。人们常常问我：我不断前进的动力是什么？答案就是梅丽莎，是她促使我做最好的自己。

我们一起抚育了四个孩子，并把他们变成了创业英雄。梅丽莎同样是我的创业英雄。

献给我的得力助手凯伦·莫斯特斯 - 威思罗（Karen Mostes-Withrow）

过去 30 年里，凯伦一直都是我的忠实支持者。这些年来，无论发生什么事情，我知道凯伦都会在背后支持我。没有她，我的成就将会减半。在工作中，她总是先我一步知道我需要什么。她对我的信心坚定不移，她对我的忠诚无人能够比拟。她和我同甘共苦，荣辱与共。记得有一次，我们请一家名为"饥饿学生"（Starving Students）的低端搬家公司帮我们搬迁办公室。到了半路，搬运工突然甩手不干了，我们只能自己动手搬东西。凯伦一直陪着我忙到午夜一点半，把所有的办公家具搬上和搬下卡车。每当我让她做某件事时，无论我的态度多么粗暴，她都会把事情办好。她始终心存一线希望，总能找到缓解我愤怒的办法。凯伦是我的创业英雄。

献给我的好友克里·爱德华兹（Cree Edwards）

我和克里从小就睡一张婴儿床，他是我的老朋友，也是最亲密的朋友。这本书的创意最初就源自克里。他与我同甘共苦，是我真正的朋友。我投资了他的两家公司，他也取得了巨大的成就。现在，他在德瑞普大学（Draper University）董事会任职。我们喜欢相互竞争，相互砥砺，相互鼓励。很自然地，他也在写一本书。所以，创业英雄克里，比赛开始喽！

献给相关的其他人

特别感谢谷歌、BrainyQuote 和维基百科为我提供这本书所需的信息和答案，我希望它们是准确的。如果不是的话，我相信我会从读者那里得到一些反馈。我还要特别感谢书中提到的所有人。我知道，对于一些事情，你们的记忆可能和我的有所不同，但我已经尽量如实地叙述每一个故事，希望你们能领会这本书所寄托的精神。幸运的是，我可以对这本书的在线版本进行修改，而不必等待新的版本印刷出来。如果我讲述的内容跟你们记忆中的有所不同，请告诉我，我可以做出相应的更新。如果我没有更新，那就把书中的故事当作是杜撰的吧。

ORIGINS

家族起源

德瑞普家族史

我的祖父小威廉·H.德瑞普（William H. Draper Jr.）将军是个精力充沛之人。第二次世界大战后，他负责马歇尔计划（Marshall Plan）中针对日本和德国的经济援助工作。他曾是美国陆军部第一任副部长，也是美国驻北约组织（NATO）第一任大使。计划生育政策（Planned Parenthood）也与我的祖父有关。作为美国驻联合国人口委员会（United Nations Population Commission）的代表，他于1970年参与制定了中国的计划生育政策（Family Planning Policy），这是1979年中国计划生育政策的雏形。在迪隆·里德银行（Dillon Read & Co.）工作期间，他资助建造了旧金山海湾大桥（Bay Bridge）。他读大学时，人送外号"摩托高手"。不过，他对世界的最大贡献也许是他在1957年创立了DGA（Draper Gaither and Anderson）公司，成为硅谷首位风险投资家。

我的外祖父威廉·卡伯特森（William Culbertson）非常善于打造人际关系网。他曾任美林国际银行（Merrill Lynch International）董事长，负责在海外偏远地区组建办事处。他发现了一个更便于人们投资股市的机会，于是为美林在世界各地设立了经纪公司。

我的父亲威廉·H.德瑞普三世是一位开拓者。他是风险投资领域的先驱，投资了人类有史以来第一家软件企业动视公司（Activision）、第一批软盘制造商昆腾（Quantum）公司和Priam公司、第一家农业DNA公司Hybritech，以及硅谷第一位中国移民企业家大卫·李(David Lee)所创办的Qume公司，该公司生产出了全球第一台菊轮电脑打印机（daisy wheel computer printer）。

1981年，他被美国总统罗纳德·里根（Ronald Reagan）任命为美国进出口银行董事长，指导世界各地的进出口银行以市场利率发放贷款，为各国节省了数十亿美元。

1986 年，他成为联合国开发计划署署长（地位仅次于联合国秘书长）。任职期间，他拜访了 110 个国家的领导人，致力于促进自由市场、提升职场女性地位并推动民主建设。在专制国家领导人面前，他经常说他们是"终身总统"，促使他们思考自己能给国家留下什么遗产并考虑如何有计划地退位。记得有一次，我和父亲一起去乌干达，拜会该国总统穆塞韦尼（Museveni），我目睹了父亲是如何通过探讨意式蔬菜汤来向穆塞韦尼灌输自由市场思维的。穆塞韦尼称，他们可以为游客提供用当地蔬菜制作而成的蔬菜汤；我父亲则解释说，只有顾客才能评判蔬菜汤是否正宗。

1994 年，66 岁的父亲创办了第一只跨境印度风险投资基金——德瑞普国际（Draper International），以无限内部收益率（IRR）为投资者提供了 17 倍的投资回报。因为他在募集活期借款之前就得到了他们的承诺，并以个人名义资助了一项投资，而这项投资在他募集资金之前就已经返还了本金。2001 年，73 岁高龄的父亲又创立了德瑞普 - 理查兹基金会（Draper Richards Foundation），把自己对初创公司的理解带到了非营利性组织。他帮助初创公司专注于可持续性发展，并协助创业者成立非营利性质的创新企业，比如 Kiva、阅读空间（Room to Read）和其他数百家公司。

所以说，我的血液里天生就有推动进步的基因。

我的母亲操持家务，教育我和姐姐们要谦恭有礼、端庄得体，拥有良好的口才，博览群书，对任何人和事都要看到好的一面，并且要懂得自嘲和保持自我克制。当我的高中校长问她希望我成为什么样的人时，她说："我想让他成为一个多才多艺的人。"

我的两个姐姐贝姬（Becky）和波莉（Polly）对我的成长起到了很重要的作用。贝姬喜欢和我玩游戏，猜谜题，进行数学挑战赛。我们喜欢竞争，但我们也像野兽一样互相争斗。她会经常找出我身心上的弱点，并加以利用和无情揭露。记得有一次，她拿着一张我赤身裸体坐在马桶上的照片威胁我，说如果我不听她的吩咐，她就把照片传播出去。贝姬也是我最大的支持者，母亲不在家的时候，她就承担起母亲的角色。有一次，我在安多弗 - 迪尔菲尔德（Andover-Deerfield）橄榄球场参加比赛，她去给我加油。我和克里在边线上进行身体对抗，他是防守队员，而我是外接手。克里一路膊肘挥过来，我的鼻梁骨被打断了，贝姬冲过去朝他尖叫，然后赶紧带我去医院就诊。直到今天，克里还是很怕贝姬。

波莉激发了我的想象力。她在自己的房间里用纸板为我们建造堡垒；她写剧本和电影台词，让我们表演；她还养了一条宠物鳄鱼。有一次，她给了我一棵"魔法树"，上面挂着数百颗糖果做成的"叶子"。她说，这棵树每天都会长出新的糖果，但有一个规定：我每天只能吃一颗糖，这样才能让树继续保持它的"魔力"。第一天，我吃了一根士力架巧克力棒（Snickers Bar），它原来的位置上"长"出了一根米奇威巧克力条（Milky Way）；第二天，克里过来玩，他叫我先吃一颗糖，然后又给他一颗糖；第三天，这棵树就不"长"糖果了。神奇魔术一夜之间变成了"黑魔法"。如今，波莉已是一名很有天赋的演员、作家和导演，她一直保持着自己的魔力。

我在传统的学校完成了正规教育，首先在希尔维尤公立小学（Hillview Elementary School）读完了八年级，然后在安多弗菲利普斯学校（Phillips Academy Andover）读高中，本科考入了斯坦福大学（Stanford University），研究生学业则在哈佛商学院（Harvard Business School）完成。也许对我来说，团队活动和个人运动是更重要的教育形式：和朋友们一起平等自在地探索未知事物，给拖车上漆，给花园除草，修剪草坪，卖苹果，收集棒球卡，徒步旅行和在星空下露营，配送牡蛎，开发《斯坦福游戏》（Stanford: The Game），在油井上工作，独自游玩欧洲，跟我的姐姐们谈判，以及从我的父母身上学习知识。

我在波莉的毕业派对上认识了梅丽莎，她是我两个姐姐的朋友。那天，她穿着自己亲手缝制的波尔卡圆点裙，显得美丽动人、伶俐大方。我邀请她跳舞，她递给我一根香蕉，叫我帮她剥香蕉皮①。那年我才14岁，她18岁。当我第一次和她约会时，只能让她来开车，因为我的年纪实在太小（现在还是由她开车，但这是因为她驾驶技术好）。我爱上了她，可她要回史密斯学院（Smith College）上学，而我要回安多弗高中，所以我们只能让这段感情无疾而终。十年后，我们又重续前缘，并于1982年8月步入婚姻的殿堂，随后我就考入了哈佛商学院，我们在波士顿开始了新生活。蜜月期间，为了准备商学院的研究生课程，我必须学会使用惠普12-C商用计算器，所以我们的蜜月过得不是很尽兴。直到今天，梅丽莎还是会偶尔提及这件事。在我攻读硕士课程时，我们迎来了第一个孩子杰茜（Jesse）。初为人父的我顿感手足无措。在我的朋友或兄弟姐妹当中，我是第一个有孩子的，我根本不知道该如何应对这种局面。幸运的是，梅丽莎似乎无所不通。我们住在军人野地公园（Soldiers Field Park）的一间小公寓里，衣柜抽屉就是杰茜的小床。

从哈佛商学院毕业后，我在一家位于旧金山的专业投行ABS（Alex. Brown & Sons）谋得一份半风投、半投资银行性质的工作，且需要经常前往巴尔的摩出差。在史蒂文·布鲁克斯（Steven Brooks）和唐·迪克森（Don Dixon）的指导下，我接

---

① 英文中"剥皮"一词的发音与"有吸引力"相近，梅丽莎借剥香蕉皮夸作者有吸引力——译者注。

受了银行业务方面的培训，后师从布伦斯·格雷森（Bruns Grayson），学习了风险投资方面的知识。不过，我大多数时候都是用电子制表软件计算现金流贴现预测数据的，而且这种做法持续了大约一年的时间。

家族轶事

1985 年 7 月，27 岁的我刚从哈佛商学院毕业一年。我告诉梅丽莎，我要创立自己的风险投资公司。她非常担心，因为当时我们正养育着一个孩子，还有一个孩子也即将诞生，创业无疑是拿孩子的未来冒险。但对我而言，创业是令人兴奋的事情。

我父亲在前往美国进出口银行工作时，留下了一家注册的小企业投资公司（Small Business Investment Company，简称 SBIC），并采取了保密信托的方式托管公司。他要把工作重点转移到联合国，所以他建议我接管这家家族企业，看是否能有所作为。这家公司拥有价值 200 万美元的非流动性私人股票，如果我想投资什么的话，就得等待股票变现，不过这个机会仍然让我兴奋不已。我的好友戴夫·马夸特（Dave Marquardt）和鲍勃·卡格尔（Bob Kagle）是科技创投公司（Technology Venture Investors）的合伙人，所以该公司老板伯特·麦克默特里（Burt McMurtry）很慷慨地给我安排了一间办公室。为了找到创业者，我开始拜访那些正在从事新房地产开发，且公司名中含有"软件"两个字的初创公司。

在研究小企业投资公司项目的过程中，我发现：只要我遵循某些适用于小企业的准则，就可以从基金中借出 3 倍于小企业资产的资金。我联系了小企业投资公司唯一的项目管理者马文·克拉普（Marvin Klapp）（现在，该项目的参与者共有 600 人，他们所管理的小企业投资项目数量却与马文独自管理的项目数量相同），问他我是否可以重组基金并借出 600 万美元，这是我能借到的最大金额。有了这笔新借来的 600 万美元贷款，我将主要投资科技公司，并按预定时间表偿还贷款。

马文拿着一份简短的清单核实我的贷款人资格，他突然停下来说："你需要有 10 年的投资经验。"我说："没问题，我从 10 岁左右就开始投资了。"马文一定是很欣赏我，因为他盯着我的双眼看了几秒钟，然后说："这项通过了！"

从某种意义上讲，我已经说服了小企业管理局（Small Business Administration）下属的小企业投资公司项目负责人马文。接下来，我就要接管父亲的小企业投资公司，并从美国政府那里借到 600 万美元贷款，从此踏入商界。我永远不会忘记小企业投资公司项目团队。谢谢你，马文！

接下来的几年里，我用这笔贷款投资了各种类型的公司，前三笔投资的目标企业分别是家庭安全中心（Home Security Center）、《亲子杂志》（*Parenting Magazine*）和 SPG 咨询公司（SPG Consulting）。家庭安全中心的创始人是麦克·利希（Mike Leahy），他是一位雄心勃勃的年轻创业者，想创建一家一站式商店，销售从灭火器到监控摄像头等各种产品，以满足消费者的所有安全需求。我向家庭安全中心投资了 20 万美元，获得了该公司 25% 的股权。我们在加州伯林格姆市（Burlingame）的伯林格姆大道（Burlingame Avenue）开设了第一家商店，并邀请了所有认识的人来参加"盛大开幕式"（Grand Opening），但几乎没有人到场。那家商店的产品有点少，而且店内光线很暗，所以我们加强了店内的照明，并尝试多摆一些产品。然而 12 个月的租约还没到期，家庭安全中心就已经关门大吉了。

《亲子杂志》的创办人是罗宾·沃兰娜（Robin Wolaner）。她发现老牌的《父母世界》（*Parents*）杂志已经跟不上现代父母的需求，于是想通过《亲子杂志》与之竞争。我向《亲子杂志》投资了 25 万美元，获得了公司 15% 的股份。罗宾擅长编辑，而且在杂志发行方面也拥有丰富经验。她的创业相当成功，前几期杂志大受欢迎，广告商们也开始来洽谈赞助了。入行 6 个月后，《时代》（*Time*）杂志找上门来，提出以 500 万美元收购我们的杂志。罗宾将到《时代》杂志任职，继续运营《亲子杂志》业务；而我将得到 75 万美元的收入。这笔交易证明，我确实能够从早期投资中获得回报。我记得格林风投公司（Glynn Ventures）的创始人约翰·格林（John Glynn）曾说过："6 个月内获得 3 倍收益！这是多年来我们见到的最佳风险投资回报率。"

但在之后很长一段时间里，《亲子杂志》是唯一一笔让我获得回报的投资。

每年商学院放暑假的时候，我都到阿波罗电脑公司（Apollo Computer）打工，担任公司总裁查理·斯佩克特（Charlie Specter）的助理。我在那里结交了几个朋友，其中一位叫伊恩·埃德蒙兹（Ian Edmonds），我们一起做了一个市场调研项目。后来，在创办德瑞普合伙人公司（Draper Associates）时，我打电话问伊恩："在阿波罗电脑上可以使用哪些最好的软件？"伊恩回答说 SPG 咨询公司的产品就是其中之一，于是我坐飞机到波士顿去会见 SPG 咨询公司的总裁山姆·盖斯伯格（Sam Geisberg）。山姆是俄罗斯移民，说话带有浓重的俄罗斯口音，我几乎听不懂他在说些什么。不过，他给我看了一些让我觉得是炫技的东西。他能把 2D 图纸转换成 3D 渲染效果图，然后又把 3D 绘图转换成相应的 2D 构图。以前还从没有公司推出过这种"自反"（reflexive）技术。

从商学院毕业后，我在找工作的过程中遇到了唐·费德森（Don Fedderson）。他是一名资深创业者，当时正在查尔斯河风险投资公司（Charles River Ventures）担任风投专家。唐曾经营过一家 2D 计算机辅助设计公司 Applon。我觉得唐很适合山姆的公司，我需要他帮我做一份足以引起山姆共鸣的报价。唐还引荐了史蒂夫·沃尔斯克（Steve Walske）和迪克·哈里森（Dick Harrison）这两位曾从事过软件行业的年轻人。我坐飞机回来见他们，看看他们是否适合这个行业，以及跟山姆合不合得来。

我到得有点晚，他们都坐在外面一张桌子旁准备吃午饭，周围有很多人。我准备坐下来和他们一起用餐，刚坐下来，大家就听到了响亮的"刺啦"声。我胖了几磅，裤子从背带裂到裤裆，声音很大，让我觉得很尴尬。我只能心存侥幸，希望他们谁也没听到裤子开裂的声音。可是，一看到他们脸上的表情，我就知道这事无法掩盖了。接着，理查德问我："你的裤子刚才是不是裂了？"我说："我坐着不动就行。"在整个面谈过程中，我的白色内裤就这样露在外面。那次午餐，我们谈笑风生，彼此间建立了互信关系。我对这支团队和他们的精神面貌很满意，我给了唐一个机会，让他主导这桩交易。唐在这笔交易中算了我一份，我只需要投资 17.5 万美元；如果他们达到了预期目标，我还可以选择再投入 12.5 万美元。公司随后改名为参数技术公司（Parametric Technology Corporation，简称 PTC），开始参与市场竞争。这笔投资后来成为查尔斯河风险投资公司的资金来源，也让德瑞普合伙人公司名声大振。谢谢你，唐；谢谢你，山姆；谢谢你，伊恩；谢谢你，阿波罗电脑公司；谢谢你们，史蒂夫和迪克。

但是，就在参数技术公司成为大赢家之前，我几乎变得一无所有。1989 年，小企业投资公司团队（当时员工规模已经扩大到 10 人左右）打电话给我，说我现在已被列入他们的"观察"名单。我暂时还没有陷入困境，但在接下来的 6 个月里，如果资产比率不符合要求，他们将提前收回贷款。果然，6 个月过后，我又接到了一通电话，对方说我现在已经被列入"污点"名单了。贷款即将被收回，而我的风险投资事业也即将结束。

我搭乘最早的一趟航班去了华盛顿特区，刚下飞机就前往小企业投资公司与贷款团队会面。我花了一个半小时请求他们给予宽限期，还给他们打了个比方：柠檬成熟得早，但吃起来酸；梨子培育时间长，但吃起来甜。我解释说，目前这种情况在早期风险投资中是很常见的，很多优秀公司之所以无法展示自身价值，正是因为投资人没有给予它们足够的时间。

或许是我的论点颇具说服力，又或者是小企业投资公司的人确实不想提前收回贷款，因为这样做就意味着这笔投资打水漂了，所以他们又给了我一次喘息的机会，称只要我继续偿还贷款，他们就会忽略资产比率问题。哎呀，我顿时松了一口气！

万幸的是，到了1991年，就在贷款偿还即将到期之时，我投资组合中的5家公司上市了，它们给我带来了喘息之机。我对SPG咨询公司（现已改名为参数技术公司）的小额投资为我的基金带来了175倍的投资回报。只需从参数技术公司的投资回报中拿出三分之一，我就能够支付小企业投资公司的贷款，并给所有股东派发足够多的现金（这些股东都是家族成员），这样他们就能收回所有本钱并获得15%的复合收益率。在我的管理下，把所有收益包含在内，投资者获得的年度内部收益率大约为40%。我的手头终于宽松些了，有了优异的投资成绩之后，家族聚会的氛围也变得更加轻松。直至今天，参数技术公司仍然是新英格兰地区（New England）最大的软件公司。

与此同时，位于华盛顿特区的小企业投资公司把我从"污点"名单中删除了，我的照片也奇迹般地出现在小企业管理局大堂的墙壁上，并且照片上标注着"小企业投资公司年度最佳风险投资家"。

当时正值德瑞普合伙人公司成立满六周年，我终于有了一个极具说服力的案例，可以从外部投资者（即家族以外的投资者）那里筹集一笔风险资本基金。接下来我要做的就是找些优质的合伙人。

我招募了约翰·费舍尔（John Fisher）和拉里·库巴尔（Larry Kubal）加入我的战队。我是通过姐姐贝姬认识拉里的，他俩是斯坦福大学商学院（Stanford's Graduate School of Business）的同学。在我管理小企业投资公司的时候，拉里偶尔和我一起做些投资。由于拉里当时还在经营着一家家族企业，所以他同意以兼职的形式跟我合作。他的家族企业资金充裕，对我们大有帮助。有了这家企业作为后盾，我们可以进行更大规模的投资，实现"四两拨千斤"的效果，这总比我们单打独斗好多了。拉里很有幽默感，无论身处顺境还是逆境，他都能让我们保持笑容。

约翰·费舍尔才华横溢，胸怀大志，而且工作非常努力。他曾就读于菲利普斯埃克塞特中学（Phillips Exeter Academy）、哈佛大学和哈佛商学院。我们在ABS做过一年同事，相处得很融洽。我记得，当我从ABS离职创立德瑞普合伙人公司时，我们的老板唐·迪克森（Don Dixon）用威胁式的语气对我说："不准把费舍尔挖走！"他的声音中带有恐慌之感，这给我留下了深刻印象，于是我下定决心，早晚要把约翰拉过来做合伙人。

我和约翰的世界观截然不同，这可能缘于我们各自不同的家庭环境。我见证了父亲的乐观态度和努力付出为他自己和周围的人带来了巨大财富；而约翰则目睹了他的父亲先是在广告业一夜暴富，而后因一桩不正当交易被起诉，直至破产。

不同的世界观有助于我们创业。我的性格富有侵略性且乐观向上，而他充满了智慧且行事谨慎。我往往会考虑一家初创公司能做到多大的规模，而他则倾向于考虑潜在的风险。我关注创业者，愿意不惜一切代价支持他们；约翰则关注我们的投资者，确保我们能履行自己的信托义务。对于风险投资，我们两人的观点几乎完全不同，但随着时间的推移，我们认识到拥有两种对立的观点对于创立一家伟大的风险投资公司非常重要。

说句题外话：我强烈建议创业者邀请拥有不同背景和经历的人作为企业的联合创始人。分歧可能会给你带来挫折感，但其结果可能有利于企业发展，带给你一段不同寻常的创业旅程。在企业起起伏伏的过程中，我们从彼此身上学到了很多东西，尽管我们之间曾经产生过分歧，也缺乏有效沟通，但现在完全可以付诸一笑了。

鲁哈布投资俱乐部的故事

带着我新获得的"小企业投资公司年度最佳风险投资家"荣誉，约翰在投行和风投领域的经验，以及初生牛犊不怕虎的热情，我们开始筹集第一笔外部资金。路演过程中，我们拜访了芝加哥的一些投资者，然后去底特律与约翰提前联系好的鲁哈布投资俱乐部（Rhubarb Investment Club）负责人面谈。由于天气不好，我们无法乘坐飞机，只能连夜开车过去。我们决定只在路上小睡一会儿，这样就可以到底特律边开会边吃午饭了。深夜两点，我们在密歇根州巴特克里克（Battle Creek）的一间 Motel 6 汽车旅馆订了个房间，睡了几个小时。那里是家乐氏谷类食物公司（Kellogg's Cereals）的大本营。早上六点钟，我们又继续上路。最终，我们准时到达目的地，向一群已经退休的车企高管介绍了风险投资的好处，然后说服他们用部分退休金向我们投资。他们很有主见，直到离开那会儿，我们还无法确定是否说服了他们。

会面一结束，我们就得赶飞机返回旧金山。行程的衔接很紧密，我们只有大约一小时的空闲时间。没想到的是，我们租来的车从芝加哥开往底特律的途中没有停下来加油，结果在去机场的路上，车没油了。

我提了个建议：我徒步跑到下一个出口买些汽油，然后再跑回来。约翰同意了，于是我就出发去找加油站。幸运的是，加油站就在前方一两英里的地方，工作人员卖给我一个 5 加仑容量的油桶。我提着油桶往回跑，可当我回到原处时，约翰和汽车都不见了。

原来，约翰在等我的时候想了个办法。当汽油耗光时，车刚好停在一座山丘顶部，只要稍微推一下车，车子就能往山下滑行一段路程。他觉得这样可以把我的跑步距离缩短大约半英里。但是，我在往回跑时走了条捷径，而不是沿着高速公路跑回去。

我惊慌失措地沿着高速公路往前走，想弄清楚到底发生了什么事。走了大约一英里后，我终于追上他了。我们都互相看了一眼，不知道对方刚才做了什么事情。

我们给汽车加了油，一路狂飙到机场。到达机场时，还有 5 分钟航班就要起飞了。我们把车停在联合航空公司（United）出发处，打电话给赫兹租车公司（Hertz），让他们知道车停在哪里，然后跑向航站楼。从那时起，我们就一直在奔跑，虽然不一定是跑向同一个地方。但我认为，我们需要朝不同方向前进；只有这样，企业才能真正展开飞翔的翅膀。事实也的确如此。

顺便说一下，这次奇遇并未到此结束。就在空姐即将关上机舱门之时，我们成功登上了飞机。我们的座位在机舱最后一排，旁边坐着一个大个子。飞机起飞了，我坐在中间的座位上，还没从刚才赶飞机的匆忙中缓过神来，于是起身在过道里来回走动，给约翰和那个大个子腾出点空间。为了打发时间，我和空姐攀谈起来。

约翰坐在那里觉得无聊，也加入了我和空姐的对话。空姐说她们要给乘客送热毛巾，我们便主动提出帮忙。我和约翰手里捧着托盘，在波音 707 的机舱过道里走来走去，嘴里念念有词："热毛巾……热毛巾……热毛巾。"这样的经历还是头一回。

鲁哈布投资俱乐部拒绝了我们的提议，也错过了我们的第一笔投资。可以说，这笔投资远胜于他们在汽车行业所做的任何投资。不过，他们后来又联系了我们，寻求我们的第二笔投资，而这笔资金最终给他们带来了数倍的巨大收益。

在我们进行第一轮投资的过程中，我和约翰时常为一些事情争执。我们在投资决策方面经常意见不一，只能靠拉里·库巴尔打破僵局。但拉里想经营自己的基金，创办拉布拉多风险投资公司（Labrador Ventures），这导致没人给我和约翰投决定票。如果我们想建立一家伟大的企业，就必须制定一套决策机制，帮助我们在意见分歧时做出最佳决策。后来，我们结识了史蒂夫·尤尔韦特松（Steve Jurvetson），这个难题终于迎刃而解。

我的邮箱里收到了一份毛遂自荐的求职简历，这份简历看上去简直太完美了，让人不太敢相信它的真实性。求职者名叫史蒂夫·尤尔韦特松，两年半以前从斯坦福大学毕业，专业是电子工程，他在班上的成绩排名第一。本科毕业后，他又以顶尖的成绩获得了硕士学位。他设计的芯片获得过专利，而且从斯坦福大学工程学院毕业之前，惠普就已经将他设计的 7 款芯片投入量产了。尤尔韦特松不仅获得过斯坦福大学商学院授予的"阿杰·米勒学者"（Arjay Miller Scholar）称号，而且也是著名的"欧内斯特·C. 阿巴克尔奖"（Ernest C. Arbuckle Award）得主，该奖项是由他的同学投票推举出来的。一见到这样的人才，我们顿时倾心不已。

我们费尽周章才将史蒂夫纳入麾下。他喜欢玩极限飞盘，于是我们专门去斯坦福大学陪他一起玩飞盘。我们很欣赏他身上那股子竞技精神。我和梅丽莎带着他和他当时的妻子卡拉(Karla)去观看一场网球锦标赛，对阵双方是安德烈·阿加西（Andre Agassi）和张德培（Michael Chan）。比赛结束后，我顺着楼梯栏杆滑下来，迅速穿过人群。就是因为这个滑栏杆的动作，当时被诸多风投公司哄抢的史蒂夫决定加入我们公司。

有了史蒂夫加盟，我们轻而易举地募集到了德瑞普 - 费舍尔合伙人第三期基金（Draper Fisher Associates Fund Ⅲ），便马不停蹄又开始进行投资。我们三人组合配合得天衣无缝，通过 6 个多月合作，尤尔韦特松成了一名称职的合伙人。我们退出 Hotmail 和其他几家公司时大赚了几笔，捷报频传。

我们募集了一只又一只基金，并招募了一位又一位优秀的合作伙伴。沃伦·帕卡德（Warren Packard）、詹妮弗·芬斯塔德（Jennifer Fonstad）和安德烈斯·斯塔夫罗普洛斯（Andreas Stavropoulos）都是顶尖学生和优秀人才。在接下来的 10 年里，我们大部分时间都稳坐风投行业的头把交椅。我们的业绩堪称天文数字，并且我们能够按照自己的意愿募集资金。我们有一只基金投资了 25 家公司，我认为其中 19 家公司都有望获得高额回报或上市！

我坚信，风险投资活动不一定非得发生在硅谷（及一些发生在波士顿）。我在美国各地都建立了风投办公室和基金，这些基金后来被称为"德丰杰网络"（DFJ Network）[现在改名为"德瑞普风投网络"(Draper Venture Network)]。我们甚至与一些人合作，以具有革命性的"德丰杰全球创投基金"（DFJ ePlanet）之名在全球范围内进行投资。

后来，风投市场突然崩盘，我们和风投行业的其他人从英雄变得一文不值。在此之前，我们的投资人（也称为"有限责任合伙人"）对我们非常满意，而彼时，他们开始不顾一切地寻求资产变现（也就是现金）。我们投资组合中的公司（即那些可以继续经营的公司）的估值下降了 90% 甚至更多。有一位投资人急于变现，为了尽快拿到钱，他甚至起诉了我们，而我们只能应诉。最终，双方在法院外的台阶上达成了和解。20 世纪 90 年代，我们每年都要举行隆重的投资人大会，而且会在大会上展示那些着眼于未来的新颖技术，但风投市场崩盘后，来参加大会的投资人个个都沮丧不已、面露怒色，让我们觉得自己就像没有穿戴任何护具的冰球守门员。

接下来的 10 年是风险投资史上最糟糕的时期。从 2000 年到 2004 年，"后泡沫时期"的风投行业处于自由落体状态。从 2004 年至 2008 年，行业似乎有复苏的迹象，但随后又遭受了从 2008 年至 2010 年全球金融危机的冲击。整个行业曾一度呈现出强劲的增长势头，但之后却呈现出明显的下行趋势，而且总是周而复始，跟其他行业并没有什么不同。更糟糕的是，风投行业的投资人已经习惯了我们在互联网繁荣时代给他们提供的那种高额回报，可互联网泡沫破裂后，我们可能需要数年时间才能帮他们把钱赚回来。

值得称道的是，我们比上不足、比下有余。整个行业都陷入了动荡之中。约翰曾说过，风投就是一个"手足相残"的行业。因为风投资金规模实在过于庞大，得到风险资金支持的同类企业太多，导致它们相互拆台，相继倒闭。在后泡沫时期，我们募集到的国内资金表现平平。后来，政府对上市公司实施《萨班斯 - 奥克斯利法案》（Sarbanes Oxley Act），这令我们回收资金的最佳方式大受影响。德丰杰全球创投基金的海外投资成为我们的救星，因为百度和 Skype 也是我们的投资对象，但总的来说，后泡沫时期是我们经历过的最艰难的时期。我父亲常说"不要把大脑和牛市混为一谈"，但结果似乎没有那么重要。我们都觉得自己很傻。与此同时，德丰杰全球创投基金大获成功，对 skype 和百度的投资让我们鹤立鸡群，但这也只能算是庸中佼佼而已。风险投资业已经成为过街老鼠，人人喊打。全球金融危机爆发后，风投资本这种金融工具立刻成了烫手山芋，而我们的各个团队只能努力筹措资金，保持投资组合业务的正常运转。时至今天，风险投资业仍不受机构投资者待见，他们认为这不是一种资产类别，而是一种反常现象，只有借助某种神秘力量，少数几家企业才能持续产生优秀业绩。

风投行业花了数年时间才恢复过来。随着该行业逐渐复苏，约翰、史蒂夫和我因德丰杰全球创投基金带来的绩效分红（也被称为"收益分成"）赚了不少钱。有了这笔新财富之后，我们开始讨论将来要做的事情。我们决定一分为三，每个人关注不同的业务方向，并把这种模式称为"三驾马车"。约翰关注晚期投资，与美国在线公司（AOL）前首席执行官巴里·舒勒（Barry Schuler）和曾在 KCPB、赛门铁克（Symantec）和 WebMD 等公司工作过的马克·贝利（Mark Bailey）一起创立和协助构建德丰杰成长基金（DFJ Growth）；后来，曾供职于论坛报业集团（Tribune

Group）的风险投资人兰迪格·莱恩（Randy Glein）加入该团队，成为德丰杰成长基金的主力。史蒂夫、安德烈斯·斯塔夫罗普洛斯和刚加入我们队伍的优秀合伙人乔什·斯坦因（Josh Stein）继续管理德丰杰风投基金。我和儿子比利（Billy）募集了一只新的早期基金，并重新冠以"德瑞普合伙人公司"这一名字。我还围绕德瑞普大学建立了一整套生态系统，并与加布·特纳（Gabe Turner）一起重新推出了"德瑞普风险投资网络"。我们的其他合伙人也获得了自主权。詹妮弗·芬斯塔德和特蕾西亚·吴（Theresia Gouw）共同创立了一家新的独立风险投资公司，名为"艾克塞斯风险投资公司"（Access Ventures）；而沃伦·帕卡德创立了一家名为 Thuuz 的新公司，专注于报道重要的体育赛事。

"三驾马车"的主攻方向各不相同，因此，我们的支撑团队也经历了成长的痛苦。首席财务官马克·格林斯坦（Mark Greenstein）试图平衡这"三驾马车"的利益，避免我们产生厚此薄彼的感觉；我们的 IT 专家吉尔·卢贝茨基（Gil Lubetsky）为三个位于不同地点的团队处理网络问题，经常忙得不可开交；而我们必须把一个非常志同道合和高效的团队一分为三，为"三驾马车"保驾护航。幸运的是，善于管理财务的德西蕾·奥姆兰（Desiree OMran）和罗丝·叶（Rise Yip）被分配到了我的团队。

我认为，我们的"三驾马车"方案取得了很好的效果。如今，德丰杰成长基金管理的资金总额超过 13 亿美元，而德丰杰风投团队一直在寻找和资助那些既有趣又拥有巨大潜力的公司。我筹集了一只新基金并创办了一所学校，创造出一套完整的生态系统。我相信，这个生态系统将成为未来创业和风险投资的典范。我发现了比特币和区块链的早期投资机遇，并成为加密货币融资领域的领头羊。德瑞普创业英雄大学（Draper University of Heroes）向学员提供团队学习机会、以项目为导向的创业经验和生存培训，彻底改变了传统教育模式和 1000 名年轻人的人生。这些学员来自 68 个国家，在我撰写本书时，他们已创办了大约 300 家公司，其中一家属于独角兽企业。

自从决定通过德瑞普合伙人公司这一新渠道进行投资以后，我就取得了一定的成绩。Twitch.Tv 是一家为粉丝提供电玩游戏观看平台的公司，亚马逊以 10 亿美元的价格收购了这家公司；巡航自动化公司（Cruise Automation）则是全球首家独立的自动驾驶汽车企业，最终以 10 亿美元的价格卖给了通用汽车公司（General Motors）。我的儿子比利创办了一家名为"罗宾汉"（Robinhood）的公司，为投资者简化公开市场的投资流程，该公司刚刚完成了一轮估值超过 10 亿美元的风险投资。我和比利筹集了一只 1.9 亿美元的基金，我们很享受父子齐上阵的乐趣。

如今，德瑞普风投网络在全球拥有 16 个办事处，覆盖 40 个城市，管理着数十亿美元资金。该团队已经建立了完整系统，使组成这个网络的风险投资人能够通过首席执行官峰会（CEO Summits）、有限合作伙伴社交活动和企业经验交流活动来超越他们的竞争对手。

我们给自己的生态系统办公室起名为"英雄城"（Hero City），它似乎给圣马特奥（San Mateo）带来了巨大影响。办公室与火车站只相距 3 个街区，距离旧金山国际机场也只有 10 分钟的路程。每 6 个月左右，就有大约 80 家初创公司在英雄城被孵化成功。脱离英雄城之后，它们通常会搬到附近地区，帮助当地经济发展。

我的几个孩子都从事风投行业。比利和我一起经营德瑞普合伙人公司；杰茜经营海勒根风投公司（Halogen Ventures），这是全球首家仅为女性提供创业资金的风险基金；亚当则经营全球领先的高科技加速器布斯特公司（Boost），其投资重点起初是比特币、区块链、虚拟实境（VR）和扩增实境（AR）产品，后来开始投资任何趋向商业化的产品；我最小的女儿埃莉诺创立了一家名为"公告牌"（Bulletin）的初创公司，该公司为那些想创业的手艺人提供专门的产品零售空间。

假如时光重来，我还是会投身这个行业。

身先士卒

尝试的新事物越多，你成功的机会就越大。

我刚开始从事风投行业时，很多公司比我们公司早成立 20 年，为了吸引客户的注意，我必须另辟蹊径。令人惊讶的是，当时的风投企业从不打广告。我跟《高端》（Upside）杂志谈下了一页广告版面，后来我才知道，这居然是史上第一个风投广告。自然而然地，很多风投公司群起效仿，但在此之前，德瑞普合伙人公司在早期风投行业中已声名鹊起。

1995 年，我们发现互联网会是下一个风口，于是我们告诉所有投资者，我们的下一只基金将百分之百与互联网有关。互联网是一个充满变数的未知领域，我们因大胆无畏失去了很多优质投资者，但最终还是成功募集到了基金，而它也成为互联网行业排名第一的基金。

当时，美国以外的其他国家还没有任何风投公司。我们已经在美国设立了多只基金，于是我们决定走向世界，在全球建立一个由风险投资人组成的网络。在 1999 年，这是一个前所未闻的想法，但我们还是把这个想法付诸实施，成立了第一家在海外设立办事处的硅谷风投企业。我们投入的资金中的 10% 用于国际投资，而这些投资所获收益占了我们总收益的 70%。

率先走向海外有诸多好处，这是我总结出来的经验。由于我们在风投行业占据了多项榜首，所以竞争对手只能在我们身后苦苦追赶。在很多国家和地区，我们是创业者的唯一选项，我们在当地没有遇到任何竞争。

如果你的企业是行业第一，你也可以定义这个行业，从而收获更好的长期定位和网络效应，形成自身的优势。一定要做行业的领导者。

决策

过往的经历让我学到了很多关于团队决策的知识。在培养德丰杰团队的过程中，我们发现，每当要投资那些不寻常的企业和创新企业时，决策会更加难做，因为可能某一位合伙人看到了企业的前景，而其他合伙人不一定持相同看法。不敢离经叛道，投资活动就会变得过于谨小慎微。在风投行业中，谨小慎微的投资者是无法取得最佳收益的，他们虽然没有损失太多钱，但获取巨大财富的概率也降低了。作为勇于进取的创业者，应把控好那些关乎企业发展方向的决策活动；当然，还要尽可能多地从团队获取信息，这才是更高效的管理方式。

INTRODUCTION

简 介

向那些疯狂的家伙致敬。他们特立独行、桀骜不驯、惹是生非，与周围的人格格不入。他们看待事物的眼光与众不同；他们不喜欢墨守成规，也不愿安于现状。你可以赞美他们，也可以反对他们，甚至可以美化或诋毁他们，但唯独不能忽略他们，因为他们改变了世界，推动了人类的进步。虽然有人认为他们是疯子，但他们却是我们眼中的天才。因为只有那些疯狂到认为自己能够改变世界的人，才能真正地改变世界。

——罗布·希尔特能（Rob Siltanen）撰写的苹果广告词

这本书适合那些拥有奇思妙想的狂人，我把他们称为"创业英雄"。我花了大半辈子时间去支持、激励、指引、辅导和资助他们，他们让我的人生变得圆满。尽管很多人创业失败了，但也有一些人对我们的世界产生了深远的影响。在书中，你会看到其中一些创业者的故事，他们代表并构成本书的价值体系。本书内容将分为两卷。

创业英雄誓言

我把第一卷命名为"创业英雄誓言"。当你在狂风暴雨中迷失方向时，这些誓言可以成为你走出困境的指南针。如果你想成为一名成功的创业者、革命者、艺术家、变革者，甚至是一个想法与众不同之人，你就会想了解这份誓言的内容。我建议你把它背下来，了解它的内容，甚至通过感觉领会每一行字的深意。在创建德瑞普创业英雄大学的时候，我觉得那些接受创业英雄培训的学生应该培养一种"人生标准"。这种标准不仅仅是创业指南，更是生活指南。每当你走到人生的岔路口，或者需要做出人生中的一个重大决定，又或者准备进行一场艰难谈判时，我希望你能以这份誓言为指引，把它变成你的创业指南，甚至是人生指南。

当你面对艰难的抉择或困境时，请回想一下这份誓言。希望你能彻底理解它的内容，只有这样，你才能在关键的时候找到正确的方向。为了便于记忆，我加入了一些名言，讲了一些故事，并抖了几个"包袱"，帮助你从各方面记住誓言的内容，便于你在困境中回想起它们。

创业英雄操作手册

我把本书的第二卷命名为"创业英雄操作手册"，因为在这卷里，我将会告诉你，作为一名创业英雄，你要从事哪些活动和掌握哪些思维方式。我会给你出一些难题，比如：如何解决初创公司所面临的技术难题？如何构思和规划公司的发展方向？如何为公司融资？如何推广和发展公司？我会鼓励你绞尽脑汁去检验自己的想法，站在客户的立场思考问题，以及从自己提供的服务中获取回报。我会给你提供一系列工具，帮助你思考优秀企业的本质是什么，我在投资初创公司时看中它的哪些特质，以及当今世界最需要什么样的公司。我会建议你做好规划并检测自己的进度，这样，你就能知道自己距离目标还有多远，以及是否行进在正确的方向上。

在结语部分，我准备了一个有趣的测试。虽然该测试不是以科学研究为依据的，但它可以帮助你了解一些创业英雄在创业前的想法。

总的来说，这本书能够帮助你成为一名创业英雄。慢慢看，把书中每一个概念都应用到你的事业、生活和个人使命当中。书中内容多变，惊喜不断。别忘了，如果你想成为创业英雄，就要准备好应对任何突如其来的变化。

还有一件好玩的事情：本书设有很多难题，读者只要把答案发送到 tim@draperuniversity.com，便会得到另一道题目，而第一个答对题目的人将会获得一枚比特币。其他答对者也许能获得一份惊喜奖品，但本书作者不对此做出任何承诺。

凡事都有可能，只要深信这一点，你就无所不能。

这本书是给谁看的？

批评家不值得我们钦佩，他们只会空谈强者如何失败、实干家有何不足。只有那些亲临赛场、脸上沾满污泥、汗水和鲜血的人，才真正令人景仰。他们不懈努力着，虽然经常犯错，并且一再地遭遇失败，但荣誉属于他们，因为成功总离不开犯错和失败。他们埋头苦干、满怀热情、乐于奉献；他们全身心投入有价值的事业中。他们知道，努力的最好结果就是获得伟大的成就；而即使失败，至少也曾大胆尝试过。因此，那些冷漠而胆怯的批评家根本无法与他们相提并论，前者既未赢得过胜利，也从未尝试过失败的滋味。

——西奥多·罗斯福（Teddy Roosevelt）

不是每个人都适合看这本书。它只适合那些眼睛里有火花、灵魂里有能量、身体里有动力去完成一项使命的读者。这本书适合那些永争上游，或者是拥有上进之心，又或者是那些想帮助别人取得成功的人。

在那些故步自封的人看来，本书所言皆为危言耸听。

但是，对那些想要成为创业英雄、迫切地想影响世界的人来说，这本书便是知音。如果你想拥有一个更美好的未来，并且不仅仅想改变世界，还坚信改变世界是件理所当然的事情，那么，这本书将指引你如何去做这件事。

对于那些想帮助创业英雄实现远大目标的人来说，本书也许有助于他们思考创业英雄所思考和感受的。我希望你能体验到一段有趣的阅读之旅，也许你会像我一样，为创业英雄和他们所做的一切提供支持，帮助他们抓住机遇实现自己坚信不疑和为之奋斗的愿景，以及帮助他们为这个世界带来希望和乐观主义精神。也许你会发现，你自己就是一名创业英雄！

我写本书的目的，正是为了帮助创业英雄行动起来。希望本书成为你人生和创业过程中的一本手册。书中蕴藏着无限机遇，不仅有创业理念，还有一些可供借鉴的故事和工具，你可以借助这些工具来改变行业面貌、拯救生命、改良政府和帮助别人。

而对于那些敢于面对挑战的人，我做出以下承诺：我计划在 2019 年举办一场创业英雄大赛，只要你根据本书理念或在阅读本书过程中产生的奇思妙想去创业，并把你的创业计划发送到 www.draper.vc，我就会将你列入创业英雄大赛名单。赛事优胜者将会获得 100 万美元创业资金，而这笔投资的市场估值为 500 万美元（估值可协商）。

本书的写作过程乐趣无穷，希望你也能享受到阅读的乐趣。

DON'T DO IT!

千万别创业！

且慢！我们先听听埃隆·马斯克（Elon Musk）的建议："千万别创业！"

绝大多数人天生就不适合创业，他们满足于波澜不惊的人生，不越雷池半步，循规蹈矩，安分守己。但是，既然你买了这本书，或者正在看这本书，那就说明你可能是个与众不同的人。只需接受一点训练，你就可能成为一名创业者或革新者，也就是我所说的"创业英雄"。继续看下去，也许你就能给自己的人生掀起波澜，成为规则的制定者或者"离经叛道"、超越自我之人。

我曾带着德瑞普大学一群学员（显然，这些学员还不是超级英雄，我们只能称之为"受训中的英雄"）前往位于加州弗里蒙特（Fremont）的特斯拉（Tesla）工厂，拜访特斯拉首席执行官、史上最杰出和最成功的创业者之一埃隆·马斯克 (Elon Musk)，并现场见证埃隆发布 Model S 电动汽车。特斯拉工厂的面积非常大，似乎覆盖方圆好几平方英里。工厂里有很多体型如大象的机器人负责安装汽车部件、紧固配件和给车身上漆。新车发布仪式非常热闹，加州州长前来剪彩，首批 10 辆电动汽车从生产线下线，这 10 辆车属于"创始人系列"（Founder Series），已经被幸运买家提前预订。1000 名特斯拉员工看到自己的辛勤付出和努力变成一辆辆精美的汽车，自豪感油然而生。

在隆重的下线仪式开始之前，埃隆忙里偷闲，回答了我们几个问题。第一个问题来自"受训中的英雄"。她问："马斯克先生，您是一位成功的创业英雄，我们都想成为像您这样的创业者，您对我们有什么建议呢？"埃隆犹豫了一下，他的头发有点凌乱，看上去疲惫不堪。要知道，他刚刚策划了一场精彩的产品发布会，推出了一款最具革命性的汽车，令世人大开眼界。他深吸了一口气，停顿了半晌，然后说："千万别创业！"

他接着说，对于那些有志于创业的人来说，这是他能够给出的最佳建议，因为如果你接受了这个建议，那就说明你确实没准备好成为一名创业者；若你不打算全身心投入创业，他的建议就帮助你省去了大量艰辛的努力。如果你不接受他的建议，那就给我寄一份商业计划书吧！

我能想象得出那天埃隆经历了什么。他汗流浃背，看上去很瘦，眼袋很重，他正在为自己值得骄傲的事业奔忙。创业并非易事，但埃隆·马斯克连续创立了贝宝（Paypal）、太空探索技术（SpaceX）和特斯拉三家公司。他做的所有工作已产生了惊人的成果，并给世界带来了真正的变革。归根结底，埃隆是个有使命感的人，他的内心有一种强烈的欲望，他想拯救我们的星球。

不管怎样，如果你接受埃隆的建议，那就这样吧。你可以和朋友一起把这本书丢掉，坚持安全的选择，继续保持现状。但是，如果你不接受他的建议，那你可能就是一名真正的创业者，无论别人说什么，也无法阻止你去完成自己的使命。事实上，很多优秀的创业者都会听到身边的人说"创业不易"或"不要创业"，在很多情况下，这让他们想做更多的事情来证明现状是错误的。

话虽如此，但在制订商业计划之前，你还是要回答一些最基本的问题，并坦诚地面对自己。这些问题包括：

- 你是来真的吗？
- 你真的想创业吗？为什么？
- 对你来说，创业真的如此重要吗？
- 如果不创业，你会后悔吗？
- 创业是你真正关心的事情吗？
- 你的产品会好于市面上现有的产品吗？
- 15 年后，你的产品会依然优秀吗？
- 你已经准备好了吗？
- 你准备好做出牺牲了吗？
- 你准备好接受别人的冷言冷语了吗？
- 你做好破产的心理准备了吗？
- 你准备好解雇自己最好的朋友了吗？
- 你是否准备好面对来自你所在领域现有竞争对手的法律诉讼、媒体攻击和"敲竹杠"？
- 当你的家人和朋友都抱怨说"我受不了了"时，你是否还愿意全身心投入到创业中去？

我在这场盛大的发布会上领到了预订的新款特斯拉汽车，然后载上特斯拉几组员工到外面试驾。试驾过程中，我询问他们都从事哪方面的工作。总的来说，他们对自己的工作成果都表现出自豪感，而且都能说出自豪的理由。

"我从事制动方面的研发工作，"其中一名员工说道，"特斯拉制动系统的工作原理和其他汽车一样，但当你松开油门时，汽车会一边减速，一边给电池充电。特斯拉是有一些创新在里面的。"

第二个人说："引擎罩下面没有发动机，所以我们把前面的多余空间做成了前备厢。"

"还有软件，"第三个人说，"我们在汽车的每一个可移动部件上都安装了控制器和传感器，我们可以不断更新它们的软件。当我们设计一些新功能的时候，您就可以用新功能替换旧功能，不断升级。"

第四个人说："特斯拉的车钥匙外观就像是一辆车。你按这里，车门解锁；按这里，后备厢打开；按这里，前备厢打开。"

我自愿提供我的车给人们试驾，而且我很乐于这样做。当时，我并没有意识到自己正在见证一场汽车工业的革命。特斯拉汽车融合了如此多的创新技术，汇聚了如此多勤奋和自豪的员工。

我希望这本书能促使你开始做某件事情，这件事也许有助于某个企业焕发生机，设计出像特斯拉 Model S 这种令人赞叹的重量级产品。

创业往往是件吃力不讨好的事情。若创业失败，结局会是可悲的。但是，或许我可以帮助你以一种全新的方式来思考自己的创业旅程。为了更好地帮助你思考创业英雄应该做的事情和给世界带来的影响（无论创业成功还是失败），我要给你讲一个故事。

关于特斯拉的故事

伊恩·赖特（Ian Wright）来到位于加州门洛帕克市（Menlo Park）沙丘路（Sand Hill Road）的德丰杰办公室，向我介绍他的新企业：赖特汽车公司（Wright Motors)。他带来了一款新发明的电动汽车，这辆车由轮胎、聚氯乙烯管、织物材料和神奇的锂离子电池组成。他让我坐在车里，并系上一根有五个固定点的安全带。我问他：为什么要系上安全带？因为在此之前，我只见过两款电动汽车，分别是高尔夫球车和乔治·舒尔茨（George Schultz）开过的雪佛兰（Chevy）"沃蓝达"（Volt）电动车，它们的启动速度都不是很快。他解释说，高尔夫球车使用镍镉电池，而这辆车采用的是锂离子电池，和笔记本电脑用的电池一样。他告诉我，锂离子电池动力强劲很多，扭力惊人。我让他帮我把安全带系好，幸亏我这样做了。

他也钻进车里，坐在我旁边，绑好安全带，然后一脚踩在踏板上，我顿时感受到以前坐过山车才有的推背感。他把车开上了 280 号州际公路，并向我展示这辆车是如何在 3 秒钟内把时速从 0 提升到 60 英里的。在回程路上，他对我说："看好喽！"当时时速是 60 英里，我们快要闯红灯了，但他踩了刹车，汽车稳稳地停在红灯前。一个新的世界出现在我眼前。不久的将来，电动汽车的价格会比汽油车低得多！

那次经历让我开始痴迷于电动汽车，我决定尽量多结识一些电动汽车发明者和爱好者。我参加了一场电动汽车展，与几乎每一家参展商面谈，而所有人都提到了一家名为特斯拉的公司。我设法跟特斯拉的创始人马丁·埃伯哈德（Martin Eberhard）见了个面，他当时担任该公司总裁。他解释说，这些神奇的锂离子电池会爆炸，是一种危险品，很容易引发火灾，所以他决定将一组小型锂离子电池并联在一起，即使单个电池爆炸了也不会发生火灾，而且车子仍然可以行驶，因为动力传动系统可以绕开故障电池运行。并联电池还能给车子提供更大扭力，这是它的另一个优势。在该领域内，特斯拉拥有竞争对手无可比拟的优势，所以我决定对它进行投资。

但是，当我劝说我的合伙人们投资特斯拉时，有些合伙人心存疑虑。这是可以理解的，因为在众多失败的初创公司当中，汽车公司不在少数，从德劳瑞恩汽车公司（DeLorean）到帕卡德汽车公司（Packard），失败者简直多得不胜枚举。很多人想创立一家新的汽车公司，与把持美国汽车行业的三大巨头竞争，但他们都因为资金短缺而失败了。不过，也有人给予我强有力的支持。我的合伙人史蒂夫·尤尔韦特松也对投资特斯拉特别感兴趣，因为那天他试驾过伊恩·赖特的电动汽车。但其他合伙人提出了非常有力的反对理由。当讨论结束时，我们都意识到我们的合伙企业很难独力投资这家公司。特斯拉要获得成功，还需要更多的资金。我们以个人名义进行小规模投资，同时与其他风险投资人合作，组成"财团"共同投资，这样我们就可以分摊资本风险。我们认为，特斯拉未来还会有几轮融资，这几乎是板上钉钉的事情，而在前期进行规模较小的投资，我们就保留了充沛的"弹药"（dry powder）。

幸亏我们这样做了。一年多以后，特斯拉就没钱了，它很难找到一位胆量足够大的投资人来推动电动汽车的研发。马丁还在研制第一辆原型车，而资金链已经断了。

埃隆·马斯克就是在这时候挑起大梁的。埃隆早期就是特斯拉公司的积极投资者，并且担任公司董事。他相信特斯拉将有助于我们拯救世界，降低碳排放造成的温室效应。有着精明商业头脑的他提出用 1000 万美元的投资拯救公司，条件是由他来带领公司走出困境。董事会也支持这个提议（史蒂夫后来也加入了董事会），接下来发生的事情大家都知道。埃隆采取预售的方式销售特斯拉汽车，客户必须预先付款；他还从美国政府那里获得了一笔 4 亿美元的清洁能源技术贷款，以较大折扣买下了 NUMI 工厂，并以"取悦顾客"的态度重新设计了汽车。

他确实取悦了顾客。特斯拉推出的第一辆电动跑车 Roadster 实在惊艳，比同等价位的其他跑车都更快、更安静。但 Roadster 也有自身的缺陷，其车身模仿了莲花汽车（Lotus）的车型，没有充分利用当时出现的新技术。不过，Roadster 让特斯拉在市场上名声大噪，客户都愿意为这款令人兴奋的汽车交预付款。

不过，特斯拉的拳头产品还是被戏称为"蜗牛车"（S-Car）的 Model S。"蜗牛车"的典故出自埃隆参加的《山谷女孩秀》（*Valley Girl Show*），我女儿杰茜是这档节目的主持人，她采访了埃隆，两人还分享了汽车行业的一个关于蜗牛的老故事，于是 Model S 便有了"蜗牛车"之称 ①。"蜗牛车"配备了一切应有的高科技设备，包括直观的远程可编程仪表盘、互联网追踪系统、转弯时不必减速的车身平衡系统、由触控屏按键控制开关的天窗，以及形状像汽车的车钥匙。这款车会永久改变汽车工业，事实也的确如此。它打破了汽车安全方面的所有纪录，并且被几乎所有汽车杂志评为"年度最佳汽车"（Car of the Year），顾客的购买热情超乎我的想象。

伊恩·赖特、马丁·艾伯哈德和埃隆·马斯克都是创业英雄。他们敢于冒险，并取得了非凡的成绩。我们都知道，埃隆是人人都赞颂的知名英雄，他们的成就也值得称道。埃隆付出了卓越的努力，而伊恩·赖特和马丁·艾伯哈德也为特斯拉贡献了自己的力量。没有他们，也许就不会有特斯拉。但特斯拉诞生了，并且成为一家了不起的企业！

没错，创业是一个吃力不讨好且困难重重的过程。创业者的情感、精神，有时候体力上都要承受巨大的压力。创业者面临着充满风险的挑战，这些挑战来自收入、职业生涯和社会地位等。创业者往往要放弃一份有可能永远无法失而复得的工作、薪水，以及社会地位；亲朋好友通常会为创业者的创业决定感到困惑，除非他们能

---

① 故事是这样的：从前有只蜗牛，它很讨厌自己走路慢吞吞的样子，于是买了一辆运动型轿车，在车身两侧各喷了一个字母"S"。其他人看到这辆疾驰而过的车时，都会大叫一声："快看，那辆开过去的车有个 S。(look at that S-car go！)"而在英语中，"S-car go"的发音与"蜗牛"一词"escargot"相似——译者注。

了解他的远大抱负；创业者也很少有时间陪伴身边的朋友和家人，所以对于那些愿意迈出勇敢一步的创业英雄来说，来自家人和朋友的情感支持就更少了。但是，每一名创业者都会推动人类的进步。无论成败与否，创业者都会促进科技进步，刺激竞争对手，促使世界变得更好。无论你想变成伊恩·赖特、马丁·艾伯哈德还是埃隆·马斯克那样的人，只要怀着非凡的目标去创业，那你就是一名创业英雄。

后来，特斯拉成为一家上市公司，特斯拉汽车也广为人知。我受邀前往底特律，参加了大卫·柯克帕特里克（David Kirkpatrick）组织的科技经济大会（Techonomy Conference），并在大会上发表演讲。演讲结束后，底下的观众提的第一个问题就是："我们底特律人早就听说硅谷繁荣无比，那么，你建议我们如何去实现同样的繁荣呢？"我回答说："底特律的汽车制造业已经哺育了三代人，时间已经足够长了！我建议你们干点别的行业。"

观众接着问："可如果我们想留在汽车行业，那该怎么办？"我说："在电动汽车领域，你们已经落后于特斯拉，所以你们最好能让汽车飞起来。"

媒体将我的这番话刊登了出来，底特律三大汽车公司的首席执行官也做出了回应。我从他们的话中看出了愤怒，这可以理解。有两家公司的首席执行官甚至发起了言论攻击，他们说："这个混蛋从硅谷来到底特律，难道就是为了告诉我们汽车业应该如何运作吗？"福特汽车公司总裁倒是令人钦佩地说了句公道话，大意是三大巨头没有进行应有的技术革新。不过很明显，我点燃了导火索，"战争"以一种完全出乎我意料的方式爆发了。

几年后，我投资了凯尔·沃格特（Kyle Vogt）的巡航自动化公司。在那之前，我就投资过凯尔的其他公司。他曾是 Justin TV 的四位创始人之一，该公司后来改名为 Twitch.tv，这是一家专门供人们观看其他人玩电子游戏的网站，后来以 10 亿美元的价格卖给了亚马逊，作为投资人的我们赚得了数倍收益。凯尔向我推荐巡航自动化公司。他说，该公司正在研发可以让汽车自动驾驶的软件和硬件。他要先设计一款设备，装到自己的奥迪车中，然后把它变成所有汽车的标配。

为了炫耀这项技术，凯尔开车载我去兜风。汽车在路上行驶时，那款设备运行良好，可当我们到达一个十字路口时，汽车突然向左拐，差点与迎面而来的车辆相撞。天哪！我们简直是死里逃生。好吧，产品演示通常都是不如人意的，所以我没有介意。兜风结束后，我转身对凯尔说："行，我会再支持你的。"

那次演示虽然让我心有余悸，但仍然给我留下了深刻印象。从此以后，我便成了巡航自动化公司的投资人。我对凯尔非常有信心。他很有创造力，而且精明能干，身上有着创业英雄的特质。他和他之前的团队曾为我赚过钱，我坚信无人驾驶技术将会迅猛发展，市场潜力巨大。我想，这将是一笔非常有意思的投资。

仅仅两年后，这项技术就发展得相当成熟，我听说很多地方已经实现了无人化驾驶。虽然无人驾驶还没有迎来黄金时期，但已取得了长足的进步。通用汽车公司的未来总裁可能想起了我当初说过的话，因为她也跨入了无人驾驶行业，以大约 10 亿美元的价格收购了这家公司。我认为，如果说一家"独角兽"公司能卖到 10 亿美元，那么凯尔就是名副其实的"双角兽"，因为他的两家企业都是以如此高价卖出去的，这两笔交易让他比独角兽更吸引眼球。

虽然三大汽车公司的首席执行官们似乎都对我不满，但通用汽车的这位高管至少留意过我说的话。她做出了第一个大胆的举动，让汽车自动"飞了起来"。

凯尔是一位创业英雄。他不仅迈出了创业第一步，也完成了之后的所有步骤。他愿意冒着巨大风险去获取非凡的成果。通用汽车的首席执行官也是如此。她以自己的身家和职业声誉作为赌注，进入了一个巨大的未知领域，投资了一款无人驾驶汽车。

THE STARTUP
HERO'S
PLEDGE

卷 一

创业英雄誓言

本书的宗旨是帮助你成为创业英雄。人生越是复杂，创业英雄越是需要指引。为了帮助创业英雄们保持正确的前进方向，我写下了一份誓言。创业英雄必须具备灵活应变的能力，并且在事情变得无法预测时愿意继续前进。对于创业过程中遇到的问题，这本书无法给你确切的答案，你只有灵活运用其中的原则，发挥自己的创造性思维、记忆力，燃烧自己的雄心壮志，才能完全吸收书中表达的精神。

本书卷一围绕着创业英雄誓言展开，每道誓言为一章，而每章开头都有一些与誓言相关的名言。通常情况下，我会讲一两个故事来说明每道誓言的内涵。在每章的末尾，我会给你提供一些练习和问题来帮助你思考。你可以学以致用，全身心投入到创业中去。别忘了，作为一名创业英雄，你在创业旅途中将要面临各种各样的难题、顾虑和想法，解决各种各样的问题，并采取一系列行动，而且需要在巨大的不确定性下做出决策。

我为每一章都写了一首诗。诗歌常常能表达真理，这是散文无法比拟的。每首诗的写作形式都是不同的，其形式取决于相应的誓言的内容。

如果你想成为一名创业英雄，你需要在思维方式上得到指引，它将引导你的整个创业人生。如果你的内心有一团火，渴望创造某些激动人心的事物，那以下誓言就是为你而写的。你想改变这个世界，你渴望为人们创造更美好的生活，你已经决定成为一名创业者，或者你在机缘巧合之下进入了德瑞普大学，又或者你迫切地想成为一个非凡之人——誓言都在这里，请记住它们，让它们成为你身体的一部分。它们是人生的忠告，请签下你的姓名，并履行诺言。

创业英雄誓言

我将不遗余力推动自由的进程

我要竭尽所能追求进步，发起和推动变革

我的品牌、人脉和声誉至高无上

我要成为别人的榜样

我要养成良好的习惯，并爱惜我自己

我要百折不挠追求成功

我要以满腔热情探索世界

我要与人为善

我要高瞻远瞩，不为眼前的利益所动

我要以公平、健康、乐观、开放的胸襟尽情享受生活所赐予的一切

我要信守承诺

我要知错必改，敢于担当

超级英雄条款：我将以毕生精力去磨炼我的超级英雄技能，并用这些技能为整个社会谋福利。

福音条款：我将致力于推动德瑞普大学学员、教职员工和行政管理部门人员不断取得成功，并为培养下一代超级英雄贡献自己的力量（除非你是德瑞普大学校友，或者想资助我们，否则该条款不作强制要求）。

黑天鹅条款：除非我在人生旅途中发现这份誓言遗漏了一些重要而非凡的东西，否则的话，我会一直遵守此誓言。

宣誓人：_____

（请签下你的姓名）

I WILL PROMOTE FREEDOM AT ALL COSTS.

我将不遗余力推动
自由的进程

"不自由，毋宁死。"

帕特里克·亨利（Patrick Henry）

"英雄懂得责任与自由同在。"

鲍勃·迪伦（Bob Dylan）

"自由一旦生根，便会迅猛生长。"

乔治·华盛顿（George Washington）

"顺从扼杀自由，使其无法发展壮大。"

约翰·F.肯尼迪（John F. Kennedy）

"不愿为自由而死之人，请勿轻谈自由。"

马尔科姆·艾克斯（Malcolm X）

"希望后世谈起我时，不仅记得我是一个自由之人，也记得我曾为世人谋自由。"

罗莎·帕克斯（Rosa Parks）

"成功靠的不是金钱，而是自由。"

纳尔逊·曼德拉（Nelson Mandela）

"让一部分人先富起来。"

邓小平

"自由的消亡，最多只需一代人的时间。自由是无法通过血缘沿袭的，每一代人都要自己去争取和捍卫自由，并将这一做法传承下去。"

罗纳德·里根（Ronald Reagan）

自由高于一切

随着年纪越大，到过的地方和见过的人越多，我越发意识到自由高于一切。自由之人有能力做任何事情，自由国家发展得很快，而且国家越自由，其发展速度就越像免费产品的传播速度那样快。以下都是关于自由的故事，也是我最喜欢的故事。

关于 Hotmail 的故事

沙比尔·巴蒂亚（Sabeer Bhatia）和杰克·史密斯（Jack Smith）都是 26 岁的年轻人。沙比尔来自印度，言语间总是充满了自信和笃定；杰克是一位专注的工程师，他相信自己能做好任何事情。在伊丹塔合伙人公司（Idanta Partners）风险投资人德夫·普尔卡亚撒（Dev Purkayastha）的推荐下，他们找到了德丰杰。普尔卡亚撒告诉约翰·费舍尔，他很喜欢这两个年轻人，但伊丹塔成立的时间不长，无法为他们提供创业资金。起初，我们对杰克和沙比尔的创业计划并不是特别感兴趣，但史蒂夫·尤尔韦特松觉得这两个年轻人很有潜力，于是问他们是否还有其他创业点子。他们提出了一个非同寻常的想法：打造一款基于互联网的电子邮箱软件。这款软件的成本很低，他们想免费提供给用户使用。我们都对这家公司很感兴趣，因为它很新颖，但由于它是免费向用户提供电子邮件服务的，我们甚至不知道它将如何盈利。

他们表达的信息很明确，那就是"一切都免费（Free Everything）！"除了提供免费电子邮箱之外，他们的办公室也位于加州弗里蒙特市的自由大道（Freedom Blvd）。在美国独立日这天，他们推出了自己的产品 Hotmail。

我和史蒂夫参加了 Hotmail 董事会的第一次会议。会议一开始，杰克就说："上线了。"他指的是公司刚刚推出了基于互联网的免费电子邮箱。在简短的产品演示结束后，我问他们："你们打算如何推广这款不可思议的产品？"沙比尔回答说："我们要在101号高速公路上安装广告牌，还要在电视上打广告。"

我回应说："靠我们提供的15万美元，你们只能买下十亿分之一秒的电视广告时间，或者买下广告牌上邮票大小的地方做一天广告。"不过，还没等沙比尔开腔，我就接着问他："嘿，你就不能在网上给每个人发一封电子邮件吗？"那时候，使用互联网的人主要是学者和军事人员，但我认为他们有可能成为早期的客户。杰克说，群发邮件会被视为垃圾邮件，这违背了互联网的精神。

我想，口碑总是口口相传的。如果我发电子邮件给我的朋友，然后他们发电子邮件给自己的朋友，后者再发邮件给他们的朋友，那我们最终就能联系上所有人。于是我对杰克说："你的邮箱是免费使用的，假如你在每封电子邮件底部加上一句话：'P.S. 我爱你。使用Hotmail可以免费收发电子邮件。'效果会不会更好？这句话会在用户之间传播，从我到你，再到你的朋友，再到他们的朋友。"这让我想起了我们在商学院学习过的特百惠（Tupperware）案例。任何想购买特百惠产品的人都必须举办一次特百惠派对，这就把顾客变成了特百惠的销售人员。我越说越兴奋。

当时，这还是一个非常有争议性的创意。沙比尔一直不同意我的建议，所以我集中精力说服杰克，问他技术上是否可行。我说："杰克，从技术层面讲，你做得到吗？"杰克给出了肯定的答案，他可以通过技术手段做到这点，于是我恳求他们："试试看吧！"最终，沙比尔回来找我说："可以试一试，但我们不写'P.S. 我爱你'，而只写'使用Hotmail可以免费收发电子邮件'。"

如今，我常常会说句"事后诸葛亮"的笑话："如果他们保留了'P.S. 我爱你'这句话，那我们的世界早就变得更加和平且充满爱了。"但无论怎样，这家公司为全球各地人们的交流做出了非凡的贡献。不到18个月时间，Hotmail的用户数量就激增至1100万。沙比尔给他印度的朋友发了一封电子邮件，3周内，我们在印度就拥有了10万名Hotmail用户（这是很了不起的成绩，因为当时印度的电脑保有量可能不到10万台）。Hotmail成为有史以来增长最快的消费品。

我和史蒂夫把我的这项发明称为"病毒式营销"，它是一种新型营销手段，就像病毒在人与人之间传播，而我们认为"病毒式营销"这个名字很朗朗上口。那个时候，计算机病毒已经成为一个严重的问题，我们担心它有可能产生负面含义，但最终还是决定采用"病毒式营销"这种说法，因为少许争议或许对我们有利。

顺便说一句，我决定不为这一发明申请专利，而是免费给所有人使用。我考虑到这种营销方式给世界带来的长期影响，不想造成摩擦。此外，我非常专注于风险投资业务，不希望在法律事务上浪费太多精力。

Hotmail 在世界各地传播。人们用 Hotmail 在网上与失散已久的亲人交流和结交新朋友，这家公司每周新增用户数量达 1 万人。

如此快的传播速度带来了问题，并最终形成一个机遇。每当人们用 Hotmail 发送电子邮件和接收电子邮件时，就要占用服务器的少许计算能力和带宽，这得花费我们几分钱的成本。门洛风投公司（Menlo Ventures）的道格·卡莱尔（Doug Carlisle）给我们提供了一部分资金，但是，随着我们采用了新的病毒式营销传播手段，用户数量开始成倍增长，资金便紧张了。短短几个月时间，门洛风投公司投资的钱就被花得一干二净，门洛投资团队开始感到担心。道格对他的合伙人说："Hotmail 那帮家伙在送钱给人家，他们到底在搞什么鬼？"

我自己拿出一部分钱，并说服其他几位投资人支持 Hotmail，从而又筹集到了一小笔资金。我们编制了一份别出心裁的投资意向书，里面既提到了我们的优势，也涵盖了我们的劣势，但我们所提供的资金只能让公司再坚持一两个月的时间。后来，通用风险投资公司（GE Ventures）给我们送来一份投资意向书，对方打算向 Hotmail 投资 1000 万美元，投资估值为 1.2 亿美元。我们看到了希望的曙光，可当他们得知我们的资金消耗速度极快之后，又立刻退缩了。随后，我们收到了雅虎（Yahoo!）的收购邀约，他们提出以 4000 万美元收购整个公司。还没等我们回复，微软就提出了 9000 万美元的报价。投标战开始了。最后，微软提出了 3.5 亿美元现金的收购价格，而我们不置可否。听到这份报价后，道格·卡莱尔找到我，把他对合伙人说的话又跟我说了一遍，然后打趣地说："你们葫芦里卖的什么药？给我们透点底吧！"

微软和我们开了个会。他们来了大概 20 个人，其中包括首席财务官格雷格·马菲（Greg Maffei），所有人都是专程从位于华盛顿州雷德蒙德市的微软总部过来的，就是为了谈妥这笔交易。我们在微软法律事务所提供的一间巨大的会议室里碰面。我和沙比尔坐在桌子的一头，微软首席财务官坐在桌子的另一头，他的随从分坐两侧。杰克·史密斯和他的父亲雷克斯（Rex）坐在沙比尔旁边，而我的合伙人约翰·费舍尔和史蒂夫·尤尔韦特松坐在我旁边。格雷格首先发言，他说："我们很喜欢你们公司，愿意支付 3.5 亿美元现金进行收购，这是我们的最终报价。"我跟沙比尔和杰克商量了一下，然后尽量虚张声势地回应道："我们也喜欢这家公司，它值 20 亿美元。但如果你给我们提供 4 亿美元微软股票的话，我们也可以接受。"

微软团队开始闪烁其词，格雷格喃喃地说了几句话，大概意思就是："3.5 亿美元已经是我们的最大权限了。"我觉察到微软团队的紧张感，而我们的还价似乎跟他们的底价很接近，这让我觉得也许微软股票的价值超过了市场认定的价值，而这帮家伙不想让步，于是我们咬定 4 亿美元不松口。

格雷格说："好吧，那我们没什么可谈的了。"我和沙比尔说："好，那就这样吧。"然后，我们装出一副怒气冲冲、准备拍案而去的样子，慢慢走出会议室。微软的律师没有让我们离开，而是领着我们俩走进了一间小会议室，他让我们在里面重新考虑之后再做决定。很奇怪，我们往外走的时候，我们的团队没有跟上来。约翰、史蒂夫、雷克斯和杰克都留在了大会议室里，他们都不希望这笔交易流产。

与此同时，在大会议室里，约翰·费希尔巧妙地接管了谈判。他对微软团队说："我们的要价有什么问题吗？你只需要多付 5000 万美元就行，而且只是给我们股票，又不是现金，这样你们就大功告成了。"约翰故意把"大功告成"说得抑扬顿挫，而且把重音放在"功"上，这就向微软团队传递了一个强有力的信息，即只要他们变通一下，就能成功收购 Hotmail。

格雷格告诉约翰，他不想再跟沙比尔、史蒂夫或我谈判。我想，这也许是因为我们显得有点蛮不讲理。约翰和格雷格继续谈判。在圣诞节前几天，约翰准备坐飞机前往巴哈马群岛（Bhamas）度假。他告诉格雷格，巴哈马那边的电话打不通，所以这笔交易必须等到 1 月 1 日之后才能继续谈。格雷格终于屈服了，他大声吼道："真见鬼！好吧！成交。"然后继续喋喋不休地发牢骚。约翰把事情向沙比尔交代清楚，然后在飞机舱门关上前登上了飞机。

我们同意不向外界透露微软花了多少钱收购 Hotmail，仅透露这笔交易是以股权交换而来的。我和沙比尔还没从戏剧性的谈判过程中缓过劲来，但这笔交易最终能够达成，也让我们松了一口气。回过头来看，我知道微软那 20 位大人物并不打算空手而归，如果我们立场更坚定的话，也许能得到更多。不过，微软的股票在接下来的一年里翻了三番，我们确实很幸运。事实证明，对我们的投资人来说，坚持以微软股票换取 Hotmail 所有权是个正确的决定，而且对微软来说也是很好的选择。比尔·盖茨曾说过，在微软收购的公司当中，Hotmail 是最令他满意的，因为 Hotmail 软件的全球用户数量达到 5 亿人，有助于微软向所有的免费电子邮箱新用户推销其他产品。通过这笔交易，我们让自由之声响彻全球。

病毒式营销和微软的加持使 Hotmail 得以广泛传播，很多企业纷纷效仿。雅虎邮箱（Yahoo Mail）、谷歌邮箱（Gmail）和其他许多公司以互联网为依托，使 30 多亿人用上了电子邮箱，几乎占全球人口的一半。这种免费产品对全世界产生了巨大影响，人与人之间的距离被缩短了，人们可以更好地联系彼此，也拥有了更多自由——他们可以给任何地方的任何人发送免费的电子邮件。有了 Hotmail，全球各地的人们可以免费交流；它甚至帮助好几个国家解放了他们的人民。

病毒式营销让脸书（Facebook）、推特（Twitter）和 Skype 等企业具备了全球沟通的能力，整个世界几乎都被连成一体。我相信，世界各地的自由和繁荣正在翻开一个新篇章。当我们从谷歌和百度等搜索引擎获取共享信息，再将所有信息与通信工具相结合时，世界各地希望发掘自身创造力的人顿时拥有了相似的立场。举个例子：位于特拉维夫（Tel Aviv）的创业者将有机会获得硅谷、雅加达或阿克拉（Accra）创业者掌握的同类信息和他们所使用的同类通信工具。

我把病毒式营销付诸实践，帮助企业传播产品。我认为，这项技术赋予这些企业竞争优势，使它们以低廉的成本迅速吸引和获取客户。如果一款产品能够以更快、更简易的方式传播，那么伟大产品的熵值就会上升得更快，而我们都能从产品提供的全新生活方式中受益。最终，病毒式营销将达到平衡竞争环境的效果，因为一旦形成突破，它的传播速度就会非常快，任何一个拥有电脑设备的人都能获取相关信息。

对于创业英雄来说，这种能够让信息和产品快速传播的新型"病毒"既创造了机会，又让我们陷入进退两难的境地。如果信息在世界范围内传播速度太快，初创公司就要赶在竞争对手之前推出自己的产品，而这也意味着创业英雄需要比行业内的其他人更具创新能力。新产品的创意是转瞬即逝的。无论哪个时代诞生了最先进的产品，后世总是能对这款产品进行改进。由于人们都能获得该产品的相同信息，所以他们都可以在此基础上进行创新。

如今，数百家公司正在采用病毒式营销模式来销售各种各样的产品。任何以通信工具为基础的产品都采用病毒式营销手段。AT&T 推出的"亲朋"（Friends and Family）营销计划、领英（LinkedIn）网络和推特的 # 号标签（hashtag）都是一些明显的例子。脸书和色拉布（Snapchat）也采用病毒式营销来分享照片；Skype 的创始人在拓展音频业务的过程中植入了病毒式营销元素，在推出 Skype 视频时亦是如此。

关于 Skype 视频的故事

新兴的点对点技术让我着迷，这种技术允许互联网用户共享文件。在研究这个行业的时候，我发现了纳普斯特（Napster）、Streamcast 和 Grokster 等网站。这些企业给我留下了一个深刻印象，即文件共享行业几乎被强大的、动辄诉诸法律的音乐行业压垮了，但我确信这种革命性的技术还会有其他应用。我在报纸上看到，有家文件共享音乐公司卡扎（Kazaa）正在出售业务，并希望借助文件共享技术做些新的事情。我记住了这家公司的名字，因为我想知道他们到底在做什么。我注意到尼克拉斯·詹斯特罗姆（Niklas Zennstrom）来自瑞典，而雅努斯·弗莱斯（Janus Fries）来自丹麦，所以，我打算下次去北欧的时候联系他们。后来，我又听说这家公司正在伦敦开展业务。

为了投资欧洲的初创公司，我父亲聘请霍华德·哈滕鲍姆（Howard Hartenbaum）在欧洲寻找合适的目标。我初次见到霍华德是在塞维利亚举行的一场欧洲科技圆桌展（ETRE）大会上。当时，我们正乘坐一辆巴士从一个会场到另一个会场，并在车上大致探讨了风投行业的现状。他刚刚受雇于我父亲，想了解一下我要投资什么样的企业。我给了他一些建议，让他去找那些来参加大会的领军科技企业。我知道他经常到欧洲各国出差，于是我对他说："嘿，霍华德，你可不可以去见一下卡扎的创始人？我听说他们正在伦敦拓展业务。"霍华德说，他会跟进这件事。

大概3个月后，霍华德打电话给我，对我说："提姆，有情况，我觉得你应该来一趟。你让我去拜访的卡扎创始人研发了一款名为Skyper的软件，我觉得这款产品很有前途。"

我乘飞机前往伦敦去见尼克拉斯。他身高6英尺4英寸①，仪态威严。我们在伦敦的一家酒吧碰面，开始讨论他的新创意。他们开发了Skyper，该软件能够借助点对点文件共享技术让人们共享无线信号。我非常兴奋，并当场承诺投资他们公司。我和尼克拉斯协商制订了一份Skyper投资意向书，根据这份意向书，德丰杰和我父亲的基金将共同投资这家公司。

后来，尼克拉斯打电话给我说："提姆，在你投资之前，我们必须告诉你一些事情。我们不打算做共享无线了，而是与电话公司竞争，把点对点信息包植入某种可以传输语音通话的媒介当中。"我说："以前我还以为这是不可能实现的呢。当然了，我们会继续投资你们公司。"

我找到合伙人，把最新情况向他们解释了一番，希望能够得到他们的理解，结果大受打击。他们说，这会牵涉到他们与前雇主之间的盗版和责任问题。其中一位合伙人的话似是要给这笔投资"盖棺定论"，他说："那些家伙都是亡命之徒。"结果，我们没有参与第一轮投资，而是全部交给了我父亲的风投公司。

————————

① 约1.93米——译者注。

后来，创业团队将产品名称改成了 Skype。这款点对点免费通话软件很受欢迎。对于注册用户，公司将提供免费通话服务；而对于网络以外的呼入和呼出电话，公司将收取通话费用。该项服务非常成功，发展了 300 多万名用户，同时运行的音频电话数量达到 10 万个左右。Skype 成了炙手可热的产品，公司决定从风险投资人那里筹集更多资金，而我们合伙人公司已经做好了大规模投入的准备。我们将面临强有力的竞争者，因为很多风险投资家那时候都知道 Skype 了，但幸运的是，霍华德站在了我们这边，为我们说尽好话。我们通过德丰杰全球创投基金加入了投资人行列，而我也进入了公司的董事会。不久，我们就遇上了棘手的难题。

公司第一次董事会会议在爱沙尼亚首都塔林（Tallinn）举行，他们定下的日期是 2005 年 7 月 18 日，可我在此之前已经答应过托尼·珀金斯（Tony Perkins），要在加州帕洛阿尔托市（Palo Alto）举行的大会上发表演讲，两个会议的日期恰好冲突了。托尼是我的好朋友，我不想让他失望。我绞尽脑汁，终于想出了一个两全其美的办法，那就是举行视频会议。

当时的视频会议系统体积庞大、价格昂贵、质量也很差，有时候声音颤抖，有时候画面卡顿，有时候信号直接断掉。在我看来，倘若建议托尼在他组织的大型会议上采用视频会议，似乎对他有点不公平；可如果在塔林那么远的地方召开视频会议，那也不啻于一场灾难性事件。

托尼深明大义，他对我说："我没有问题，而且我听说过 Skype。你可以跟尼克拉斯一起参加视频会议吗？"我说："我问下他。"然后我打电话询问尼克拉斯的意见，他很乐意参加视频会议。接着，我又问他能否在塔林搞一套视频会议系统，他犹豫了一下，说道："当然可以，没问题。"这让我颇感惊讶。

我们决定放手一试，并制订了备选方案。如果视频效果不好，托尼就可以把我们的照片投射到屏幕上，然后进行语音通话。

当杰茜和我到达位于塔林的 Skype 办公室时，他们已经把一切准备妥当。尼克拉斯和我坐在塑料椅上，准备现场视频。我们坐下来后，尼克拉斯回头朝我们身后喊道："好了，打开开关！"我问他："什么开关？怎么回事？"他说了两句含混不清的话，大意是"真有意思，我们一直在这里做些与视频相关的实验"。

我们召开了视频会议，而且效果很好。托尼说他从来没有见过如此清晰的视频画面："你皮肤上的毛孔都清晰可见，声音也很清楚。"

尼克拉斯开始咯咯地笑起来，笑声中带着极度的自豪感。我问他："有这么好笑吗？"他说："这是 Skype 的第一次视频通话，我们刚才用的是新款 Skype 视频产品。"我顿时意识到刚才发生了什么事情，于是激动地说道："尼克拉斯，这款产品肯定会大卖！简直太棒了！你的意思是我们可以为所有人提供清晰的免费视频通话服务吗？"

尼克拉斯说："没那么快，提姆。为了保证该视频呼叫所需的带宽，我们切断了 10 万个同时进行的音频呼叫。用户在这一小时内无法通话，我们要为此向用户道歉。"最优秀的创业英雄会不惜一切代价使公司获得成功！

杰茜也参与了 Skype 的首次视频通话。她是托尼的女儿的好朋友，当她听到托尼的声音时，马上伸过头来，对着屏幕说了句"你好"。我和托尼都不知道 Skype 视频会有多大前景，通信工具会变得多么重要，更不知道世界会因为这款产品而变得多么自由，但我们知道世界将会发生翻天覆地的变化。

从绝大多数指标来看，Skype 已然成为世界上最大的电信公司。2009 年，eBay 以 40 亿美元的现金加 eBay 股份收购 Skype，随后 Skype 被一家私营股权公司短暂控股。最终，微软出资 85 亿美元收购了 Skype。到目前为止，Skype 的下载量已经超过 10 亿次，每日活跃用户数量超过 3 亿人，用户在线总时长超过 1 万亿分钟。Skype 对我们所有人都产生了深远的影响。由于 Skype 的工程师来自爱沙尼亚，所以该国成为一个新的创业热点，那里也成为电子政务的诞生地（稍后我会深入探讨电子政务问题）。

病毒式营销衍生出了 Skype 音频通话、视频通话、社交媒体、电子邮件冲击波、营销热点、搜索引擎上的游戏用户排名、黑客增长、众包和协同市场。当人与人相互关联在一起时，便加速了社会的进步。

每一款软件、网站、程序、应用程序（app）和新产品，无论是数字化产品还是实体产品，都应该或将采用病毒式营销手段。作为一名创业英雄，你应该想办法摆脱地域限制，在全球范围内推广产品，而且在此过程中不产生任何分销成本，或者分销成本极低。如今，作为一名潜在投资人，每当我评估初创公司的商业计划时，我最想看到的就是这家公司打算如何发展客户、如何把客户变成公司的销售力量，以及如何不惜一切代价推进自由。

Hotmail 和 Skype 打造了一个全新的自由平台，为人们创造了更多可能性。世界各地的人们可以自由沟通，而且不用花一分钱。国家间物理边界的重要性将会下降，因为人们可以跟世界上任何地方的人交朋友。人们将了解到世界各地存在哪些机会，文化将加速融合，全球化将战胜地方保护主义。现在，人们可以为追寻更美好的生活而自由选择居住地，并对生活方式进行相应调整。

各个国家也将改头换面，重塑自身的思维方式。从这时起，各国政府将要考虑如何才能赢得民心。地理边界开始消失，整个世界将真正开放起来，从蒙昧时代以来就牢牢控制地球居民的部落世界或许终将被自由市场所推翻。如果人们能够自由地在世界各地流动，那么，各国政府现在就要吸引那些拥有智慧、资金、事业和创业精神的人才，并帮助他们取得成功。各国政府要为潜在的公民提供具有吸引力的服务，否则将失去这些人才，把他们推向其他更有吸引力的政府的怀抱。"国际化"已经过时了，"全球化"才是推动下一个世纪进步的动力。

关于乌克兰的故事

我带着女儿杰茜去了趟乌克兰首都基辅（Kiev）。我出差的时候喜欢带上孩子，这样他们可以了解我的工作，顺便见识下当地的风土人情。我听说在乌克兰有一家名为 USC 的外包公司，想去一探究竟。这家公司的创始人名叫罗曼·基奇克（Roman Kyzyk）。罗曼说话的语速很快，并且认识当时乌克兰的总统尤先科（Yuschenko），安排我们去见他。罗曼向我讲述了"橙色革命"（Orange Revolution）的经过，说革命者利用即时通信工具来为叛乱分子提供食品和鲜花，以此来保持首都的革命热度。提供食品的目的是让首都民众不断向政府施压，从而推翻政府；而提供鲜花的目的是让漂亮的姑娘们把花放进首都卫队士兵的枪管中，从而融化前线士兵的心。这场革命成功了，但并非没有造成伤亡。总统尤先科被人下毒，虽然他保住了一条命，但毒药使他的身体变得很虚弱，脸上布满了疙瘩。

我们穿过一座迷宫般的建筑，遇到各色安保人员，最后才到达总统办公室。尤先科在一间漂亮的房间里接见了我们。房间里挂着一张大挂毯，尤先科指着它对我们说，这张挂毯具有历史意义，它证明了乌克兰是世界上第一个民主国家。他说，他打算让乌克兰回归本源，再次成为一个民主国家。然后，他要我在乌克兰投资。我说："我为什么要在你的国家投资？我听说在乌克兰成立一家公司至少要花 6 个月时间，而且要得到 23 个官员的批准。"

大病初愈的尤先科言之凿凿地说："将来注册乌克兰公司只需 1 名官员批准，而且只要 1 周时间！"这是一个为国家自由而战的人。他打算进行大刀阔斧的改革，让乌克兰走向自由。离开总统办公室时，我们祝愿他心想事成，把自由和自由市场带给乌克兰。

与总统会面的兴奋感还未褪去，我们就马不停蹄地去了那家外包公司。没料到，他们已经安排了 40 名工程师在会议室等候我们的到来，似乎他们所做的一切都是为了让我们在乌克兰投资。他们的准备工作得到了回报。虽然我的女儿觉得罗曼有点"令人反感"，但我并没有受她影响，还是投资了这家公司。罗曼随即召开了一场规模庞大的记者招待会，向媒体宣布这笔投资。招待会人满为患，记者们只能站着报导，我从来没有见过这么多摄像机同时出现在同一个地方。然后，我们带着期盼离开了乌克兰，希望我们已经把创业精神留在了那里。

结果，罗曼创业失败了，而他无法解释这些钱的去向。有趣的是，在我长达 30 年的投资生涯中，我认为自己只被别人骗过 3 次，包括这次在内。总的来说，创业者都有很强的使命感，钱只是他们实现抱负的一种工具而已。

这件事是个教训，它让我明白了一个道理：乌克兰要建设一个以诚信为本的企业家社会，还有很长的路要走。不过，我也看到乌克兰正在努力做出改变。借助信息技术，乌克兰开启了一种全新的思维方式。尽管尤先科在接下来的选举中失利，国家又重现昔日的腐败，但乌克兰还是显示出了实现民主和资本主义的潜力。市场竞争和问责制度很可能会逐渐渗透到乌克兰国家生活的方方面面，这个国家还是有机会走向繁荣的。腐败的政府会催生腐败的民风，而腐败的民风会导致国家变得贫弱。诚实开放的政府能让民风变得淳朴开放，国家也会变得自由富强。

由信息引发的乌克兰革命产生了连锁反应。"橙色革命"之后，突尼斯和埃及的腐败政府相继被推翻，这就是所谓的"阿拉伯之春"（Arab Spring）运动。而脸书和推特在此过程中扮演着重要角色。自由和开放通过病毒式营销在世界各地传播，世界各国现在已经紧密相连，政府必须对选民负责，否则它们就会遭遇"病毒"革命。

关于爱沙尼亚的电子政务故事

爱沙尼亚的总统图马斯·亨德里克（Toomas Hendrik）和总理塔维·罗伊瓦斯（Taavi Roivas）抓住了电子政务这个新机遇，将虚拟化政府融入执政使命当中，并像企业争夺客户那样在全球范围内争夺真实和虚拟的公民。这两位领导人把打造电子政务作为自己的使命，由于他们的工作极具开创性，我猜想地理版图将来不再是各国政府统治的唯一依据了。罗伊瓦斯总理曾应邀到德瑞普大学的英雄城发表演讲。他说，"光是靠数字化签名制度，我们就节省了 2% 的国内生产总值"，而"将投票选举过程数字化之后，所有年轻人都开始投票了"。显然，年轻人更乐意在手机上的复选框打钩，而不是走进某个陈旧且令人厌恶的投票站去投票。

接着，他又讨论了爱沙尼亚的数字化身份识别计划，该计划降低了爱沙尼亚的犯罪率，并改善了该国的商业环境。他赠予我爱沙尼亚三级虚拟居民身份，有了这个身份之后，即使我没有踏足爱沙尼亚，也可以在不到 24 小时之内开设一个欧洲银行账户（我还真开了户），购买欧洲房产，并在欧洲任何地方从事数字商务。

Funderbeam 是一家为爱沙尼亚的私营企业提供流动资金的公司。最近我跟这家公司的创始人凯迪·鲁撒勒普（Kaidi Ruusalep）共同完成了一项融资，而我们达成协议的方式是在爱沙尼亚区块链上签署了远程智能电子合同。有了这一方式，我们就不用亲临现场签字，甚至连律师也不用亲自到现场。协议是永久性的，而且我们双方都可以很方便地看到协议内容。

其他国家也追随爱沙尼亚的脚步。新加坡政府一直致力于发展电子政务，因为它在政府服务的数字化和自动化方面一直处于领先地位。英国议会已经开始自动化管理，并鼓励发展众筹和比特币。新加坡和瑞士都对法律制度进行创新，推动智能合约和区块链数字货币首次公开募资（ICOs）发展，它们在这方面引领了世界潮流。稍后我将深入讨论这个话题。此外，日本已经宣布接受比特币作为本国的法定货币。各国政府已经意识到它们需要争夺全球的优秀人才和资金，并要对本国公民负责。如今，这些公民不仅拥有信息，还拥有各种通信手段和社区。

哈萨克斯坦总理专程到德瑞普大学和英雄城来见我，他想知道德瑞普生态系统究竟有何魔力。他还邀请我回访哈萨克斯坦首都阿斯塔纳（Astana），跟他的一些顾问和工作人员做一番交流。他想改变哈萨克斯坦。

我建议他参照爱沙尼亚的经验，创建一个具有竞争力的电子居住证系统。我说："爱沙尼亚启动电子居住证项目仅仅 4 年，就发展了 2 万名电子居民，其实你们可以做得更好，你们可以做一些事情来向全球数十亿人传达你们的愿望。"我建议他不必要求所有外国人申请签证，而是找一些友善的海关人员来迎接持有电子居住证的访客，证件上写着："欢迎来到哈萨克斯坦，这是您的电子居住证。下次过关时，请刷一下这里，您就能自动过关。"后来我才知道，"哈萨克族"（Kazakh）一词的含义就是"自由的民族"。我以为，如果他发起一轮以电子居住证为主题的宣传活动，打出"我是自由的哈萨克人"的广告语，那他就有机会进行病毒式营销。当然了，在人们拥有电子居住证之后，政府可以为他们提供医疗保险、养老金管理、产权保险等服务，以及任何不需要实体的政府服务。离开哈萨克斯坦的时候，我对这个国家的前景持乐观态度，希望这位总理能够不惜一切代价促进自由。

相反，由于美国对其公民实施强制政策，造成了民众的强烈抵制。美国希望在与墨西哥交界的边境上修建隔离墙，这种做法适得其反，因为它激怒了墙两侧的美国人和墨西哥人。其中原因很多，但主要是因为民众感觉自由受到了侵犯。今天，有可能被这堵墙挡在外面的人都想从墨西哥进入美国；而将来，情况有可能正好相反。谁知道未来人们想迁徙到哪里去？

自由是很有吸引力的，而且在我看来，自由是人类过上繁荣幸福生活的最重要体现。与控制民众相比，自由允许和鼓励社会取得更多进步；与封闭市场相比，自由市场允许更多的流动性和社会财富；自由的演讲胜过钳制言论的演讲，前者发现和解决问题，为进步提供机会，而后者只能使问题恶化；自由思维使创业者能够想象出具有革命性的行业。自由高于一切，我们需要言论自由、新闻自由、宗教自由，以及市场自由。

创建一个追求自由的平台，激励人们去做正确的事情，而不是仅仅制定一套法律去阻止人们做某些事情，这也许需要进行深入的思考和额外的努力；相比之下，制定一套禁止异常行为的新法律和法规要容易得多。但是，自由比法规更重要。负面激励往往会适得其反，它会产生更多的负面激励。只要在规划中融入更多创造性和努力，便可以建立一个具有适当激励措施的自由系统。作为一名创业英雄，你可以在创业时这样做。搭建一个崇尚自由的平台，使你的团队获得最大成就和你所渴望的运转状态。人们会对自由和信任做出积极的反应；同样地，他们也会对控制做出消极的反应。

创业英雄誓言的第一句是这样的："我将不遗余力推动自由的进程。"我之所以把它放在首位，是因为我认为这是最重要的一句誓言。

创业英雄在引领公司向正确方向前进的同时，还要营造一个追求自由的环境。优秀的管理者要懂得制订雄心勃勃的目标，并让下属想尽办法实现该目标；而蹩脚的管理者只会告诉下属必须做什么，不给予他们自由发挥的空间。自由就是允许每个人运用自身的聪明才智和创造力。有了自由的平台之后，创业英雄身边往往英才聚集，他们不负使命，把企业推向成功。微观管理者只懂得规行矩步，凡事都要按照规章制度来，企业的大小事务都要自己做主，最终成为孤家寡人。

关于自由的提问与练习

1. 自由的含义是什么？

2. 你如何赋予你的员工自由，同时又让他们拿出良好的工作绩效？

3. 你是否有营造自由环境的机会，但你并没有这样做，反而制定了规则？

4. 下次，当你考虑是否应该制定一项规则时，先不要这样做，而是想想是否有激励措施，能够使员工在没有规则约束的情况下创造出更好的结果。

5. 做第一个走进舞池的人，闭上双眼，全心全意地跳舞和唱歌。

6. 你能做些什么事来解放某个人？你能解放自己的企业或国家吗？

与自由相关的难题

这一难题也被称为"囚徒困境"。两名嫌疑犯被带到警察局接受审问，他们彼此隔离，无法相互沟通。如果其中一人揭发另一个人，那他就会被判 1 年徒刑，而另一人则被判 10 年徒刑。如果两人相互揭发，则两人都会被判 5 年徒刑。如果两个人都不承认自己的罪行，那他们就会获得自由。假如你是其中一名嫌疑犯。你打算怎么做？

假如你与另一名嫌疑犯有长期良好的关系，而且在你服完一次刑之后，你们的关系仍然会保持下去，那么，你的决定是否有所改变？

一首五行打油诗 ①，以纪念带领美国走向自由的乔治·华盛顿

美洲曾经有一位国王，

他说："让权力为众生服务。"

"宝座只能暂坐。"

他放弃了王位。

于是每隔四年，就有一位新国王关爱我们。

---

① 即 limerick，一种通俗短诗。此处原文是按 aabba 的韵式押韵的。

I WILL DO EVERYTHING IN MY POWER TO DRIVE, BUILD AND PURSUE PROGRESS AND CHANGE.

我要竭尽所能追求进步，
发起和推动变革

"有人认为，今天困扰人类的问题可以用过去看似行之有效的方法和手段解决。这种想法是相当幼稚的。"

米哈伊尔·戈尔巴乔夫（Mikhail Gorbachev）

"欲变世界，先变其身。"

圣雄甘地（Mahatma Gandhi）

"事物的进步总是缓慢而艰难的。"

玛丽·居里（Marie Curie）

"遇到悖论是件多么美好的事情，因为我们又有进步的希望了。"

尼尔斯·玻尔（Niels Bohr）

"没有改变就没有进步，那些不改变自身想法的人，永远改变不了任何事物。"

萧伯纳（George Bernard Shaw）

"想要成功，唯有另辟蹊径，而非因循守旧。"

约翰·D. 洛克菲勒（John D. Rockefeller）

"没有奋斗，就没有进步。"

弗雷德里克·道格拉斯（Frederick Douglass）

关于比特币的故事

我第一次接触到虚拟货币概念是在 2004 年。当时，我和一位富有的韩国实业家交流，他提到了一款新的大型多人在线角色扮演游戏（MMORPG）风靡首尔，大约有 40% 的首尔人在玩这款名为"天堂"（Lineage）的游戏。他还说，他确实很喜欢玩这款游戏，上班时间还专门花钱请人替他玩，这样游戏中角色的能量值就不会下降。

接着他又告诉我，他儿子过生日的时候向他要了一把 40 美元的剑。我不知道他为什么要告诉我这个，出于礼节，我随便问了他一句："哦？什么样的剑？"他说："只是一把剑的图片，他在玩电子游戏的时候用的。"

我感到很惊讶："他想让你为屏幕上的像素付钱？"

"是的。那把剑很强大，能帮他在游戏中战胜敌人。"他回答道。

人们居然花钱买虚拟产品！这个发现让我兴奋不已。

这个意外发现给了我灵感，它让我想到虚拟货币有着惊人的商机。虚拟货币有很多形式，举个例子：《乡村度假》（*FarmVille*）是一款很好玩的游戏，它允许游戏者用虚拟黄金做买卖，而游戏者要用真实的法定货币来购买更多的虚拟黄金。在游戏之外，虚拟黄金逐渐演变出一个市场。有些人在游戏中赚到很多虚拟黄金，而其他人为了闯关，会向他们购买虚拟黄金。我觉察到某种可能非常重要的事物正在出现，于是开始寻找一种通用的虚拟货币。

但是，直到 2011 年，我才发现了比特币。比特币是一种新型货币，它可以用来保值和购买任何东西，而不仅仅是用来在电子游戏中闯关。在比特币市场，"矿工"必须"开采"比特币，这种做法有点复古。"矿工"用计算机解决复杂的算法，运行模拟程序，帮助自己更快地开采比特币。找到比特币之后，"矿工"就可以把它们储存在一个"钱包"中，有需要的时候再花出去。随着时间的推移，可供开采的比特币数量会逐渐减少（即所谓的"减半"）。因此，随着可供开采的比特币数量的减少和使用频率的增加，比特币的价格很可能会上涨。比特币系统创建时，只发行了 2100 万枚比特币，所以人们不必担心他们的比特币会像纸币那样因过度发行而失去价值。很多国家的政府就喜欢过度发行货币，这种做法降低了货币的价值，导致通货膨胀。事实上，随着比特币的广泛传播，使用比特币的人越来越多，比特币可能会变得更有价值。

有一段时期，人们觉得这种货币很可笑。但没过多久，他们就开始接受比特币，用它来取代美元的功能。据说，一位著名的比特币程序设计员订购了一份比萨饼，却没有现金给快递员，于是给了快递员比特币。不到三个月时间，那个送比萨的快递员成了百万富翁。还有一个人为了购买比特币，居然把自家房子卖掉了。

我的儿子亚当创立了一家名为"布斯特风投"（Boost VC）的加速器公司，专门投资比特币企业及相应的区块链技术。亚当是比特币公司 Coinbase 的首位投资人，而 Coinbase 后来成为比特币零售应用领域的主导企业。亚当还通过两次聚会召集了大约 40 家公司，形成多个社群，从事比特币的合作、创新、开采和交易。

乔尔·亚蒙（Joel Yarmon）是第一个向我介绍比特币的人。他带着 Coinlab 的创始人彼得·文塞纳（Peter Vincennes）来找我们，向我们推销比特币。Coinlab 后来成为一家专注于比特币创新和开采的企业。这家公司看起来经营状况不太好，但我很喜欢它，向它投了一小笔资金。

我问彼得：我能不能买到总价 25 万美元的比特币？当时比特币的单价是 6 美元左右。他买过一些比特币，并保存在当时最大的比特币交易所 Mt.Gox。他说他会花点钱从"蝴蝶实验室"（Butterfly Labs）那里购买一种高速比特币开采芯片 ASIC，这样，我们就得到价格更便宜的比特币。25 万美元本来可以买到大约 4 万枚比特币，但后来发生了两件事，导致我的 4 万枚比特币全部泡汤了。

第一件事，开采芯片延迟交货。蝴蝶实验室没有按订单把芯片寄给彼得，而是自己用这枚芯片来开采比特币。他们开采了几个月以后才把芯片寄给彼得，而在此期间，越来越多的比特币开采者进入了这个领域，比特币的开采难度因此大幅增加。当彼得收到 ASIC 芯片时，我们已经失去了开采比特币的最佳时机。如果说采矿竞争问题还不算严重的话，那另一件事无疑更加严重：彼得把他采集到的比特币存在一个由 Mt.Gox 控制的钱包里，而 Mt.Gox 却"人间蒸发"了。

让人哭笑不得的是，当我听说某个与 Mt.Gox 有关联的人带着价值 4.6 亿美元的比特币潜逃时，我对比特币更加有兴趣了。彼得替我存的一些比特币也被那个人卷走了，起初我很生气，觉得这种偷窃行为将彻底消灭这种新型货币，毕竟谁也不想持有一种会被内贼偷窃的货币。但是，这则新闻见诸报端之后，比特币的价格仅下跌了 20% 左右，其他交易所依旧在买卖比特币，我顿时惊呆了。

比特币让我着迷。我突然意识到，市场对这种新型数字货币的需求非常强，即使发生了严重的监守自盗事件，也无法阻止比特币成为一种新的交易、存储和转移资金的方式。社会极其需要比特币，只要能够拥有这种不造成任何摩擦的全球性货币，重大失误和严重的欺诈事件也可以被容忍。

归根结底，自从金融危机爆发以来，人们对政府控制的法定货币失去了信心。他们需要不与任何政府发生关系的交易，这显然是一种巨大的变化，而作为社会进步和变革的推动者，我打算支持和推动比特币的发展。

我很清楚地知道，比特币作为一种新型的、具有潜在变革能力的货币和资产，具有非常重要的作用。我曾为布斯特风投旗下的一些比特币公司提供过资金，而当我发现比特币的用途越来越多时，一个巨大的机会就出现了。比特币有好几种邪恶的用途，其中最臭名昭著的用途来自某个网络黑市，这是一个允许人们买卖毒品、武器甚至雇凶杀人的团体。人们起初以为比特币的使用是无法追踪的，但事实恰恰相反。由于每一枚比特币都有与其关联的唯一路径，所以被盗窃或用于购买非法产品及服务的比特币可以被很容易地追踪到。我希望所有加密货币的犯罪分子最终都落入法网。实际上，很多犯罪分子已经被抓了。

正当我为自己损失了全部比特币而懊恼时，又发生了一件事，让我有机会再次参与比特币的投资活动。美国马歇尔办公室（Marshall's Office）没收了那个网络黑市拥有的比特币，3 万多枚比特币被拿出来拍卖。我认为这是一个好机会，我可以趁机买回我失去的比特币。

共有 31 人参与竞拍。此次拍卖的比特币分为 9 个区块，每个区块的比特币数量为 4000 枚。拍卖会采用无声拍卖的形式。竞拍者之间讨论的大多是这些大型区块比特币会打多大折扣、比市场价要低多少。当时的比特币市场价是每枚 618 美元。在竞拍的最后一分钟，我决定喊出一个高于市场价的价格，出价 632 美元。

我拍下了所有 9 个区块的比特币！每当买家知道自己出的价格高于其他人的意向价格时，总会感到有些懊悔，我也不例外。但这种懊悔的心情没持续多久，我就开始思考怎样才能最好地利用这些有"黑历史"的比特币。我决定用它们来推动比特币在新兴国家市场的普及，因为那里的民众大多对本国货币没有信心，而缺乏信心的原因是政府滥发货币，导致腐败蔓延，货币贬值。这些国家的民众往往深受通货膨胀之苦，对本国政府极其不信任。更糟糕的是，非富裕阶层民众是不受银行待见的。银行要为储户做大量文书工作，假如储户存的钱太少，银行就会在这方面亏损。为了保护平头百姓的利益，国家制定了银行监管条例，而这些条例导致普通百姓根本不想参与本国的经济活动，而是选择继续做个小人物。这类人被称为"无银行账户"群体，而且数量多达 30 亿人。对他们来说，比特币可能是个不错的选择！

艾维什·巴玛（Avish Bhama）是"镜像"公司（Mirror）的创始人，该公司也受布斯特风投的资助。他帮我想了一个向新兴国家市场推广比特币的好办法，即让一些发展中国家的民众使用比特币，将其作为一种渠道来投资任何东西，甚至做空本国货币。我们一起举行了一场大型的新闻发布会阐述我们的计划，但发布会结束后，该计划又经历了好几次变更。不管怎样，我们的想法提升了人们对比特币的总体态度，比特币的价格水涨船高，人们对比特币的信心也增加了。当前银行受到过度监管，而对于那些无银行账户、受银行排斥的群体来说，比特币简直就是天赐之物——它为他们提供了一整套经济体系。

在用比特币大展拳脚之前，我先得接收从美国马歇尔办公室送来的比特币。艾维什帮我找了个比特币钱包，以确保比特币不会丢失。我还找来了合伙人的儿子莱夫·尤尔韦特松（Leif Jurvetson），他虽然只有 14 岁，却是一名比特币专家。莱夫是比特币的坚定拥护者，所以我邀请他来讨论钱包的安全性问题。当我和美国马歇尔办公室讨论转账事宜时他也在场，他帮我找到了安全接收比特币的最佳方法。

转账的时候出了点问题，比特币一时无法到账。通常审批过程只需 10 分钟，但半个小时过去了，比特币还是没有到账，我们有点焦虑了。紧接着，只有 0.0007 枚比特币进入钱包，我们都以为钱包被黑客入侵了！

最终，所有比特币都传输进来了，验证人在区块链上对这批比特币进行了验证，一切顺利。我们对马歇尔办公室团队说了句"谢谢"，然后就挂掉了电话。

后来我才知道，那 0.0007 枚比特币是莱夫发给我的，他想以此感谢我邀请他参加这次大会。了不起的孩子！

比特币到手后，我开始跟艾维什的"镜像"公司合作。他的公司之所以叫作"镜像"，是因为他要用比特币来反映各个交易所产生的交易。镜像公司后来决定改变它的商业模式，但我之后资助的公司借鉴了它的理念，把新兴国家变成了它们的市场。这些公司包括非洲的 BitPesa、拉丁美洲的 Bitpagos 及东南亚的 CoinHako。

比特币有几个显而易见的好处：（1）它是一种被广泛接受的货币，不会引起任何政府间的摩擦或相互干涉；（2）它是一种保值货币，与金属和艺术品相比，它不需要很多物理存储空间；（3）它是一种无摩擦货币，可以根据合约自动转账，无须理会那些需要律师或会计才能解读的法规。比特币有很多用途。比特币钱包可以用作过渡合同的第三方托管账户，用于遗产的重新分配，还可以用作转账代理工具，分发款项、股息或股票。目前，我们所利用的只是比特币功能的皮毛而已。

比特币背后的技术被称为区块链。区块链也有一些惊人的潜力，我们可以将它视为一本巨大的分类账簿，可追踪资金、数据、库存、合同的去向。"智能"合约的设计可以使它们预测可能发生的事情，并自动地对比特币进行合理分配。

企业可以用区块链自动向员工支付工资和津贴，向股东支付红利，或者向持票人支付利息和本金，支付过程准确无误，并且可以自动记账。此外，公司还可以使用区块链向供应商和客户支付或收取货款、处理分期付款计划，不会造成任何摩擦或人为影响。

区块链可以轻松地管理三方转账，以后还可以用来处理零售交易，无须使用任何信用卡或借记卡。保险公司可以借助区块链处理索赔案件，并自动采集证据。在房地产交易当中，买卖双方可以通过区块链迅速完成第三方托管和产权转移。药品和食品也可以通过区块链进行认证，以保证其来源。

而美国政府和其他国家政府可以借助比特币和区块链管理公民和企业的社会保险、社会福利、医疗保险、工伤补偿、伤残情况及各类资料核实，因为区块链是政府最完美的雇员，它诚实、廉洁、安全和公平。

比特币及其底层技术区块链是驱使我们进步的变革性工具，但对于那些眼神中没有流露出创业英雄火花的人来说，变革是件困难的事情。许多行业必须经历根本性的变革，才能适应这种全新的思维方式。

人们将来会了解到，银行作为几个世纪以来最值得信赖的第三方，很快就会被计算机所取代，现在，这些计算机正通过区块链监控他们的资产。银行业务将变得更加简单、安全和容易，而不是依靠人们在一些实体建筑里做着单调的工作。随着时间的推移，人们可能就会像我这样意识到，他们的钱存在 Coinbase 比存在富国银行（Wells Fargo）或摩根大通银行（JP Morgan）更安全。

尽管如此，勒德主义者[①]还是会说，他们手里的钱是以某些重要的东西作为支撑

---

① 英国工业革命前，纺织工人担心新发明的电动纺织机会抢走他们的饭碗，于是发起了破坏机器的运动，这些工人被称为勒德主义者（the luddites），现在引申为反对自动化和机械化的人——译者注。

的，比如黄金或人们对联邦政府的完全信任和信心。可是，金本位已经不复存在，而且在金融危机当中，这种毫无保留的信任感受到了严重威胁。计算机不太可能偷取人们的钱，也许勒德主义者们需要考虑的是：在当前的银行体系中，他们的钱已经在互联网上转来转去了；而把钱放到区块链上，只会让它变得更安全。此外，区块链银行家并不需要这么多钱。

这种新的数字货币值得活下来，并焕发出勃勃生机。它有能力创造出一个不受政府政治约束的新市场。比特币可以像黄金一样跨越国界，而且其可能引起的摩擦比银行电汇更少。摩擦的减少和流动性的增加将会搭建一个能够使世界变得更加繁荣富足的平台。

不过，比特币正在经历成长的痛苦。在我成功拍得比特币后的 18 个月里，又发生了多次比特币失窃和非法使用事件，这给比特币市场造成了恐慌，因此，我所购买的比特币价值下降到每枚不到 200 美元。随着市场的持续扩张和趋于稳定，以及人们发现了比特币的更多用途，比特币的价格已经回升，这对整个国际社会和我来说都是值得庆幸的事情。

我相信，未来我们回首比特币发展历程时会发现：在我们实现全球化、公平化和流动性经济的道路上，这一波动期起到了防止比特币过快发展的减速作用。从某种程度上说，一个社会的财富和繁荣程度取决于它的自由贸易能力。比特币具有极强的流动性和灵活性，可以创造出一个更富裕、更繁荣的世界。值得注意的是，世界各国现在已经认识到它们是这场比特币经济中的竞争者，并想方设法确保自己在竞争中胜出。有些国家非常明智，它们要么允许比特币蓬勃发展，要么意识到必须放松监管，以吸引创新人才、资金和初创公司涌入该行业。

现在的比特币和 1994 年的互联网有很多相似之处。1994 年，使用互联网的只是计算机爱好者和黑客。我记得第一次使用互联网时，我只能做两件事，就是买钻石和尝试黑入北美航空防务司令部（NORAD）的系统；除此之外，互联网的用途实在很少。很多年以后，互联网才成为主流，并迅速改变了各个行业的面貌。超文本传输协议（HTTP）是首先投入使用的互联网工作协议，所以，尽管当时有更简洁的解决方案，但人们还是把它作为标准化协议。这跟比特币的情况很相似。如今，人们对比特币的局限性感到失望，可早期的比特币受益者形成了各种网络效应，使比特币成为一种标准。

美国很明智，没有约束互联网的发展，反而给予其充分的自由。所有互联网创业者都在美国创业，使美国的互联网经济繁荣发展。营造宽松的监管环境有助于把创新者留在美国。在写这本书的时候，美国商品期货交易委员会（CFTB）和证券交易委员会（SEC）对于蓬勃发展的虚拟货币市场都采取了观望的态度。证券交易委员会的确说过，去中心化自治组织（DAO）这种新的加密工具很安全，但他们也要允许其他加密工具通过证券法规的许可。

有些国家是区块链产业的早期创新者和受益者，比如新加坡和瑞士都出台了规范措施，为人们制造数字加密商品提供指引。无论是个人还是公司，都可以发行带有某种使命的数字加密商品，或者进行数字货币首次公开募资。

我认为，错过比特币经济就好比错过了互联网。所以，各个国家应该确保本国已经做好准备，以吸引世界各地的比特币创业者。比特币已被普遍接受，而对比特币持最开放态度的国家将是最大受益者。美国政府曾为互联网的发展大开绿灯，硅谷就此繁荣起来，美国因此成为互联网时代的最大赢家。希望我们的新一代领导人能够认识到比特币的潜力，同样推动经济增长和社会的蓬勃发展。

社会障碍越多，就会造成越多摩擦和腐败。适度放松监管，社会会变得更加自由和富裕，就业机会也会随之增多。流动性的增强能够创造一个富裕的社会，而流动性的减弱则会导致贫困加深。当一个国家过度监管银行、通货膨胀严重，或者经济已经陷入万劫不复的境地时，比特币经济会蓬勃发展。从某种意义上说，比特币是无能政府的试金石。

有些开明和进步的政府会认为区块链是一个难得的机遇。很多政府服务项目现在可以通过区块链提供，而且明智的政府可能意识到它们可以不受地理边界的限制。为了吸引国内外人才，各国政府可能要为他们提供一些虚拟化的服务，比如医疗保险、养老金、收入险或大众基本收入等。政府机构的物理位置或所在地或许会成为政府治理的次要因素，虚拟化治理也许才是各国政府争夺人才时需要考虑的主要因素，因为人才有可能居住在它们所管辖的地理区域之内，也有可能在地理区域之外。

比特币的长远目标是解放世界经济。随着信任区块链的人越来越多，可信任第三方和金融中间商就没有了存在的意义，银行也将被迫调整其服务内容。区块链就是一本完美的分类账簿，它可以把会计的角色变成顾问，而智能合约则有可能取代企业法务的作用。人们不再需要囤积黄金或硬通货，因为比特币是一种更便捷的储值载体。各国政府也许已经意识到虚拟货币优于本国法定货币，因此，它们必须允许本国公民拥有更多金融自由，否则就有可能失去这些公民。税务机关和社会福利提供机构也有可能被区块链所得税再分配引擎和社会福利保险钱包所取代。

比特币的潜力取决于推动这一新型虚拟经济的创业者们的想象力。我坚信，在监管比特币，使其成为一种诚信货币的过程中，用户社群终将学会自我调节，从而使各国政府降低或消除管理数字加密货币的需求。

比特币革命即将到来。它是那些无银行账户人群的福音，更是实现民主化经济的良机和重新评估政府管理效果的晴雨表。我期待它能够给银行、金融体系、医疗保健、民主制度甚至政府带来翻天覆地的变化。

去中心化自治组织与数字货币首次公开募资

围绕着区块链体系结构，一种新的募资形式正在形成。人们发现，区块链可以用来为项目和初创公司筹集资金。实际上，人们可以使用比特币作为模板创建自己的货币，而从事这种活动的企业被称为"去中心化自治组织"（DAOs）。DAO Maker 是第一家去中心化自治组织，使用以太坊（Ethereum）[①]作为自己的平台，但这家企业的起步非常不顺。有黑客发现，当资金从一个实体转移到另一个实体时，他可以从已售出代币中抽走以太币（Ether）。这名黑客最终窃取了360万枚以太币（当时价值约7200万美元），而以太币的单价也从20美元降至大约13美元。去中心化组织的首次公开募资陡然画上了一个句号。

但是，后来越来越多的人看到了这种募资方式的潜力。在此之前，DAO Maker 已经募集到了1亿美元，广大创业者也看到了这一点。归根结底，去中心化组织（以及后来广为人知的"数字货币首次公开募资"）可以相对容易地为某个项目筹集私有资金，既不需要出让股权，也不会与任何政府组织产生摩擦。已购买的代币可以立刻上市买卖，其价格也可以随着标的资产不断增值而上涨。

任何项目都可以通过去中心化组织募资，而任何一家初创公司都可以通过发行自己的数字货币来筹集资金。实际上，数字货币募资方式不仅仅局限于初创公司，任何人都可以用数字货币公开募资。想象一下，假如每个人都能借助一种全新货币筹集到资金并实现其劳动价值，那么整个社会都会发生翻天覆地的变化，不仅能形成无摩擦的市场，而且会产生大量财富和就业机会。

至本书撰写之时，德瑞普合伙人公司已经为三家发行数字加密货币的企业提供了融资，这三家企业分别是 Bancor、Tezos 和 Credo。Bancor 有可能改变项目和初创公司市场，Tezos 有可能改变世界各国的政府治理方式，而 Credo 可以成为一种我们

---

① 以太坊是一种去中心化货币平台，其数据传递协议类似于比特币区块链——作者注。

给电子邮件增值的工具。

比特币、区块链及数字货币首次公开募资技术是具有变革性的。我们所有人都会遇到这些变革，而我们的想象力有多大，变革的规模就有多大。我们人类的进步空间是超乎想象的。这些代币分散了经济权力，向所有人打开了经济世界的大门。无论身处何方，任何人只要有创意，并且愿意把他们的想法和代币传播给世界，就能走进这扇大门。

作为一名创业英雄，你要竭尽所能去追求进步和变革。既然你已经意识到比特币的重要性，就应该把这种技术视为当下可用来推动进步和变革的工具之一，推动社会进步，推动你所在的行业向前发展。

关于比特币的发展潜力

对于我们这个世界来说，比特币的重要性不亚于信用卡和纸币。当货币流通速度由于经济摩擦的减少而加快时，社会就会变得更加富裕。比特币减少了经济活动中的大量摩擦，人们无须再向"可信任第三方"或银行支付交易佣金。银行面临大量欺诈和黑客行为，而比特币在没有这些外部威胁的情况下，可能会以更快的速度发展。

比特币可以替代如今银行的几乎一切功能。比特币最直接的用途是向海外汇款、购买产品和服务、向服务行业人员进行小额支付（例如向演员或摄影师支付余款）、支付驻海外人员的工资、无银行账户人员的付款等。

从长远来看，如果把合约绑定在区块链上，人们就能更好地履行合约。任何围绕某一事件签订的合约都可以跟区块链绑定，比如出售公司、分红、版税分配、遗产继承、赛事结果等。在这些事件中，需要对现金、股票或有价值的东西进行分配或支付。借助区块链，我们就可以在没有律师或会计师的情况下达成、执行协议，或者实现支付，因为可信任的第三方是整个社会，而不是一系列书面文件、受监管的会计师事务所和实体银行。

比特币的区块链是一种开放、透明、分散、无摩擦和安全的技术，这种技术的革命性意义并不亚于互联网。互联网改变了音乐、通信、信息、娱乐和交通等行业；而相比之下，比特币及其区块链可以使政府虚拟化，使银行变成多余的机构，使所有权变得牢不可破，使保险业减少摩擦，并且让人们知道哪些人拥有什么东西。

数字货币或许为人类的创造力开辟了新的道路。想象一下，我们可以为那些没有银行账户的群体提供银行服务，为无法买保险的人提供保险服务，并为那些到目前为止没有流动现金的市场赋予流动性。对于市场经济来说，数字货币可能是一个巨大的进步，就像利息对于贷款人的意义或股票对于投资者的意义一样。我能想象代币所带来的社会变革，而在去中心化自治代币出现之前，社会变革是可望而不可即的事情。我预计，从金融到医疗保健，从数据到分配，从基础设施到政府，都将出现革命性的进步。

关于进步和变革的问题与练习

1. 你会做哪些事情来追求、推动、创造进步和变革？
2. 你的世界有什么问题，导致它停滞不前或者需要改造或革新？
3. 你打算如何做出变革？
4. 你将要对抗现状背后的哪些力量？
5. 现状将如何做出反应？你还会面临其他哪些障碍？
6. 你需要哪些资源？需要什么人帮助你？
7. 你如何才能利用好数字货币？你会发行什么样的代币？它会带来什么变化？
8. 在街上找个愿意听你倾诉的人，把你的谋生方式教给他。

与进步相关的难题

过度监管会导致人们失去工作的动力，社会进步也会减速；但如果监管不到位，企业就会给社会带来问题，民众的安全无法得到保障。如果政府拿出 1 美元，给你的生活增加一些安全和保障，但只用其中的 8 美分促进社会进步；一家公司同样拿出 1 美元，用其中的 90 美分促进社会进步，而你也想让社会在安全的环境中获得进步，那么，在安全和进步之间，如何取得正确的平衡呢？在思考这个问题时，请想想你愿意通过工作给政府奉献多大价值，以及你想要得到什么样的安全保障。

难题不止于此。如果政府开支超过 30%，社会就会陷入倒退。如果企业开支超过 90%，社会同样会陷入倒退。你永远得不到 100% 的安全保障。最安全的比例是政府开支达到 50%。而政府支出在 15% 时，民众的生产效率最高。

你会选择哪种治理规模？你想要更高的安全系数还是更高的生产效率？或者介于两者之间？

接下来再思考一个问题：你的国家每年进步的速度有多快？别忘了，进步是可以叠加的。如果一个不受约束的国家以 10% 的速度增长，而你所在的国家决定以 2% 的速度增长，那么 5 年后，那个不受约束的国家就会进步 60%，而你所在国家的进步将略高于 10%。这是否会改变你的想法？

关于进步和变革的莎士比亚体十四行诗

不可撼动的物体和无穷的力量

勒德主义者扮演着平庸的角色，
总想固守、捍卫和维护现状。
她顽强地钻进洞里，
虽然有了些许变化，却依然无法撼动。

英雄来救我们了，他自有妙计。
他志向远大，
但只能孤军奋战，
身边的大多数人都说："规矩点。"

他想一把推开勒德主义者。
牵着她的手，轻轻地拽着她，
把她身边的土挖开，让她能够自由移动。
她的屁股被卡住了，这会让她成为虫子的大餐。

时间流逝，她弯着腰，看他忙得不可开交。

她微笑着，加入了这场争斗。

MY BRAND, MY NETWORK AND MY REPUTATION ARE PARAMOUNT.

我的品牌、人脉和声誉至高无上

"随着阅历渐长，我越来越不关注别人说些什么，而是看他们做些什么。"

安德鲁·卡耐基（Andrew Carnegie）

"未来，我们与客户沟通的关键在于利用所有可能的渠道，包括电话、电子邮件、聊天工具、互联网和社交网络。客户可以实时探讨某家企业的产品和品牌，企业要加入对话当中。"

马克·贝尼奥夫（Marc Benioff）

"每个品牌都是一种声音，而每一款产品都是一种纪念品。"

丽莎·甘斯基（Lisa Gansky）

"你要了解自身特点，不要模仿我做过的事情，也不要模仿史蒂夫·乔布斯或马克·库班（Mark Cuban）做过的事情。你要了解自己有着怎样的个人品牌，并且忠于这个品牌。"

盖瑞·维纳查克（Gary Vaynerchuk）

"企业的品牌如同人的声誉，唯有尽力将困难的事情做好，你才能赢得声誉。"

杰夫·贝索斯（Jeff Bezos）

我的品牌标志

品牌标志应该代表着某种含义。德瑞普合伙人公司的标志是由我的表妹菲丽丝·梅里卡里奥（Phyllis Merikallio）设计的，它最初是一个蓝色的地球，地球背后有一个黑色三角形。我很喜欢这个标志，三角形代表"改变"，而地球代表"世界"，所以两者加在一起就代表着"改变世界"。苹果公司的原始标志是一个彩虹色的苹果，不仅吸引眼球，还代表着苹果的产品是为所有人服务的。耐克的标志是一个简单的黑色钩子，它代表着耐克鞋会让你变得更有活力，甚至成为一名更优秀的运动员、速度更快的赛跑选手。

但是，你的品牌不仅仅是一个简单的标志，它已经渗透到你的组织当中。在我认识的品牌顾问中，我的已故好友唐·希钦斯（Don Hitchens）或许是最优秀的。他告诉我："提姆，你的个人品牌就是一切。它体现在你日常生活的方方面面，包括你的衣着、你的同事、你如何对待和激励你的员工、你如何对待供应商，当然了，还有你如何对待你的客户。"唐改变了我的人生，我开始用心打造个人品牌，甚至决定一直穿同款式的黑色西装，系着慈善机构出售的"拯救孩子"（Save the Children）鲜红领带（直到该慈善机构停止出售这款领带，我才换了款式）。无论做什么事情，我都想为别人做出表率，并且不断反思我是如何对待同事、客户、受资助企业、学生和投资人的。

史蒂夫·乔布斯生前总是穿着黑色的高领毛衣和牛仔裤，这身打扮的隐藏含义是："我没有系领带，所以我有点反对主流文化（因为 IBM 员工当时都穿白衬衫、打领带），我追求衣着舒适，也希望我的客户过上更舒适、更简单的生活，而我的产品也是简单易用的。"

你的品牌会延伸到客户。有句老话说得好："客户永远是对的。"这是一句值得记住的座右铭。到目前为止，我所资助的三位最优秀的创业者所做的事情远不止于此。Skype创始人尼克拉斯·詹斯特罗姆和他的合作伙伴雅努斯·弗莱斯（Janus Fries）、中国搜索引擎百度的创始人李彦宏（Robin Li），以及贝宝（PayPal）、特斯拉汽车和太空探索技术公司的创始人埃隆·马斯克在提到他们的客户时，都用到了"取悦"这个词。他们说："我们希望能取悦客户。"这正是他们创立Skype、百度、特斯拉汽车和太空探索技术公司时的心态。作为一名创业英雄，或许你也应该具备这样的心态。

我最近和好友马克·贝尼奥夫（Marc Benioff）聊过天，他是Salesforce公司的创始人、董事长和首席执行官。他告诉我，有一次他和脸书的马克·扎克伯格聊天，扎克伯格问他："你们不是一家以技术为导向的企业，对吧？"贝尼奥夫回答说："我们是以客户为导向的。"客户永远是对的，只要取悦客户，你的品牌就将以积极的方式扩张，你的企业将蓬勃发展，而你也将推动世界向前发展。

我的人际关系网

你要建立自己的人际关系网，而且要在整个"食物链"上下游建立网络。你永远不知道你的最大投资人什么时候需要一名水管工，或者你的看门人什么时候需要一位牙医。多认识些人，了解他们的职业，帮助他们解决难题，并利用你的人际关系网帮助周围的人取得成功。

要跟别人建立联系，首先你得认识他们。无论是坐飞机、参加聚会，或者在车管所排队办事，在大多数情况下，只要转身问身边的人一个简单的问题，你就可以结识对方，比如问他："你好，你是做什么工作的？"而在某些情况下，你必须有意识地去结识某个人，和他们的助手安排见面时间，或者弄清楚他们要去什么地方，然后你提前去那里等候对方。

接着，想办法获得目标人物的联系方式，并且问对方希望你通过什么样的方式联系他，比如电子邮件、电话、微信（WeChat）、短信等，然后用约定好的方式联系对方。接着，你要写一封感谢信，或者给对方发一张见面时的照片，提醒对方你们曾经见过面，这样可以强化你所建立的关系。关系强化之后，作为对方的追随者，你的声誉也提高了，再以潜移默化的方式向对方表明你是一个努力的人。在后续行动中，你要完成双方讨论过的事情，或者实现你承诺过的任何诺言。

与目标人物建立了真正的关系后，尝试在合适的条件下与对方做笔交易，无论这笔交易多么简单。从理论上讲，该交易会产生资金的单向流动，以换取某种单向或双向服务。这种做法会促使你形成一种创新思维，让你和对方一起去追求某种终极目标。

类似交易及其约定（约定的形式既可以是一份大型法律文件，也可以是一次简单的握手）形成了某种坚实的纽带，表明你和对方之间存在信任感，而信任感可以给你的创业生涯带来各种各样的好处。有一次，我在机场跟别人拼车前往市区，在车上结识了一位创业者，后来我对他的公司进行了投资。我还在餐巾纸上为创业者写下创意建议，而作为回报，他们向创业圈的朋友宣传我，说我的执行力非常强。我甚至只通过一次握手就聘请了员工，并赢得这些员工长久的忠诚和信任，他们也向我的公司贡献了自己的人际关系网。

我被《永远在线》（*AlwaysOn*）杂志评为"最具人气风险投资家"（#1 Networked Venture Capitalist）。显然，他们采用了一个计算机模型来研究所有风险投资人的人际关系网，而我的名字出现的频次最高。我将以自己的人际关系网为例，说明人际关系网络是如何构建的，但我的方法不一定是最好的。每个人都要根据自身风格，用最适合自己的策略和人员去构建人际关系网络。

在风投行业中，人际关系网是极其重要的。我们要广泛宣传自己，让创业者知道我们身处这个行业，并且知道如何找到我们。我们要把初创公司与其他投资人、客户、服务提供商、供应商、员工和潜在的风投合伙人关联起来。我们要多结识媒体工作者，只有这样，我们才能帮助创业者在推出新产品或新服务的时候把消息传递出去。我们要结识教育工作者，只有这样，他们才会把自己最有前途的学生推荐给我们投资组合中的初创公司。我们还要结识那些能够促进进步、推动小企业发展和提携创业者的实力派人士，只有这样，我们才能鼓励他们支持我们投资组合中的初创公司。

关于德瑞普风投网络的故事

德瑞普风投网络创立时，我还只是风投行业的一名新人。我听从了很多业内资深人士的建议，逐渐积累了很多经验。传统观念认为：（1）风投资金只投资本土企业，绝大多数风投企业不会跑到距离自己公司 25 英里以外的地方做投资；（2）风投资金未成规模，绝大多数风投企业都是通过向初创公司投入大量资金成长起来的，并最终变成私募股权或从事收购业务。

人们会说"这很正常"，而我却开始思考这种现象背后的成因。对于这种传统观念，我持怀疑态度。我倒想看看自己是否会投资外地企业，以及是否会在各地扩大风投业务。我想，如果每个人都觉得传统观念是正确的且永远不会改变，那么现在也许正是我尝试改变的时候了。阿拉斯加发生的一件小事给了我改变现状的机会。

当时，我入行已经有 3 年时间。我的基金入不敷出，我很担心还不起从小企业投资公司申请的贷款。有一天，我收到阿拉斯加政府寄来的一封邀请函，问我是否愿意去阿拉斯加探讨风投事宜，而且我还有机会在那里成立一只风投基金。那时候，石油价格已跌至每桶 6 美元，房地产行业也在自由落体，阿拉斯加政府正在寻找一种新的经济支柱，以作为其核心产业的有益补充。现在回想起来，我敢肯定当时其他很多风险投资人也收到了同样的邀请函，但他们没有做出回应，毕竟阿拉斯加不在他们的 25 英里半径投资范围之内。但我的看法跟他们不一样。

我登上了阿拉斯加航空公司（Alaska Air）的航班。在飞往阿拉斯加首府朱诺市（Juneau）的途中，飞机发生故障，迫降在凯奇坎（Ketchikan）的机场跑道上。跑道非常短，而且已经结冰。当飞机终于停下来的时候，机头都快掉进水里了，机翼几乎撞到了树上。阿拉斯加飞行员真是艺高人胆大。

安全抵达朱诺后，我便立刻跟阿拉斯加发展局 (Alaskan Development Authority，简称 AIDEA）派来的一个代表团讨论了风投行业现状，以及风投行业如何才能帮助阿拉斯加人实现经济多元化。他们让我在午餐会上发表即席演讲，演讲对象好像是当地的商会。我结识了当地的一些创业者，他们在本地创立了一些很有意思的企业，而且很有想法。我跟他们交换了名片，其中一张名片来自大卫·罗斯（David Rose），他经营着阿拉斯加州永久基金公司（Alaskan Permanent Fund），这是美国最大的养老基金之一。毫无疑问，这层关系我将来肯定用得上。

当地媒体问我：阿拉斯加存在哪些较好的风险投资机会？我告诉他们，在来到阿拉斯加之前，我就听说该州有很多企业，比如专门加工鱼头的公司、用鲑鱼皮制作钱包的公司，还有搞笑杂志《阿拉斯加男人》（*Alaska Men*），它的创始人是一位雄心勃勃的女士。我觉得阿拉斯加人充满创意，只要阿拉斯加的创业者得知我们基金能够提供风险资本，他们就能发现木制品行业以外的大量机遇。

奇妙的是，就在同一天，日本经济团体联合会（Keidanren）也邀请我发表演讲。该联合会由日本 20 家规模最大的企业组成，它们的董事长当时正在阿拉斯加四处游说，想让美国政府免征综合税。我不明白这事跟我有什么关系，但似乎我可以借此机会结识一些日本极有权势的大人物。也许阿拉斯加政府只是想找个人来拖住日本人，让他们好好权衡一番。对我来说，这或许是一次考验，但稍做准备之后，我还是发表了演讲。在这群大人物面前演讲，我感到非常紧张，却无须担心什么。由于时差没倒好，这群日本商人一直在打瞌睡。在演讲过程中，我每隔一段时间都要提高嗓门，他们抬了一下脑袋，就又接着打瞌睡了。不过，演讲过后，我结识了其中几个人（能够借我的演讲打个盹儿，他们都觉得很高兴）。几年后，我在日本设立了一只风投基金，那几个人对我的帮助很大。只要努力去建立人际关系网，就肯定会得到回报。

我想，无论阿拉斯加人给我出了什么难题，我都经受住了考验。两年后，阿拉斯加发展局终于给了我 600 万美元作为风投基金。收到这笔钱之后，我听说发展局一名高管伯特·瓦格农（Burt Wagnon）沮丧地说："这笔钱要打水漂了。"他认为风投行业在阿拉斯加没有前途，我只会让他们白白浪费钱。也许他就是这样认为的，也许他知道我有多高兴，因为这笔钱让我深受鼓舞……

我与安克雷奇市（Anchorage）的房地产商吉姆·亚蒙（Jim Yarmon）和哈佛商学院校友吉姆·林奇（Jim Lynch）一起组建了一个团队，商定把一半的钱投在阿拉斯加，另一半投在硅谷。我们将新成立的基金命名为具有当地特色的"北极星基金"（Polaris Fund），然后就开始投资了。我们资助了一家骨拉伸技术企业（骨拉伸看似很痛苦，却能让人的骨头变长）、一家近地轨道卫星公司、一家鱼头分离器公司，以及几家优秀的硅谷公司，结果大获成功。虽然花了好几年时间，但我们最终把 600 万美元还给了阿拉斯加发展局，并给当地经济带来了更大的回报。现在，伯特知道这笔钱用对了地方，大可高枕无忧了。

后来，我们与众多关联企业建立了合作关系，而位于阿拉斯加的这家北极星基金是先行者。由于基金运作得很顺利，我开始相信风投特许经营可能迎来了一个全面发展的机会，我们可以借此良机扩大我们的关系网络。

我开始尝试"特许经营"风险资本，这并非难事。北极星基金成功后，来找我的人络绎不绝。我的哈佛商学院同学托德·史蒂文斯（Todd Stevens）打电话给我，说他从锡安银行（Zions Bank）拉来了投资，于是我们一起在犹他州设立了瓦萨其基金（Wasatch Fund）。锡安银行想参与到这种新的金融形式当中，而我们是完美的合作伙伴。我们组建了一个团队，开始投资犹他州本地及周边的企业。在华盛顿特区，我和斯坦福兄弟会成员约翰·巴克斯（John Backus）合作，成立了德瑞普大西洋基金（Draper Atlantic）。在洛杉矶，斯坦福兄弟会的另一名成员大卫·克雷明（David Cremin）决定离开音乐行业，而此时正值洛杉矶社区开发银行（Los Angeles Community Development Bank）请我设立一只基金，并由我来担任该基金的负责人，于是我和克雷明一起创立了"区域风投基金"（Zone Ventures）。后来，还有其他很多基金也加入进来，包括位于西雅图的汀博兰基金（Timberline）、位于纽约市的德丰杰哥潭基金（DFJ Gotham）、位于芝加哥的德丰杰波蒂奇基金（DFJ Portage）、位于得克萨斯州的德丰杰水星基金（DFJ Mercury）、位于科罗拉多州的艾克塞斯风投基金（Access Ventures），以及位于波士顿的德丰杰新英格兰基金（DFJ New England）。我们甚至决定在1999年走向国际，与罗德里克·汤普森（Roderick Thompson）和阿萨德·贾马尔（Asad Jamal）合资成立德丰杰全球创投基金。这两位才华出众但有点神秘的人物主动找到我们，他们看中我们德丰杰这个名声大噪的新品牌，想跟我们一起创建全球专营权。

这批风险基金成为德丰杰的关系网。在风投行业，我们的关系网是独一无二的。作为一个投资群体，我们拥有50多位合伙人，每年投资100多家企业，成为业内最多产的风险投资机构。我们的投资人来自世界各地，他们可以在投资决策、介绍目标企业、与潜在投资组合客户联系、进行股份投资和联合投资等方面互帮互助。我们的模式和系统培养和培训了很多新的风险投资人，世界各地数以百计的企业得到资助。这个网络成为我们的重要资产。可以说，如果没有打造这个网络，我们肯定无法投资Skype和百度。

然而，到了2008年，整个市场崩溃了，我们的关系网络也开始土崩瓦解。我的很多德丰杰合伙人没有参与这个网络的创建过程，而且错过了对Skype和百度的投资机会，他们心里在嘀咕：为什么德丰杰还继续与一些业绩不佳的基金合作？这简直是玷污了"德丰杰"这个品牌。我争辩说，有些基金业绩相当出色，可当下市场缺乏流动性，全球市场信心不足，所有风投基金都要经历一段缺钱少粮的苦日子。在接下来几年里，整个德丰杰网络下的基金公司发展得步履蹒跚，直到我们聘请了加布·特纳，情况才有所好转。他稳扎稳打，一步步地使网络恢复了活力，重塑了品牌形象。在此期间，我们遇到了品牌混淆的问题，于是将该网络重新命名为"德瑞普风险投资网络"（Draper Venture Network，简称DVN），它借助德丰杰原来的全球美誉度更上一层楼。

如今，德瑞普风险投资网络的关联企业超过14家，其中8家是校友企业；网络覆盖全球50多个城市，管理着近1000家公司的几十亿美元资金。在交易流量、尽职调查、最佳实践，以及团队在全球范围内为其投资组合公司建立联系方面，德瑞普风险投资网络拥有史无前例的力量。该网络当中的企业包括澳大利亚的右键资本（Right-Click Capital）、墨西哥的达勒斯资本（Dalus Capital）、新加坡和东南亚地区的造波资本（Wavemaker）、印度的布鲁姆风险投资公司（Blume Ventures），以及各种以德瑞普品牌命名的基金：中国的德鼎创新基金（Draper Dragon）、韩国的德瑞普雅典娜基金（Draper Athena）、日本的德瑞普奈克瑟斯基金（Draper Nexus）、英国的德瑞普才智基金（Draper Esprit）、美国中西部的德瑞普三角基金（Draper Triangle）、俄罗斯的德瑞普北极光基金（Draper Aurora）、硅谷的德瑞普合伙人公司，以及我们德瑞普风险投资网络贝塔项目（Beta Program）的三家较小企业。我们的合作伙伴每年都在持续增加。

网络能够产生网络效应。网络上的节点越多，网络的力量越大，这个概念被称为"梅特卡夫定律"（Metcalfe's Law），是以创业者、风险投资家、教育家和网络权威鲍勃·梅特卡夫（Bob Metcalfe）的姓氏命名的。德瑞普风险投资网络让我能够评估和资助来自世界任何地方的潜在受资助企业。我的交易流量也在不断扩大和进步。只有看到来自更多地区的更多企业，我的投资判断力才会提升，德瑞普合伙人公司的回报才会持续提高——因为我所投资的每家公司都是百里挑一的。此外，我所资助的创业者都可以很容易地在全球拓展业务，因为我们的网络影响力遍及世界各地。如果没有花这么多时间评估来自其他国家的初创公司，并且与它们通力合作，我永远不会想到比特币有如此大的潜力，可以为那些没有银行账户的用户提供金融服务。

德瑞普风险投资网络投资了近 1000 家企业，因此，我们在旅游、保险等方面获得大量折扣。这个网络本身也成为一个巨大的市场，网络内的企业可以相互销售产品，或者联合起来向某个大客户推销多种产品，以满足该客户的多方面需求。由于网络规模庞大，我们能够吸引大企业来参加我们举办的活动，即"德瑞普风险投资网络首席执行官峰会"（DVN CEO Summit）。来自财富 500 强公司的业务拓展团队齐聚峰会，跟我们的初创公司进行交流，看看哪些企业可以成为合作伙伴、合资企业或者客户。一些与会者也在寻求收购我们初创公司的机会。

关于好事网和吃帽子的故事

除了德瑞普风险投资网络创建的正式关系网之外，我们还有一个由受资助创业者建立的网络。我们资助了斯科特·沃尔切克（Scott Walchek）和他的公司"好事网"（Beyond News）。斯科特是一个很有自信的帅小伙，甚至有些自大。在和我们谈判的过程中，他的态度非常强硬，但我们很欣赏他，而且很喜欢这家公司的商业计划。我们之所以投资好事网，部分原因在于它与法律数据库企业"律商联讯"（Lexis Nexis）达成了一笔非常划算的交易。但是，在我们落实投资两周后，好事网与律商联讯之间的交易失败了。我们有理由怀疑好事网早就知道这笔交易会失败，却故意拖延时间，等我们的钱到账以后才告诉我们这个消息。但斯科特说："听我说，事情纯属巧合。我们和你们一样感到震惊，事情一发生我们就告诉你们了。"然后，他又说："这是因祸得福。我们还有另一项推动公司发展的备选方案，它的模式更好。"约翰坚信斯科特说的是实话，斯科特对此表示感谢，但我还是有点怀疑他在撒谎。

我给好事网起了个外号，叫作"信不过公司"，因为我不能百分之百地信任我们所投资的这家企业。我甚至告诉斯科特，如果投资"好事网"能让我们回本的话，我会把我的帽子吃掉。斯科特耸耸肩，然后毫不犹豫地提出了他为这家公司制订的全新计划。他要打造一个在线比价购物网站，言语间充满豪情。

这家公司真的开始运营了。斯科特和他的团队正在制造一股强劲的势头，他还接到了一位潜在合伙人的电话。斯科特把这件事告诉了约翰·费舍尔，后者是我们派驻好事网董事会的代表。

斯科特说："我们正在跟因特通公司（Inktomi）的大卫·彼得施密特（David Peterschmidt）谈判，他想买下我们公司。我们问他想出多少钱收购，他在黑板上写下了几个数字。他先写了个'1'，我们觉得公司价值不止100万美元，于是准备离开会议室。然后他又写了个'3'，我们想：'哇！1300万美元？这个价格不错！'不过，我们还是没有发表意见。他又继续加了一个'0'，并在后面写下了'百万'这两个字，我们笑了，迅速和他握手达成了协议。"对方以价值1.3亿美元的因特通股票收购了好事网！

完成交易那天，我们举行了晚宴。我在宴会上当场吃了一顶旧金山巨人队（San Francisco Giants）的棒球帽，帽子的味道很像墨汁和纸箱。

因特通的股价后来翻了几乎10倍，斯科特赚得盆满钵满，他成了一名天使投资人。他很感恩我们在他落魄的时候伸出援手，于是又给约翰介绍了一家行业领先的企业。

我找到约翰，说我们要投资中国的搜索引擎。他说："真巧，斯科特刚刚给我介绍了一家名为百度的初创公司，这家公司就是从事搜索引擎业务的，他已经是该公司的种子投资人了。"后来，百度的市值超过了600亿美元，并最终成为我们有史以来最大的投资之一。如果没有我们的风险投资网络，这一切不可能发生。你要创建自己的关系网，并不断给予它支持。

请思考一下：你现在的关系网是由什么组成的？如何才能扩大这个网络？未来它会对你有什么帮助？

我的声誉

树立名声可能要40年时间，但毁掉名声只要一天就够了。那件臭名昭著的蓝色连衣裙① 使比尔·克林顿（Bill Clinton）在任期间为美国和全球经济所做的一切贡献都黯然失色。理查德·尼克松（Richard Nixon）任职美国总统时虽然做了一些卓越的工作，包括开启了中美交往的大门，但"水门事件"严重影响了他的声誉。安然（Enron）和世界电讯公司（World Corp）都是伟大的企业，但由于财务造假，它们最终落得个破产的结局。

当身处危机漩涡中时，避免身败名裂的最好办法就是停下脚步，接受命运对你的安排，努力解决问题。千万不要文过饰非！有时候，人们身处危机时会试图采用走捷径或撒谎等方式纠正错误，或者想方设法掩盖问题，这反而有欲盖弥彰之嫌。据我猜测，那些臭名昭著的阴谋家，比如庞兹（Ponzi）、马多夫（Madoff）和桑福德（Sanford）等人，刚开始做生意时都是老实本分之人。在经商过程中，为了达到目的，他们做出了一些错误的选择，从而毁掉了自己的大好前途。

处理危机的最好办法就是把坏消息全盘托出。加文·纽森（Gavin Newsom）担任旧金山市市长期间被曝出有婚外情，他立刻站出来向媒体表态说："关于我的婚外情传闻……都是真的。"诚恳的态度将谣言扼杀在摇篮中，也避免了媒体对此大做文章。后来，加文成了副州长（至本书撰写之时，他在加州州长的竞选中遥遥领先于其他候选人）。

泰诺（Tylenol）是有史以来最成功的非处方药之一，而某些无良之人却把氰

---

① 指美国总统克林顿与莱温斯基的性丑闻事件，莱温斯基所穿的蓝色连衣裙成为重要的呈堂证物——译者注。

化物放入装泰诺的药瓶中，导致 7 人死于被污染的泰诺药片。强生（Johnson & Johnson）是泰诺的母公司，其董事长詹姆斯·伯克（James Burke）既要保护民众健康，又要拯救自家产品。出事后，强生立即告知顾客不要使用泰诺，并让药店将泰诺下架，所有费用由强生公司承担。最终，他们改进了药瓶包装，确保药物安全，并恢复了产品出货。泰诺的用户非常感激强生公司以顾客生命安全为重的做法，用户的恐慌情绪得到了缓解，泰诺的销量迅速上升。强生公司没有试图掩盖真相，而是直截了当地把真相告诉消费者，消费者将公司视为无良行为的受害者，而不是导致 7 人（或更多人）遇害的罪魁祸首，他们很快就对强生品牌产生了更大的信心。

不要试图掩盖真相。如果你开诚布公，把事情的来龙去脉讲出来，就能保住自己的声誉。名声高于一切。

关于品牌的问题与练习

1. 究竟是品牌成就了产品，还是产品成就了品牌？查尔斯·施瓦布（Charles Schwab）创立了自己的品牌，然后围绕着品牌打造产品。Hotmail 和 Skype 推出了产品，并让它在顾客之间相互传播，几乎没有引起任何摩擦。

2. 请想想你信任的品牌，你为什么信任它们？

3. 利用你所拥有的优势打造个人品牌。你是谁？你代表着什么？采取行动，打造好这个品牌，然后把它推送到你的人际网，看你的朋友们有何反应，再做出回应。

关于神经元连接器的难题

1. 在由 1 个人形成的网络中，共有多少种连接？在由 21 个人形成的网络中，又有多少种连接？

2. 大学图书馆的书架上有两卷旧百科全书的物理卷。其中一卷以字母 A-M 作为标识，另一卷以字母 N-W 作为标识。以字母 X-Z 作为标识的第三卷丢失了吗？

3. 在拼字游戏的第一步，你能得到的最高分数是多少？

关于品牌、关系网和声誉的彼特拉克体十四行诗

找到自己的关系圈

关系圈就像是一群狼，

跟随着一只极度忠诚的猎犬，

它名声在外，它的行为验证了它的忠诚，

它们的记忆刻上了烙印。

带领狼群需要证明自己，

通过行为证明自身价值乃艰苦之举。

竞争者让你的初创公司处于水深火热之中，

积怨已久，必将爆发。

我们信任 Skype 和特斯拉等著名品牌，

但有些品牌已如明日黄花，比如贝尔。

梅特卡夫定律表明我们的关系圈有多么重要，

圈中人是你职业生涯中的贵人。

建立关系圈要有奉献精神，

建立声誉需三思而后行。

I WILL SET POSITIVE EXAMPLES FOR OTHERS TO EMULATE.

我要成为别人的榜样

"实际上，我认为变革的最有效方式是以身作则，而善行给他人树立了良好榜样，让他们懂得如何行为得体。"

米莎·柯林斯（Misha Collins）

"有时候，一个人朴实无华的美德就能让整个共和国回归本真。他所树立的好榜样形成巨大的影响力，好人会努力效仿，恶人则会自愧不如，因为他们和楷模有着截然不同的人生。"

尼科洛·马基雅维利（Niccolo Machiavelli）

"我认为，传播福音的唯一方式就是以身作则。"

安德鲁·格里利（Andrew Greeley）

"无论承认与否，我们都是高调的运动员，是值得效仿的榜样。孩子们常来找我聊天，这让我想起自己童年时见到杰瑞·莱斯（Jerry Rice）的情形。在我的成长过程中，那是一段很难忘的经历。树立榜样的重要性不言而喻。"

乔纳森·维尔玛（Jonathan Vilma）

"以身作则就是这世上最好的领导力，我必须向宜家的所有员工树立榜样。"

英瓦尔·坎普拉德（Ingvar Kamprad）

"领导者和追随者之间的区别在于创新。"

史蒂夫·乔布斯（Steve Jobs）

领导力是一种技能，它需要领导者具备敬业精神。

伟大的领导者是公平、公正和正直的，他们懂得把光芒留给自己的团队；伟大的领导者善于以身作则，知道何时支援自己的团队，何时让团队成为工作的主导者。

企业初创之时，创业者几乎都不知道在未来十年内，他们所创办的企业可能要雇用成千上万名员工，创业者甚至不知道哪些雇员会继承他们的模因 [模因类似于基因，但它是一种后天习得的性格特征，而非天生的特性。"模因"（meme）一词现在常被用于描述某个快速传播的短视频或 GIF 图片]。我们看到，最优秀的企业都拥有非常积极向上的模因。

领导一个组织的方法有很多，蒂布可软件公司（Tibco）的创始人兼前任首席执行官维维克·拉纳戴夫（Vivek Ranadive）的领导风格就是向公司的服务持续改进小组发送信息。他说："我们要不断改进，改进所有东西。我们要自我改进，改进产品，改进服务。客户似乎很喜欢我们这样做。"

太空探索技术公司首席执行官埃隆·马斯克提出了一项极具想象力的挑战。他说："我们要去火星！"显然，他既然敢这么说，就不会介意别人说他疯了。提出这个目标之后，他的公司也吸引了极优秀和聪明的工程师，因为出色的工程师们总想做一些令人兴奋和斗志昂扬的事情。

Salesforce 的创始人马克·贝尼奥夫给他的 25000 名员工指出了一个非常明确的方向和目标，然后定期监督他们朝着那个目标迈进。他不会告诉员工具体应该怎么做，因为他相信他们能找到方法。贝尼奥夫在他的著作《云攻略》（*Behind the Cloud*）中这样写道：

V2MOM 是一个缩写词，两个 V 分别代表愿景（vision）和价值观（values），第一个 M 代表方法（methods），O 代表障碍（obstacles），第二个 M 代表评估标准（measures）。在过去的工作中，这个工具帮助我实现了目标，使 Salesforce.com 网站大获成功。V2MOM 使我能够明确当下正在做的事情，并让整个公司也知道这件事。愿景帮助我们明确了未来的目标；价值观是愿景的最重要的基石，它确立了指导原则和信念（按优先顺序)。方法概述了每个人需要采取的行动和步骤，以表明我们如何完成工作。障碍明确了我们实现愿景的路上必须要克服的挑战和难题。最后，评估标准明确提出了我们要达成的实际结果，通常以数字加以衡量。V2MOM 不仅给了我们一幅详尽的"地图"，还给我们提供了一个"罗盘"，指引我们到达目的地。从本质上说，V2MOM 是一种有助于形成共识、使人们趋向行动一致的感知练习。此外，有了清晰的方向之后，我们就能集中精力去获取想要的结果，从而消除变革时期普遍存在的焦虑感。

在上述这三个案例中，领导者都为员工设定了一个方向，他们的员工都知道自己工作的意义是什么。优秀的领导者会确保他们的员工知道自己如何才能为公司的成功做出贡献。

创业英雄领袖并非千人一面，他们以各种各样的形态出现，他们所采用的方法可能存在很大差异。然而，凡是成功的企业，其领导者都会为员工指明方向，让他们的工作更有目的性。

你要确定好自己想成为什么样的领导者。你想让数以千计的员工成为什么样的人？你将如何管理他们？他们应该为了什么而奋斗？他们应该如何立身处世？

当初我在惠普工作时，公司对我们进行了企业文化的洗脑式宣传，这让我至今记忆尤深。我们了解到了惠普的运作方式，以及公司希望我们如何为人处世。我们的使命很明确，那就是关心身边所有的利益相关者，包括股东、客户、供应商、员工和我们的社区。所有员工都要遵守公司的着装规定，扣紧衬衫扣子，穿宽松长裤，而且尽量用三个字母组成的缩写词缩短谈话时间。我记得，为了在这种企业文化中取得成功，我一直以上司作为自己的行为模板。所以我知道，这种洗脑对我起了作用。

那时候，我的一些朋友在太阳微系统公司（Sun Microsystems）工作。我发现他们不仅接受了公司首席执行官斯科特·麦克尼利（Scott McNealy）咄咄逼人的想法，还模仿他的言谈举止和措辞。"好极了"是麦克尼利的标志性用语，他还经常说："计算机联网是不可避免的趋势。"员工也上行下效，他们甚至在时尚品位方面也学麦克尼利，穿和他同款的 T 恤衫和牛仔裤。麦克尼利鼓励员工们用一种非常随意的口吻说话，让员工知道他们只要把工作做好就行，而无须太过拘束。员工们听从了他的要求。

史蒂夫·乔布斯创造了一种模因，他把苹果公司的员工称为"传道者"（evangelists），这样，员工就会继承他对公司那近乎宗教信仰般的狂热。很多员工为了模仿史蒂夫，甚至也穿起了牛仔裤和黑色高领衫。比尔·盖茨为自己的高智商而自豪，所以微软的所有员工都想成为睿智之人，一些员工甚至不管自己视力好不好，都开始模仿比尔戴眼镜。

作为一名伟大的领导者，你必须思考自己的生活方式，因为别人会试图模仿你。对企业家来说，这样做是痛苦的，因为对他们来说，使命高于一切，他们要心无旁骛，全速前进。但是，领导者要明白他们在向别人传播什么价值观。如果领导者吸烟，那么员工也会吸烟；如果领导者酗酒或吸毒，那么员工也会酗酒或吸毒；如果领导者乱扔垃圾，那么他就会发现办公室垃圾遍地；如果领导者暴饮暴食，那么公司从上到下都可能出现肥胖患者；如果领导者脾气暴躁，那么员工就可能会拳脚相向。

但作为一名创业英雄，如果你善待员工，那么他们也会善待别人，并且把公司视为理想的工作场所；如果你对企业使命充满热情，那么这股乐观的力量将把公司提升到新的高度；如果你注意保持卫生，那么公司就不会变得又脏又乱；如果你诚实正直，那么公司就会以诚信为本，员工们就不会整天疑神疑鬼；如果你热爱自己的事业并且表现出来，那么你的公司就会成为一个大家庭，员工们互帮互助，使彼此过上更快乐、更成功的生活。别忘了在工作中找点乐子，庆祝点点滴滴的成功。无论从事哪个岗位，员工们偶尔也要从日复一日的工作中跳脱出来。

以身作则，把你的信念和价值观写出来并挂在墙上，让所有员工都看得见。身为创业英雄，你一定要知道自己想做什么事情。有时候使命可能会改变，或者变得难以实现，这时候，你一定要为团队树立明确的使命，向员工传达使命，并引导团队朝向这个使命去努力。你要不断地向员工灌输使命感，这对提升团队士气大有好处。使命感能让团队保持兴奋状态，并有助于所有人朝同一个目标奋斗。

树立积极的榜样，成为别人效仿的对象。

关于树立积极榜样的问题与练习

1. 你有没有做过一些事情，而这些事情是你不会在孩子面前做的？

2. 你有没有做过一些事情，而这些事情是记者在场时你不会做的？

3. 你是否带过团队？你做对了哪些事情？又做过哪些与众不同的事情？

4. 你是否因为某人关注你、模仿你而感到惊讶？

5. 扶老人过马路，或者帮助一名矮个子乘客从头顶的行李舱里取出行李，又或者看看自己能为别人做些什么。弯腰捡起地上的垃圾，扔进垃圾桶里。

关于树立积极榜样的头脑风暴

假设你手上有 15 块磁铁，把它们从左到右连在一起，第 1 块磁铁的右边是正极，那么，从左往右数第 6 块磁铁的右边是什么极性？

关于树立积极榜样的俳句

跟我走，

我带你经历严酷挑战。

我若一飞冲天，

你亦一鸣惊人。

I WILL INSTILL
GOOD HABITS
IN MYSELF.
I WILL TAKE
CARE OF
MYSELF.

我要养成良好的习惯，
并爱惜我自己

"年轻时养成的良好习惯使人受益终身。"

亚里士多德（Aristotle）

"只有养成努力工作的好习惯，才能在常规赛赛季到来时，以正确方式完成比赛。"

艾尔·卡林（Al Kaline）

"我通过健康饮食、锻炼、降压等方法更好地照顾自己，这会起到角色示范作用，帮助我的孩子养成良好的习惯。"

莫妮卡·波特（Monica Potter）

"世人皆值得爱与关怀。"

释迦牟尼

照顾好自己。只有健康快乐，才能成为一名高效的创业英雄。健康与生活是相互影响的。《治愈心脏病》（*Reversing Heart Disease*）一书的作者迪恩·奥尼什博士（Dr. Dean Ornish）经常来德瑞普大学演讲。他说，改变个人习惯之后，身体也会随之转变。一个人的心脏、大脑、言行举止都可以通过改变生活方式而发生变化。他发现，只要饮食健康，有规律地锻炼，经常跟好友往来，人们的身体就会发生变化，心脏病就会逐渐治愈，坏心肠也会变成好心肠。

关于"开怀大吃 30 天"的故事

我妻子发现，尽管我几乎每天都要锻炼一个小时，但我的体重还是有点超标。她注意到我爱上了吃巧克力，而且一到晚上就嘴馋，什么都想吃。我的书桌里塞满了果脯，看电视时冰激凌吃个不停。我的两个姐姐都暗示过我长胖了，但除了她们以外，出于礼貌或害怕，其他人都不会叫我减肥。只有我最好的朋友克里·爱德华兹敢直言相告，说我长胖了。

我注意到我的膝盖、背部和臀部的问题越来越多，我患了足底筋膜炎，6 年多都未见好转。我把这一切毛病都归因于年纪大了。偶尔不吃饭的时候，我可以瘦个一两磅，但只要一进食，我便狼吞虎咽，体重又有所反弹，甚至比原来更重。我向来生性乐观，总是能看到事情好的一面，所以每当照镜子时，我都很欣赏自己魁梧的身材，至于长胖这件事，权且视而不见吧。

身体超重既影响了我的心情，又影响了我做生意。我是全世界最著名的风险投资家之一，但在筹集我的第一笔独立风投基金的过程中，我还是费了不少劲。我觉得人们可能潜意识里认为我会吞掉他们的利润，或者认为我变懒了。但事实证明，我体重超标并不是因为蚕食他们的利润，而只是吃了太多食物而已。

有一天，我妻子用挑剔的眼光打量我半晌，然后对我说："我们应该试试这个。"她指的是一个名为"开怀大吃30天"（Whole 30）的减肥项目，我可以在30天时间里吃我想吃的任何食物，但糖、面包、乳制品或谷物除外。我可以吃肉类、蔬菜、水果、土豆和精选的坚果。我妻子的身材一直保持得很好，也许她并不需要减肥，但她还是和我一起参加这个项目。减肥效果很好，她让我走上了减肥的康庄大道。我们相互协作，让这个过程变得非常有趣。原来，市面上的几乎每一种食物都添加了糖分，包括大部分培根、罐头食品、谷类，当然还有冰激凌和巧克力。

同样，面包也是我们的主食之一。面包存在于烤肉卷、三明治、比萨饼、薄煎饼、玉米饼，甚至某些快餐汉堡的"肉"当中；牛奶、黄油、冰激凌、酸奶、奶酪、比萨饼……甚至大多数沙拉和沙拉调料都含有乳制品（还有糖）；而在我们当下的烹饪文化中，很难不使用大米、小麦和玉米等谷物。

不允许吃任何主食的减肥方式起初让我感到很震惊，但后来我便开始追求这种新的生活方式。我并没有把它看作是一种牺牲，而只是"全新的饮食体验"。新的饮食方式就像是我的初创公司。我要改变一个由脂肪垄断的行业（也就是我身体的新陈代谢），但在此之前，我要创立一家新公司（也就是我的新饮食习惯）。我要以伟大的创业英雄们为榜样，全力以赴，于是我和我的妻子组成了"创业团队"。

我们都很享受新的挑战。大部分烹饪工作是由我妻子完成的，但我们两个人都开始有意识地关注每一样食材，结果发现有些大蒜盐里面含有糖。减肥第三天是最让我惊慌失措的，我的身体发现它摄入的食物跟平时不一样，开始产生异常反应。我腹泻了，小便次数也比以往多。这是一个典型的创业过程，它既包括生活方式的巨大变化，又有一个独特的焦点和愿景，以及我们冲破黑暗、迎接更美好生活的期望。但奇怪的是，在减肥过程中，我从未感到过饥饿。与传统减肥方式相比，放开肚皮吃东西的减肥方法会让你感觉没有牺牲饮食，也许这不仅仅是一种饮食方式，更是一种生活方式。

在这30天里，我减掉了15磅重量；而当你看到本书时，我的全新生活方式已经坚持了1年时间，我的体重减轻了40磅。神奇的是，我的膝盖、背部和臀部的疼痛几乎完全消失了，足底筋膜炎也痊愈了，浑身充满了能量。我的思路变得比以往更加清晰，工作效率也大幅提升。同样地，我的妻子也减轻了体重，而且依旧美丽动人。我不得不买些新衣服，因为原来的裤子已经宽松得往下掉。现在，我可以走进衣橱深处，把年轻时买的那些修身衣服翻出来穿，它们会让我显得年轻、苗条。

我还得重新练一下篮球，因为我曾是一名内线后卫，但减掉了多余体重之后，我在内线的效率降低，所以我要练习投篮技术。社会总是潜意识地对过度肥胖人士存有偏见，而现在我已经留意到，这种偏见并没有影响我的工作，我想要做的事情也越来越多地变成了现实。

吸烟和肥胖有些相似。吸烟者确实会让不吸烟的人反感，这种潜意识的反感导致不吸烟者不想和吸烟者做生意。我从不吸烟，所以我在这里给出的建议不完全可信，但我已经帮助德瑞普大学的 4 名学员通过这种方法成功戒烟。我认为，对于吸烟者来说，吸烟是一种享受，除了患肺癌的可能性更高以外，吸烟者似乎认为吸烟不会造成任何负面影响。

为了消除这种误解，我在德瑞普大学做了几次试验。每当德瑞普大学的学员吸烟时，我就故意制造一些摩擦，让他们觉得吸烟不是件愉悦的事情。只要他们一吸烟，我就命令他们从教室过道里捡起 10 个烟头扔出去，然后去换衣服和刷牙。

这项要求有几个目的。首先，迫使他们在点烟之前三思而后行。上述琐事让他们开始反感吸烟，而捡烟头这件事促使他们反思自己乱扔垃圾的行为，并且思考这辈子能给世界留下什么东西。其次，他们每次吸完烟后都被要求换衣服和刷牙，这相当于在提醒他们，他们呼出的气体、留有烟味的衣服和粗心大意会对别人造成影响。

不过，在采用德瑞普大学自创的戒烟法之前，你要了解香烟是如何卖出去的。烟盒的尺寸刚好够一手握住，它跟一盒纸牌和一台苹果手机的大小几乎一样，而后两者也是容易令人上瘾的消费类产品。香烟盒的设计很吸引人，每根香烟经过精心轧制，就像一件新礼物。对于我们这些仍然喜欢吮吸东西的成年人来说，香烟就是婴儿奶嘴的替代品。烟草公司早已把香烟的营销技巧运用得炉火纯青。香烟本身是容易上瘾的，而整个吸烟过程也是如此。烟草公司已经找到了理想方法，能够让人们形成吸烟的习惯。如果你吸烟，就会被它们玩弄于股掌之间，成为它们的战利品和受愚弄的对象。

如果你想成为一名创业英雄，就得用其他东西来代替香烟。与其抽烟，不如嚼口香糖和玩井字棋游戏（Tic Tacs），不过这两种习惯可能会与上述的 30 天减肥计划相冲突。现如今，装杏仁黄油的罐子都做得非常精美，你可以随身携带一个黄油罐子，想吸烟的时候就拿出来把玩一下。只要留意身边的事物，你就会发现有很多东西可以替代香烟。如果你找不到任何替代品，那就去开家公司，研发一款枝条状的产品，刚好能装进单手握持的包装盒里，没事既可以用火点着玩，又可以塞进嘴里吮吸，但绝不会让你和周围的人患上肺癌。

身体健康最重要。为了实现你预想中的变革，你必须保持身体健康。我曾经看过一份报道，称《福布斯》榜上 33% 的亿万富翁都是滴酒不沾之人。相比之下，大约 2% 的美国成年人不喝酒，而且他们大多是摩门教徒或酗酒者互诫会（Alcoholics Anonymous）成员。有成就的首席执行官很少会体重超标，他们绝大多数人保持着良好的饮食结构和非常严格的锻炼习惯。你一定要养成良好的习惯，学会关爱自己。

关于习惯的问题与练习

1. 你有哪些良好的习惯？

2. 你有哪些坏习惯？

3. 为了实现目标，你打算如何改变自己的生活方式？

4. 在困难时期，你如何保持情绪稳定？

5. 你什么时候能放下事业，偶尔去度个假？

6. 你懂得照顾自己吗？

7. 每天早上吃早餐前锻炼身体，连续坚持 30 天。不要吃含精制糖、谷物或牛奶的食品。

关于习惯的难题

一件事要做多少次，你才能把它变成习惯？

三位修女住在一起，她们的身材几乎是一样的。每个星期天，她们都要点着蜡烛前往教堂做礼拜。其中两位修女不太合得来，从不一起去教堂，但她们都和第三位名为苏茜（Susie）的修女相处融洽。她们去教堂都是两两结伴而行，只有返回时才单独走。体力充沛的时候，苏茜可以以每小时 4 英里的速度跑 1 英里，接下来 1 英里的路程更像是慢跑，速度只有每小时 2 英里，她需要休息 15 分钟才能完全缓过劲来。和另外两名修女一起行走时，她可以以每小时 1 英里的速度匀速步行到教堂。在她们到达教堂之前，蜡烛不能熄灭，且蜡烛通常能燃烧 4 个小时，而住处距离教堂 3 英里。请问：在星期天，她们结伴而行所走的最短距离是多少？到达教堂之前，她们能让蜡烛保持燃烧状态吗？

我的身体，我的圣殿

[根据铁蝴蝶乐队（Iron Butterfly）作品《在伊甸园里》（In-a-gadda-da-vida）改编]

这是我的身体，我的圣殿，宝贝。
（这是我赖以生存的花园）
难道你不知道，宝贝，
我从这里收获劳动的果实。

何不伸出手来，
牵着我的手？
何不跟我一起奔跑，
探索这片土地？
我们只需手牵着手。

我的圣殿里住着伟大的心灵，宝贝，
难道你不知道我明辨是非吗？
我的圣殿里住着清澈的心灵，宝贝，
难道你不知道我会对你永远真诚吗？

难道你不愿意和我一起工作吗？
请伸出你的手。

难道你不愿意和我一起实现梦想吗？
一起改变这片土地。
请伸出你的手。

这是我的身体，我的圣殿，亲爱的，

不要吸毒，也不要吸烟，

这是我的身体，我的圣殿，宝贝，

难道你不知道这对你不好？

何不跟我一起唱歌，

笙歌喧腾？

何不奏起乐器，

我们携手一起？

请用你的手打起节拍。

这是我的身体，我的圣殿，宝贝，

（不要吃甜点，也不要吃任何食物）

看看我的腹肌，亲爱的，

难道你不知道我从不暴饮暴食吗？

何不与我起舞？

请伸出你的手，

和我一起庆祝，

我们已经打造了这个品牌。

请牵着我的手。

I WILL FAIL
AND FAIL
AGAIN UNTIL I
SUCCEED.

我要百折不挠追求成功

"成功不是终点，失败也不是灾难，最重要的是要有继续前行的勇气。"

温斯顿·丘吉尔（Winston Churchill）

"要像女王那样思考问题。女王并不害怕失败，因为失败是通向伟大的又一块垫脚石。"

奥普拉·温弗瑞（Oprah Winfrey）

"失败只是给了我们一个重新开始的机会，而这次我们会变得更加聪明。"

亨利·福特（Henry Ford）

"有时候，你虽然输掉了一场战役，却找到了一种赢得战争的新方法。"

唐纳德·特朗普（Donald Trump）

"竞争总是件好事，它促使我们竭尽全力。垄断使人自满，满足于做平庸之辈。"

南希·皮尔西（Nancy Pearcy）

"我一生都在面对激烈的竞争。没有竞争，我真不知道该如何活下去。"

华特·迪士尼（Walt Disney）

"力量不是来自胜利，而是来自奋斗。历经艰苦却永不屈服，那就是力量。"

阿诺德·施瓦辛格（Arnold Schwarzenegger）

"创新者难免会犯错误，犯错后最好迅速承认错误，然后继续改进其他创新。"

史蒂夫·乔布斯

"我们可以说乐观主义者过于天真或幼稚，但改变世界的恰恰是乐观主义者。乐观主义者也许会犯错，但悲观主义者永远一事无成。"

提姆·德瑞普

乐观主义

我们可以说乐观主义者过于天真或幼稚，但改变世界的恰恰是乐观主义者。乐观主义者也许会犯错，但悲观主义者永远一事无成。雷德盖特公司（Redgate）的创始人泰德·莱昂西斯（Ted Leonsis）是一位很有魅力的领导者，他把自己的公司卖给了美国在线公司（AOL），成为该集团的总裁之一。后来，他又买下了华盛顿奇才队（Washington Wizards）和华盛顿首都队（Washington Capitals）。泰德曾对我说过："有些人只想把事情做对，而我只想赢。"

弗兰克·赫伯特（Frank Herbert）在他的经典科幻史诗小说《沙丘》（Dune）中写道："恐惧是心灵的杀手。"悲观主义者是可怕的，恐惧感摧毁了很多企业。有人做了个很有意思的试验：试验者观看当地新闻，计算有多少新闻报道会让人产生恐惧感。不知何故，新闻和其他媒体节目很善于利用我们生存本能中的恐惧感，使我们体内突然产生一股消极的内啡肽，不断阻止我们做某些事情。对社会而言，恐惧感会让人们无法过上丰富多彩的生活，他们对电视上描绘的受害者充满同情，却没有意识到自己与新闻报道中的危险场面相距甚远。我认识一位女士，她觉得电视里的新闻报道实在是太可怕了，居然害怕到不敢迈出家门一步！

这种恐惧感通常会转移到职场中。很多人害怕失业或改变现状，所以不愿意尝试任何新的东西。但是，推动社会进步的恰恰就是新事物和变革，它们能够让人类取得重大突破。人类之所以能延续至今，正是因为求新求变。具有讽刺意味的是，如果你在职业道路上敢于冒险，反而更有可能保住工作。不要害怕，勇敢向前，去尝试一些新东西吧！

请回答以下谜题：

问：电流、魔术贴、青霉素、锐滋花生酱（Reese's Peanut Butter Cups）及美国之间有什么共同之处？

答：它们都是人们在做其他事情时偶然间发明或发现的，比如放风筝，寻找西印度群岛，给垂死的孤儿喂食发霉的面包，或者人们吃零食时绊倒在一起（以前的广告就是这么宣传的）。

他们在探索生活、体验生活，或者正在冒险。他们只是在户外玩耍或努力工作，尝试一些新事物，结果完成了人类历史上重大的发现。歪打正着的不仅仅是那些伟大的发明，我所投资的一些项目起初都是失败或被放弃的，但它们后来都成为我的优秀投资案例。

Hotmail 的创始人第一次找到我们，是为了向我们推销一款数据查询表格，可以让人们在互联网上查找个人信息和联系方式。正当他们准备失望而归时，史蒂夫·尤尔韦特松问他们是否有其他创意。结果，他们提出了风险更高、安全性更低的免费互联网邮箱。Skype 的创始人起初建议我使用点对点技术来生成无线共享网络，后来他们又改变策略，将 Skype 作为长距离通信载体。当时的谷歌、百度和雅虎等搜索工具都处于上升期，但在得知 GoTo 如何玩转付费搜索引擎之前，它们一直在烧钱；后来他们开始复制 GoTo 模式，创建出能够盈利的商业模型。JustinTV 是由一群拥有个人实时视频频道的创业者创立的，该团队发现，JustinTV 40% 的业务来自那些爱看别人玩视频游戏的用户，于是他们重新塑造品牌，专门发展电子竞技产品，Twitch.TV 应运而生。

上述创业者都在尝试各种新事物，而机会总是以不同形式出现的。重要的不仅在于这些人勇于尝试新事物，而且在于他们在发现新事物有悖于初衷时能够接受它们，并及时做出调整，朝另一个更远大、更美好的方向前进。

所以说，要勇敢尝试，不要害怕。你可以对有可能出现的结果进行谋划和探讨。尝试会带来失败，而失败终将赋予你非凡的成就。行动决定一切，做白日梦者和实干家之间的区别就在于是否采取行动。那些要等到万事俱备才行动的人很少能达成交易、实现梦想，或者完成看似不可能完成的任务。而实干家总是会受到上天的宠爱。如果你有意中人，却不邀请对方参加毕业舞会，对方就不会跟你谈恋爱；你的意中人只会接受主动邀请其参加舞会的人。同样地，在生意场上，那些敢于冒险、勇于创新和尝试的人常常成为赢家。他们即使没有成功，也学到了东西，下一次有可能做得更好，甚至成为赢家。

不要惧怕失败。在创建德瑞普风险投资网络的时候，我们对一件事进行了长时间的讨论——假如我们每个人都向整个网络发送电子邮件，那我们就会被电子邮件所淹没。换句话说，我们每个人都会过度推销业务，过多的联系人会导致我们无所适从，这才是我们最关心的事情。最终，我们并没有禁止大家在发电子邮件时"回复所有人"，而是决定主动出击，我们的座右铭也变成了"只需点击发送"。事实证明，我们都没有过度使用网络，只在必要的时候才发送邮件，所有人都因此而受益。"只需点击发送"成为整个网络的一种思维方式，德瑞普风险投资网络并没有坐等万事俱备，而是使人们变得喜欢行动。

关于雅虎的故事

下面这个故事讲的是我因行动迟缓而投资失败的经历。我父亲把我介绍给了杨致远（Jerry Yang）和大卫·费罗（David Filo），他们当时正打算放弃攻读斯坦福大学的博士课程，创立一家万维网（World Wide Web）小企业。万维网曾是美国国防高级研究计划局（DARPA）与学术机构共同开发的项目，后来向民间开放，成为人人都可以使用的网络。我骑着自行车去斯坦福时见到了住在拖车里的杨致远和大卫。他们给我看了一张图表，上面显示使用万维网的人越来越多。万维网非常奇特，人们可以借助索引来搜索各种各样的信息。这张图表给我留下了深刻印象。他们打趣说，他们可能会给公司起名"Yahoo！"，因为人们把上网称为"网上冲浪"，而每当人们在海上冲过一个浪头时，都会高喊一声"Yahoo！"。我对他们说一定要用这个名字，而且我想向他们投资。有风投资金加入，他们当然很乐意，但他们更想找一位首席执行官来管理公司。我对他们所做的事情非常感兴趣，于是帮他们找了几名首席执行官候选人。一位候选人和他们见过面之后酸溜溜地问我："你觉得这家叫'Yahoo!'的公司有前途吗？"我坚信雅虎是一家前途无量的企业，于是告诉他，如果他现在加入雅虎，将来可以赚到1000万美元（如果他接受了这个工作机会，可能后来赚10个亿都不止）。无论我怎么努力，都很难找到合适的人选来管理他们的公司。

正当我为雅虎物色首席执行官的时候，杨致远和大卫有充足的时间跟其他风险投资人见面。我知道，我应该给他们写一张支票，并建议进入下一轮融资，但我不知道接下来会发生什么事情，也不知道最终的首席执行官会是谁，只好推迟合作的决定。由于我对投资雅虎的结果没有百分之百的把握，所以迟迟没有明确表态，结果最终错失了这笔交易。

到我出价的时候，与其他投资人的报价相比，我的价格简直微不足道，杨致远和大卫没有做出回应。最终，红杉资本（Sequoia Capital）完成了融资，并推荐蒂姆·库格尔（Tim Koogle）担任雅虎首席执行官。我试图在红杉之后加入投资者行列，但为时已晚。我和我的首席执行官候选人没有成为雅虎的一员，也错过了跟雅虎一起取得成功的机会。我们不愿意在信息不足的情况下放手一搏，结果损失惨重。

关于纳普斯特的故事

恐惧感足以扼杀一家伟大的企业，纳普斯特就是很好的例子。我之所以了解这件事，是因为我们的网络合伙人之一德瑞普大西洋公司曾经向纳普斯特提供了第一笔可换股贷款。

纳普斯特是由肖恩·帕克（Sean Parker）和肖恩·范宁（Shawn Fanning）创立的。他们发明了一种新的文件共享技术，允许人们免费共享文件，不会造成任何摩擦。该技术在数字产品销售方面有许多潜在的用途，其他几家公司也曾将该技术用作其他目的，但纳普斯特用它研发了一款易于使用且只专注于音乐文件的产品，并给这款产品起名为MP3。这是一项了不起的技术，人们可以轻松地将MP3格式文件下载到计算机中并将其存储起来，以供将来使用。各地青少年和音乐爱好者很喜欢这项新服务，他们意识到，他们可以免费从别人那里得到自己想要的所有音乐。他们觉得这样做没什么问题，因为人们经常在舞会、派对和音乐会上分享音乐。这只是另一种分享形式而已，但前提是有人购买了原版音乐。在鼎盛时期，纳普斯特拥有超过8000万名用户。

那些音乐大部分都是受版权保护的，但是，在宿舍里为其他人播放CD和通过互联网共享文件这两种做法之间并没有明显的区别。MP3的传播速度非常快，而且完全免费，开始对音乐行业的CD销售产生不利影响。

音乐产业被寡头垄断。索尼（Sony）、迪士尼（Disney）、环球（Universal）和美国广播音乐协会（BMI）几乎控制了整个音乐领域，哪些音乐家能够成名，哪些音乐家会变得默默无闻，全由它们说了算。它们通过无线电广播推动音乐营销，并决定哪些音乐可以通过唱片店销售，整个音乐圈和音乐产业都在它们的掌握之中。然而，纳普斯特免费服务的横空出现搅乱了音乐产业，老牌音乐公司觉得自己受到了威胁，它们担心失去寡头垄断地位，于是开始猛烈攻击纳普斯特。

美国音乐行业对纳普斯特提起了诉讼，但它们做的事情远不止这些。它们起诉了所有能想到的人，甚至起诉了那些分享音乐的青少年。它们巧妙地将文件共享的做法称为"盗版行为"，并将顶级音乐家召集起来，向公众声明文件共享是一种"盗窃服务"。它们游说政府强行关闭纳普斯特，还想将纳普斯特的高管关进监狱。

在对手的强大攻势面前，纳普斯特团队心生畏惧，他们担心法律诉讼带来的影响，又怕进监狱，于是聘请了一位音乐行业资深律师担任首席执行官，以帮助他们解决问题。很难说这个选择是否正确，但现在回想起来，这招并不奏效。受过职业训练的律师通常会预测一家企业可能遭遇的所有最差情形，这就难免会在企业内部传播恐惧感，导致人们畏首畏尾，不敢放手一搏。我认为，如果纳普斯特大胆一点，结局就有可能截然不同。纳普斯特完全可以跟音乐界针锋相对，称它们多年来一直在垄断经营，而纳普斯特的出现就是要使音乐行业民主化，让全国各地的音乐家都参与进来，广泛传播自己的音乐，而不必受唱片公司的掣肘。它还可以说，通过数字文件分享音乐跟在宿舍里与朋友分享音乐没有什么不同，而且纳普斯特让艺术家能够把他们的音乐传播到以前从未到过的地方。然而，由于心生恐惧，纳普斯特的高管并没有提出这些论点。

那时候，美国还没有任何关于音乐共享的法律，但纳普斯特不敢挑战音乐产业，宣称自己没有违反任何法律；它没有冷静地与音乐界进行谈判，而是自乱阵脚，担心音乐界对其痛下杀手。

音乐行业也利用了纳普斯特的这种恐惧感。它们起诉纳普斯特，要求其赔偿数十亿美元，为各地所有青少年分享的每一首歌曲买单，计价标准是该歌曲的零售价。纳普斯特的一名高管说，音乐行业的代表律师给他看了一张照片，照片里是这名高管的房子。律师说："看到了吗？你的房子将是我的。"对方甚至控告分享音乐的青少年！

纳普斯特团队彻底束手无策了，恐惧感开始蔓延，他们退出了这个行业。假如纳普斯特能够理性地与音乐行业谈判并达成协议，或者大胆地经营自己的业务，而不去关注音乐行业会做些什么，那这家公司的市值可能会高达数十亿美元甚至更高。

恐惧感确实是心灵的杀手，而在纳普斯特这个案例中，恐惧感扼杀了一个企业。音乐行业的恐惧感也伤害了它自己。唱片公司不接受新技术，而是整天想着如何向用户收费，它们惊慌失措，与未来十年最有利用价值的技术之一擦肩而过。

最终，史蒂夫·乔布斯凭借"白衣骑士"理念成为音乐市场的大赢家。他研发了一款名为 iTunes 的文件共享应用程序，每首歌曲卖 99 美分，并允许音乐行业共享这款产品的成果。他与音乐行业巨头进行谈判，使 iTunes 成为苹果业务中最赚钱的产品之一。然而，音乐行业并没有从中分得多少钱。假如纳普斯特没有关闭其免费共享音乐服务，并且与音乐行业达成协议的话，音乐行业的获益会更大。

顺便说一句，这次失败并没有浇灭纳普斯特两位创始人的雄心，他们继续创业，而且取得了巨大的成功。肖恩·帕克后来协助马克·扎克伯格创立了脸书，而肖恩·范宁创立了一系列与文件共享业务相关的公司。他们百折不挠，终将迎来胜利的曙光。

把你经历过的失败都罗列出来，你应该为它们感到自豪。不断失败，从失败中站起来，然后继续尝试。

我建议人们勇于尝试，不惧失败；同样地，我也相信创业英雄都是明智之人，懂得从错误中吸取教训。创业者不应惧怕破产或生意失败，优秀的创业者应该敢于承认失败，然后毫不迟疑地做出调整和采取行动。有时候，你需要改弦更张，学会放弃，接受失败，这样才能继续前行。留得青山在，不怕没柴烧。要知道，有些想法可能不是付出努力就能够实现的，还有很多因素会制约你的成功，比如竞争对手的存在，团队能力不足，你没有把目标告知团队，或者缺乏资金。失败无时不在，你需要吸取教训，向前看，该放手时就放手。

失败让人伤心，但失败是自由市场的一部分，也是经济重建的一部分。风投行业的性质要求我必须接受失败。据我估计，迄今为止，我已经失败了大约 600 次。我愿意接受失败，所以我能够承担更大的投资风险。总体而言，我获得了丰厚的回报；而假如我不愿意接受失败，恐怕也无法取得今天的成就。话虽如此，我还是经历了一些刻骨铭心的失败，并付出了惨痛的代价。下面，我要给大家讲述其中一个故事。

关于德丰杰 MeVC 公司的故事

德丰杰 MeVC（Draper Fisher Jurvetson MeVC）就是这样一个失败案例。我们出资并协助成立德丰杰 MeVC 公司，这家公司的使命是为个人投资者提供风险资金。如今，只有大型机构、经认可的投资者（即百万富翁）或所谓"经验丰富的投资者"才被允许投资风险资本。这是政府保护投资者不受自身伤害的一个措施，以防投资者的个人利益受到损害 [请看我的下一本书《创业型政府》（*The Startup Government*），里面有一些潜在的补救措施]。

起初，一切都进行得很顺利。公司搭建了募资平台，然后通过一家经纪公司从希望获得风险资本回报的中小投资者那里轻而易举地募集到了 3 亿美元。我们对中小投资者的说辞很简单：德丰杰过往的投资记录十分亮眼，而且我们拥有一个庞大的全球基金网络，该网络能为德丰杰 MeVC 基金创造交易流量。我们还宣称，我们将亲自管理该基金，这是一个更具吸引力的卖点。其实，我们的想法是用现有基金进行投资，而给私人投资者提供相同的投资条件，这样，公众就能对风险资本进行投资了。这个思路很清晰，并且预先得到了律师和政府官员的认可。

我们赴纽约证券交易所（New York Stock Exchange）上市，轰动一时。但是，当我们按照此前所提出的条款募集到资金之后，美国证券交易委员会修改了规则。律师告诉我们，德丰杰的合伙人不能管理这笔钱，因为我们会同时投资私募资金，有可能产生利益冲突。这样的局面相当尴尬。我们是以投资公共投资机构为前提出售基金的，现在我们募集到了资金，证券交易委员会却明确表示我们不能投资。当然了，美国证券交易委员会是证券交易方面的最高权力机构，它此前的决定不可更改，所以我们对修改规则的做法提出异议。

我们决定聘请一支顶尖团队来接替我们的位置，并将管理权移交给约翰·格里洛斯（John Grillos）。约翰是一位公认的投资者，也是一位成功的创业者。他很兴奋，因为他的团队将管理这笔资金，并充分利用整个德丰杰网络的交易流量。要知道，德丰杰网络就像一个聚宝盆，里面有无数的机遇。

但接下来，我们从律师那里得到了更多坏消息。证券交易委员会称，我们不得投资德丰杰网络的内部企业，因为这个网络说不定存在自相矛盾的地方。我们的基金要跟基金发起人和推定受托人相脱离，我们无法使用德丰杰网络的情报资源和投资组合公司资源。因此，德丰杰 MeVC 基金团队不仅无法利用我们所建立的庞大网络管理基金，反而要由一支受到掣肘的新团队进行管理；它既无法投资某些公司，还要跟基金发起人撇清关系。我对基金的所有公共投资者深感抱歉，我真心希望能为他们做些事情，但受法规所限，我实在爱莫能助。

我现在在想："既然证券交易委员会不允许我们参与创建一只新的公共基金，那为什么他们当初又让我们筹集资金呢？"假如他们直截了当一点，说我们不能在管理私募基金的同时募集一只公募基金，也许我们心里还好受些。或者还有一种更理想的方式，即让市场自己做决定。

由于无法管理德丰杰 MeVC 基金，也无法借助我们的网络来帮助它，所以我们决定不收取该基金的费用。不过，为了确保个人投资者能够对风险资本进行投资，我至少会在董事会层面上提供无偿的专业服务。但即便出于慈善目的，我们也遇到了一件麻烦事。

2001 年 3 月，互联网泡沫破裂，德丰杰 MeVC 的股价跌至其首次公开募股（IPO）价格的一半，公司估值甚至低于该基金在银行所持有的现金！它的股价实在是太便宜了，一些聪明的对冲基金经理买下了所有股票，并重新对它进行定位。美国证券交易委员会的初衷是保护投资者，结果却严重损害了投资者的利益，同时打破了投资的所有前提。投资者想要一只由德丰杰管理的风险投资基金，而且这只基金可以利用德丰杰网络提供的交易流量，结果，他们得到的是一只由陌生人管理的对冲基金。法规带来了意想不到的后果，这样的法规还不如一开始就不要出现。

一直以来，我都为自己拥有能够促进社会进步从而改变整个世界的能力而感到自豪，但是，当这种对个人投资者的希望最终被对冲基金管理者吞噬时，我决定接受这次教训，随它去吧。

有一天，美国最高法院陪审法官（Associate Justice of the Supreme Court）桑德拉·戴·奥康纳（Sandra Day O'Connor）告诉我，当德丰杰 MeVC 基金上市时，她也投资了这家公司。这让我觉得很尴尬，我再三向她表示歉意。不过，现在回想起来，我那时候应该跟她讨论证券交易委员会对德丰杰 MeVC 基金所做的事情，因为她可能有能力去做些事情。

关于 Xpert 的融资故事

德丰杰 MeVC 投资失败后，我对于融资和法规的理解更深了，但这次失败并没有阻止我再次进行尝试。我和朋友托马斯·佛利（Thomas Foley）及我的儿子亚当共同创立了一家公司，希望以此创建一个私营企业可以进行交易的系统，我们将该系统称为 "Xchange"。我之所以投资这家公司，是为了培养一些软件工程师，使研究、评估和买卖私营企业等工作变得更容易些。在二级市场（Second Market）① 和 SharesPost②，我们有好几个竞争对手，但我们决心为那些想买卖私营企业股票的投资者提供最优质的用户体验，因为《萨班斯 - 奥克斯利法案》（Sarbanes Oxley）的实施导致很多公司无法上市，并导致投资者无法在公共市场进行投资。

媒体看准 "Xchange" 这个名称，刊登了好几篇与我们相关的正面报道。证券交易委员会的人也看到了这些报道，他们向我们发来信息，要求我们更改名称，否则我们

---

① 指证券交易所以外的场外市场——译者注。

② 美国第二大私募股权交易市场，具有交易中介和交易场所的双重职能——译者注。

将面临管制。啊，又来了！美国证券交易委员会冠冕堂皇地说要保护个人投资者，但实际上却在阻挠个人投资者分享私营企业的成长果实，这样做的结果便是扼杀了投资初创公司所带来的就业机会和经济增长机会。

作为对美国证券交易委员会的回应，我们将公司的名称改为"Xpert 金融公司"（Xpert Financial），并且学会了以"私人市场平台"（private market platform）取代"私人交易所"（private exchange）等字眼。接下来，美国证券交易委员会是管不了我们了，美国金融业监管局（Financial Industry Regulatroy Authority，简称FINRA）却找上门来，要求我们向其提出申请，成为一家中间商或经销商。

由于我是公司的大股东和董事会成员，所以我必须参加学习，以便通过考试并获得"62 系列"（Series 62）证书。除非我通过考试，否则我们就没有资格从事这个行业。我们花了一大笔钱聘请了培训师，对我进行突击培训，以确保我不会拖平台建设的后腿。幸运的是，我勉强考了76 分（70 分就可以过关）。但接下来，为了遵守金融业监管局的规定，我们还要再花一大笔钱在硅谷和华盛顿特区各聘请一名合规专员和律师，这样才能从事私营企业的交易工作。为了进入这个行业，作为初创公司的我们可花了不少钱！

我们的工程师们为大众搭建了一个平台，让任何人都可以参与进来。后来，律师告诉我们，这个平台只有高净值的客户和经过认证的机构才能使用。我们只能重新编写软件，以便提前辨别客户，确保他们拥有高净值。除了 KYC（Know Your Customer）规则[①]、防欺诈规则，以及反洗钱规则（Anti-Money Laundering, AML）之外，这是又一条必要要遵守的规则。大量的繁文缛节阻碍了我们的发展。

在此期间，我们马不停蹄地测试市场对我们产品的反应。我凭直觉知道，投资者希望他们的私募股票有更高的流动性，因为流动性不强的市场很难让投资者从他们持有的私营企业股份中获得任何资金，而创业者们也想出售他们的部分股份来购买房屋或供孩子读大学之类的。

事实证明，投资者确实要求更高的流动性，而创业者们都热衷于在私募市场上出售股票，一来可以扩大企业，二来可以为个人筹集现金，以购买房屋或支付孩子读大学的费用。但是，当他们召开董事会对投资 Xpert 进行讨论时，却发现作为受托人，他们对我们的新平台持比较保守的态度。从原则上讲，他们都喜欢这个想法，但没有人愿意以自家企业为赌注去获得更好的流动性，所以我们很难找到头一个吃螃蟹的公司。

---

① 即金融机构必须能清晰识别客户的身份——译者注。

没有愿意主动尝试的客户，我们只能关门大吉。

最终，我们把 Xpert 金融公司卖给了另一家金融企业，以实现经纪商执照的价值；托马斯则继续与这家新公司合作开发产品。我们投资者遭受了几乎完全相同的损失，而众多私募企业仍处于流动性不足的状态。我曾立志让每个人都可以成为风险投资家，无论他们是穷人还是富人；希望他们拥有可交易的、流动性很强的私有股份。可这个梦想看上去仍像是一个白日梦。

至本书撰写之时，局面终于有了扭转的希望。《乔布斯法案》（JOBS Act）被纳入法律体系，该法案允许中小投资者参与投资私营企业。很多年过去了，虽然相关的规章制度仍未明确，但这个行业似乎还存有一线生机。一些可以交易私营企业的新平台正在建设当中。德瑞普合伙人公司为两家很有前景的平台 Equidate 和 EquityZen 提供支持，高净值投资者可以通过这两个平台买卖非上市股票；AngelList 和 Crowdfunder 等其他众筹平台可能正致力于让私营企业投资者拥有更多流动资金；而诸如 eShares 和 Capshare 等电子化股权管理公司或许能够轻松地管理私募股权交易。至于数字货币，因为它们是货币而不是证券，也可能为善于创新的创业者提供一种获取资金和流动性的新途径，从而为创业铺平道路。

现在，尽管美国证券交易委员会继续阻止中小投资者投资私募市场，但英国政府却允许 MeVC 和 Xchange 出现在英国市场上。事实上，总部位于伦敦的德瑞普风险投资网络合伙企业德瑞普才智基金最近刚在伦敦证券交易所上市，而且没有遇到我们在 MeVC 遭遇的难题。众筹公司 Crowdcube（德瑞普合伙人公司最近为其提供了资金支持）允许个人投资者购买私营企业股票。很快，我们就会看到一个完整的私募资本市场在伦敦以外的地方蓬勃发展，我希望硅谷也在美国证券交易委员会的支持下尽快发展私募市场。

饱经挫折而不气馁，直至取得成功。我内心深知，允许个人投资者参与私营企业的融资是有益于社会的。我想继续寻找一种解决方案，在此过程中，有可能遭遇失败，也有可能取得一些成功。我知道，如果人们没有受过投资方面的专业训练，可能会在不经意间蒙受损失。政府想保护这些投资者，但如果投资者不经历过失败，就学不会投资。也许政府应该尝试"教育"投资者，而不是"监管"他们。

在我看来，这些失败都是令人难过的，但真正令人难过的是不作为。在从事风险投资业务的过程中，每当我投资的某家公司失败时，由此带来的损失并不大，因为我们投资了很多企业。可是，当我错过了谷歌、雅虎、脸书、爱彼迎（Airbnb）、优步（Uber）和其他公司的投资机会时，那才是我真正的失败。下面，我要讲几个我职业生涯中的失败经历。

关于动视（Activision）和奈飞（Netflix）的故事

我往往会轻易地对某件事情下结论。我会对未来做出大胆假设，这些假设有可能成真，也可能无法实现，而一旦对问题的答案确信无疑，我便认为其他人都会很容易地得出同样的结论。这次失败经历不仅让我无法实现我的愿景，还让我多年来都深感挫败。我要做的是弄清楚如何才能让人们接受我的思维方式。美国前国务卿乔治·舒尔茨（George Schultz）是一个真正有远见卓识之人，他也很善于把自己的愿景传递给别人。他的演讲开场白经常是这样的："请先让我阐述一下我的思路。"这番话有助于人们了解他是如何实现自身目标的。可是，我一直没有学会这样做。

从商学院一毕业，我就去找动视公司的董事会成员，他们是我父亲在萨特山风投公司（Sutter Hill Ventures）的老合伙人。我要求他们聘请我担任动视的首席执行官，当时动视刚刚以高股价上市，我觉得可以用这些高价股来收购整个软件行业，因为其他软件公司都是私营企业，估值很低。我告诉他们，成为动视的首席执行官之后，我会用上市股票收购微软、莲花及其他估值较低的私营企业。现在回想起来，他们应该按我说的去做，但他们没有，而只是把头转向门那边，礼貌地示意我离开会议室。多年以后我才明白，虽然我的想法是正确的，但只有让人们真正了解我的思路，他们才能得出同样的结论。我没能说服他们。这次我受挫了，但这段经历促使我开始锻炼自己说服别人的能力，让他们以我的方式去思考。现在，每当我向别人灌输我的想法时，我总是想方设法采用我所谓的"乔治·舒尔茨法"。

接下来，我要讲述另一个失败案例。

里德·哈斯廷斯（Reed Hastings）是奈飞公司的创始人兼首席执行官，也是纯软件公司（Pure Software）的前创始人，他非常擅长说服别人参与到自己的事业当中。我们曾想投资里德的纯软件公司，但他拒绝了我们。后来他把这家公司卖掉了，赚了一大笔钱，然后回来找我投资奈飞。他的想法是创立一个网站，人们可以在网站上写下他们最喜欢的电影，奈飞就会通过美国邮政（US Mail）把影片寄到他们家里。我当时的反应是："这简直太荒谬了，里德。现在大家已经直接用电脑下载电影了。高速互联网随处都有，你何必还要浪费钱去提供一项快递服务呢？"里德说："网络下载电影还没兴起呢，我们先抓住客户，以后再让他们通过网络下载电影。"我不赞成里德的想法，没有参与奈飞的种子投资。

结果令人一声叹息！

奇怪的是，里德也知道人们对于特许学校（supporting charter schools）的热情高于我所喜欢的教育代金券（voucher schools）学校，所以他的加州教育计划通过了，而我的计划失败了。我的下一本书《创业型政府》将更深入地讨论这个话题。里德·哈斯廷斯有着不可思议的远见卓识。里德，你接下来要做什么？

如今，我仍然很轻易地下结论，但我已经学会试着思考这些结论背后的依据，这样我就可以说服别人以同样的方式思考。失败让我积累了很多经验教训，但我未来还有很长的路要走。

很多潜在的创业英雄只看到目标，却常常无法实现目标，这是因为他们没有规划好正确的路线。我建议创业英雄们把这条路线规划好，向人们说明你要如何实现自己的目标，再把你的结论告诉别人。当然，创业英雄也要敢于尝试不同路线，从失败中积累经验，直至找到走向成功的正确路线。

不断经历失败，直至取得成功。由此，我们可以衍生出一个推论，那就是：

不断问愚蠢的问题，直至自己变得聪明。

愚蠢的问题

在一次就职典礼上，我偶遇才华横溢的著名主持人芭芭拉·沃尔特斯（Barbara Walters）。我对她说，我的女儿杰茜正在创办自己的网络脱口秀节目《山谷女孩秀》，然后问她有什么建议。芭芭拉说："向嘉宾提的第二个问题最重要。"她的回答发人深省。我想，她这句话的意思是：第一个问题是最基本的问题，它只是用来暖场的，可能听上去非常愚蠢且没有深度，却为第二个问题铺平了道路，而第二个问题有可能击中要害！

我发现，无论是采访创业者，还是在一大群观众面前向一名演讲者或教授提问，看似愚蠢却最基本的问题往往是最具启发性的。我还发现，虽然这种问题听起来很愚蠢，但它往往是其他人都在思考的问题。

在德瑞普大学，学员们在我们称为"孵化间"（the Egg Room）的教室里上课。他们坐在懒人椅上，给形状像鸡蛋的椅子打气。整个教室都像一只巨大的小鸡孵化器。开学头一天，我给他们讲述了罗伯特·海因莱因（Robert Heinlein）所著的《异乡异客》（*Stranger in a Strange Land*）当中的故事：一位火星人来到地球，他似乎迷路了，长时间不和别人说话。有一天，他突然用纯正的英语脱口而出："我只是一只鸡蛋。"他的意思是，他对地球还很陌生，不了解地球上的任何事物，但他已经学会了地球人的语言，所以他要在自己说的第一句话中展现出才华。我告诉受训中的创业英雄，他们就像一只鸡蛋，为了破壳而出，他们需要举起手来，撑破"蛋壳"，问一些愚蠢的问题。这个故事似乎效果很好。德瑞普大学的毕业生似乎很愿意问一些愚蠢的问题，然后变得踌躇满志、积极进取和勤学好问（看看你是否能在本书中找到我从《异乡异客》引用的另一个例子）。

我记得我曾经参加过一次会议，并在那次会议中认识到了问愚蠢问题的重要性。一位创业者来向我们推介他的企业，他在会上不断提及"互联网2.0"这个术语，我们都以为自己可能对他所说的东西略懂一二，但直到我问了一个愚蠢的问题，我们才恍然大悟。我问他："什么是互联网2.0？"事实证明，这人是个"水货"，他不知道该怎么回答这个问题。他在很多推介会上抛出这个词，但从来没有人问过他这是什么意思。我的问题很简单，却帮助我们搞清楚了整个状况。我们意识到这家伙并非引领潮流之人，他只不过是人云亦云罢了。就这样一个愚蠢的问题，为我们省去了好几个小时半信半疑和深思熟虑的时间，甚至为我们节约了一笔冤枉钱。"互联网2.0"内含成千上万个概念，如云计算、无线网络、社交网络等，他之所以被问得哑口无言，可能只是因为他不知道自己能给出这成千上万个答案中的哪一个。但是，他的公司从未涉足过其中任何一个领域，幸好我们没有对其进行投资。我的问题看似愚蠢，其实相当睿智。

问一些愚蠢的问题，以变得更明智。

要敢于失败，敢于出丑，问一个愚蠢的问题，为下一个问题做铺垫。愚蠢的问题虽然令人尴尬，却可以让你成为最终的赢家；有些人假装聪明，最后却吃了大亏，孰优孰劣一目了然。只要敢于尝试，你就能了解到更多信息，而且从长远来看，你会比那些不敢尝试的人更加成功。

关于失败的问题与练习

1. 你什么时候失败过？你从中学到了什么经验？

2. 失败之前，你想完成什么样的目标？失败之后，你又完成了哪些目标？

3. 你做好再次尝试的准备了吗？这次你会做哪些与众不同的事情？上次的失败是因为你想再坚持得久一点，还是在战略上出现了错误？

4. 失败给你带来了什么好处？你是否想过问一个问题，却觉得这个问题太愚蠢，于是放弃了这个念头？

5. 如果你这样做过，请做以下练习：找到那个你想问愚蠢问题的人，然后直接向他提问。若你敢于出丑，从一开始就当着那个人的面问他这个问题，事情是不是变得简单多了？

6. 你内心深处是否十分看重某种事物，愿意为它不断经历失败？如果是，可能你已经具备成为创业英雄的条件了。

7. 与电脑对玩《蹩脚国际象棋》（*Really Bad Chess*），直至达到 80 级的水平；或者用自制的弓箭向 100 英尺外的靶子射击，直至击中直径 1 英寸的靶心。不断经历失败，直至取得成功。

关于失败的难题

和的平方与立方和之间的关系是什么？

关于失败的苏斯式（seussian）诗歌：尝试与失败

在无聊的古老小镇凯福洛西皮（Carefulosippi），
住着一个笨拙的年轻女孩，她的想法让人摸不着头脑。

她名叫卡蒂娜·塞库里蒂·卡菲蒂（Catina Cecurity Cafety），
她一家子人的名字都与"安全"（safety）押韵。

所有的人都生活在安全的气泡中，
远离卡普托斯（Kaptos）和乌伯斯（Ubbles）带来的恐惧感。

因为卡普托斯代表着错误，而乌伯斯代表着失败，
他们与领袖和法老们难以相处。

但卡蒂娜不一样，她喜欢惹是生非，

有时她甚至会把气泡捅破。

她在脑海中探索神奇的撒德岛（Thudd），

这是她想象出来的岛屿，位于遥远的德鲁德星球（Drudd）。

她发明了一个叫卡拉玛苏（Carramasoo）的机器人，

它会给人系鞋带，还会教人一些火星语。

它还带着一顶头盔，

能够在你无语时接上话。

她想象出一个没有任何约束的国度，

称之为"弗兰多拉"（Flandora），

那里无拘无束，没有边界，没有监狱，没有税收。

她可以随心所欲地创造和发明新事物。

每次她谈及鸟喙边的生活琐事，

她父母都感觉局促不安。

她的朋友称她为"怪咖"和"奇人"，

因为她想发明一只时间便携箱。

小镇如此安全可靠，

因为气泡是生活不可或缺的一部分。

他们担心，如果把紧紧抱住的气泡拿掉，

所有意外都会出现。

当然，气泡可以保护他们，

不受雨水、彗星、蜜蜂的侵袭，同时也保护着蓝色山谷（Blue Valley）的血统。

如果他们碰到那条老黑狗的气息，死亡就可能来临，

而气泡能够将他们从死亡边缘拯救过来。

但有一天，市长收到一张黑色便条。

故障导致气泡浮起。

市民们开始飘浮在空中，

惊讶之余，他们只能面面相觑。

丽贝卡·艾姆·瑟腾（Rebecca Aim Certain）被窗帘缠住，困在了屋顶上，

这就成了一件大事。

小镇在空中越升越高，

因为居民们害怕失败，谁也不愿意尝试。

直到卡蒂娜说："我们试试联合起来。"

"和伙伴手拉着手，打开几个气泡。"

她的朋友们都不听她的，还大声责备她。

居民们还在不断往上飘浮。

直到从不循规蹈矩的猴子汤米·巴通基（Tommy Bartonkey）说：

"试一试吧，

我已经害怕得尿裤子了。"

于是汤米和卡蒂娜解开了一条带子，
像捆绑在一起的毛球慢慢坠落到地上。

居民们哭喊着说："我们做不到，这不合规矩。"
千百年来，我们都不敢越雷池一步。

但是，他们一对对地打破了旧规矩，
甚至连必要的表格都没有填写。

卡蒂娜拯救了凯福洛西皮的所有居民，
他们都把气泡扔掉了。

"卡蒂娜救了我们，我们欠她一份人情。"
市长对欢呼的人们说道。

现在他们都知道了，进步源于失败。
小镇的新座右铭是"勇敢尝试，我们做得到！"

I WILL EXPLORE THE WORLD WITH GUSTO AND ENTHUSIASM.

我要以满腔热情探索世界

"成功的秘诀在于经历了无数失败,却从未丧失热情。"

温斯顿·丘吉尔

"我们要重振美国,让它再次成为伟大的国家,我们需要投入无比的精力和热情。"

唐纳德·特朗普

"热情可以战胜冷漠,而热情只能通过两样东西来激发:第一是目标,它会极大地激发人们的想象力;第二是明确的、清楚易懂的计划,它能够把目标变成现实。"

阿诺德·J. 汤因比(Arnold J. Toynbee)

"洋溢的热情,再加上常识和坚持不懈的毅力,这是成功者最常见的品质。"

戴尔·卡耐基(Dale Carnegie)

"威利·梅斯(Willie Mays)可以投得更好,汉克·亚伦(Hank Aaron)可以打出更多本垒打。而我有热情,有渴望,还有干劲。这些都是上帝赐予我的天赋。"

皮特·罗斯(Pete Rose)

"没有热情,就无法取得伟大的成就。"

拉尔夫·沃尔多·爱默生(Ralph Waldo Emerson)

关于"人生目标清单"的故事

在我32岁那年，还没有人知道"人生目标清单"（bucket list）这个词，我和泰德·莱昂西斯乘飞机从拉奈岛（Lanai）前往檀香山（Honolulu），去参加前瞻旅游公司（Preview Travel）的董事会会议。航班在空中遭遇强烈气流，我们心想这可能是人生最后一次旅行了。泰德转过头对我说："列张清单，把你临死前想做的100件事情写下来吧。"然后他告诉我，他列过一张类似的清单，并且把清单上的事项一件件地完成了。

想到自己坐在一架可能要坠落的飞机上，我便立刻着手写下清单：跑马拉松、盖房子、种一棵树……作为一名"成就达人"，我在清单上罗列了101件事，而从那时起，这份清单就成为我人生最大的动力。对我来说，清单上的一些项目是巨大的挑战，而当我完成一个项目时，我又会强迫自己尝试新的东西，远离枯燥的工作一段时间，用全新的方式创造和度过我的人生。

人生目标清单可以让你坚持自己的梦想，也可以让你为自己或者子孙后代写下传奇故事。创业是有回报的，而如果你知道自己正在完成人生的目标，你就会坚持到底，克服内心的障碍，以饱满的热情生活。

如果你想成为创业英雄的话，就要写下自己的人生目标清单。清单上应包含你渴望去做的任何事情。当你完成清单上的事项时，你就会发现它们已经把你变得更接地气、更充实、更有趣和更具创造力。我相信，人生目标清单会帮助你成为梦想中的创业英雄，尽管它有可能会分散你对企业愿景的注意力，但会以更宏大、更快速、更经济的方式帮助你实现目标，作用完全超乎你的想象。

在颠簸的飞机上，提笔写字似乎有助于分散注意力，放松心情。于是我拿出了笔，一边颠簸着，一边非常潦草地写下了清单。从那以后，清单上的哪一件事没做好，我就标上"F",以表明作为创业英雄,失败也是重要的一部分。这份清单也很有趣,我所完成的每一个项目(以及我尝试过但失败的项目)都有一个故事,我把其中一些故事写在项目后面。我完成的项目和它们背后的故事使我变得更加成功,也给我带来了很多快乐。所以,泰德,我要谢谢你!

在阅读下面的清单之前,请先写出你自己的清单,然后再回来对比我的清单,看是否需要做出相应调整。

现在,你可以随意浏览以下内容,打钩的是我在写作本书时已完成的项目。

名声

1	√	上电视节目 [《创业课堂》(*Startup U*)、《裸体兄弟乐队》(*Naked Brother Band*)等]
2	√	参演电影 [《无情无义》(*Heartless*)]
3	√	在电影里有台词(《裸体兄弟乐队》)
4		写一本小说
5		写一本非小说类的书(我想,这本书就是非小说类的,但有人会说这是一本关于我人生经历的小说)
6	√	登上《高端》(*Upside*)或《红鲱鱼》(*Red Herring*)杂志封面
7	√	举行一次有 1000 位宾客的聚会 [2001 年举行过"网络世界奥德萨"(A Cyberspace Odessay)大会]
8	√	成为脱口秀节目嘉宾 [参加了史蒂芬·科尔伯特(Stephen Colbert)的脱口秀节目]

财富

9	√	买一座小岛 [购买了卢皮塔岛(Lupita Island)]
10		在蒙古国投资
11	√	购买虚拟土地 [买下了《梦幻农庄》(*Dream Farm*)的农场]
12	√	为 5 家后来上市的公司提供种子投资(包括参数技术公司 PTC、特斯拉 TSLA、数码网络 DIGI、搜索引擎 Overture、百度 BIDU 和其他几家公司)
13	√	收集《神奇幻想》(*Amazing Fantasy*)漫画系列第 15 期和威利·梅斯新秀棒球卡(书和卡都买了)

| 14 | | 获取一项专利（目前决定放弃这个想法） |
| 15 | | 购买文森特·凡·高（Vincent Van Gogh）的画作 |

家庭

16	√	生四个孩子（杰茜、亚当、比利和埃莉诺）
17	√	结婚（与梅丽莎结婚）
18		和我的孩子一起背包旅行
19		和我的孩子一起创业
20	√	见证孩子出世（见证了四个孩子出生）
21	√	买一艘帆船（"飞翔的苏格兰人"号帆船）
22	√	买一艘汽艇（"100 英尺"号汽艇）
23	√	见证四个孩子从大学毕业 [三个孩子毕业于加州大学洛杉矶分校（UCLA），一个孩子毕业于南加州大学（USC）]

旅行与文体活动

24		走遍美国 50 个州，在每个州至少住一晚（已经走遍 50 个州，在其中 46 个州至少住过一晚）
25		游历 100 个国家，在每个国家至少住一晚（已经到过 100 个国家，在 68 个国家至少住过一晚）
26	√	看一场世界职业棒球大赛（Wrold Series）（巨人队加油！！！）
27	√	看一场世界杯足球赛（在斯坦福）
28	√	看一场超级碗（Super Bowl）橄榄球赛（乌鸦队对阵巨人队）
29	√	在华盛顿广场（Washington Square）下国际象棋（输了 3 局）
30		在温布尔登（Wimbledon）打网球
31		全国自驾游
32	√	去迪士尼世界（DisneyWorld）游玩（太好玩了！）
33		去博茨瓦纳（Botswana）游猎
34	√	去拉斯维加斯参加消费电子展（Consumer Electronics Show）（已经去过很多次）

| 35 | √ | 探访纽约证券交易所（为了 BizWorld 和 MeVC 上市） |

36 √ 去百老汇观看音乐剧首演 [看音乐剧《她叫我疯子》（*Crazy She Calls Me*）]

37 √ 去看史蒂夫·米勒乐队（Steve Miller Band）的现场演唱会 [与杜比兄弟乐队（Doobie Brothers）一起在雪兰市（Shoreline）开演唱会，后来我与史蒂夫·米勒见了个面]

38 √ 游览金字塔 [还看到了拉美西斯二世（Ramses Ⅱ）]

39 √ 现场观看奥运会比赛（看了亚特兰大夏奥会和犹他州的冬奥会）

朋友

40 与乔·蒙塔纳（Joe Montana）一起打触身式橄榄球

41 与理查德·尼克松之后的每一任美国总统见面（到目前为止进展顺利）

42 √ 结识巴里·邦茨（Barry Bonds）（他协助辅导我家孩子所在的儿童棒球队）

43 结识查尔斯·巴克利（Charles Barkeley）

44 √ 结识迈克尔·米尔肯（Michael Milken）[在米尔肯学院（Milken Institute）发表了演讲]

45 结识迈克尔·杰克逊（Michael Jackson）（我有他在伦敦演唱会的后台通行证，但演唱会举办前他就去世了）

46 √ 结识菲尔·柯林斯（Phil Collins）（在奥斯卡颁奖典礼上跟他相识）

怪癖

47 √ 参加一场葬礼（已经参加过很多场了）

48 √ 亲身经历飓风 [飓风鲍勃（Hurricane Bob）到来时，我正在游泳]

49 √ 亲身经历地震（上班时地震了，我赶紧躲到桌子底下）

50 √ 亲身经历洪水（洪水到来时，我们家的狗在屋里游来游去）

51 √ 目睹活火山 [在智利的普孔（Pucon）和圣海伦斯山（Mount St. Helens），都是从空中俯瞰的]

| 52 | √ | 参观监狱 [与德菲风投公司（Defy Ventures）的同仁一起参观了索诺拉州立监狱（Sonora State Prison）] |

成就

53	√	制作一款棋盘游戏（《斯坦福游戏》《选民的选择》）
54	√	制作一款课堂教学游戏（BizWorld）
55	√	画 10 幅优秀的画作（对于"优秀"自有标准）
56		种一棵树，而且这棵树能活下来
57	√	和我的孩子们一起建一间树屋（在我父母的家搭了一间树屋，但他们很快就把树屋拆了）
58	√	制作一部电影 [《真情相约》（The Tic Code）、《裸体兄弟乐队》、《史黛拉的最后一个周末》（Stella's Last Weekend）]
59		制作一档以 CD 为载体的节目（随着技术的发展，这个愿望已经过时了）
60	√	发表 10 篇文章（已发表的文章多数是关于支持创业和驱动技术发展的）
61		写一首长诗
62	√	帮助辍学者取得成功（已经帮助过很多人）
63	√	给 10 个朋友介绍工作（他们都很满意）
64	√	开辟一个菜园（菜园吸引了很多乌鸦）
65		帮助一名囚犯获得自由
66	√	促使立法机构更改或废除一项法律（使教育券制度被列入法律）
67	√	给斯坦福商学院（Stanford Business School）的一个班教课 [和比尔·萨尔曼（Bill Sahlman）一起完成了这个目标]

爱好

68		多学点日语
69		弹好 3 首钢琴曲
70		看 1000 本书（目前看了 350 本）
71		学做一款特别的甜点

72	√	读《圣经》（包括《旧约》和《新约》）
73	√	读《古兰经》（Koran）（这是一份非常好的法律文件）
74	√	读毛泽东的著作（毛泽东令人敬畏）
75		读《摩门经》（Book of Mormon）
76		打高尔夫球的成绩低于85杆（最佳成绩86杆，一般成绩110杆）

做些蠢事

77	√	不用马鞍骑一匹陌生的马（和我的姐夫在夏威夷骑过）
78	√	悬挂式滑翔（发生碰撞，桅杆撞断）
79	√	驾驶飞机（在阿拉斯加开过水上飞机）
80	√	玩滑翔伞（在墨西哥玩过）
81	√	去华西街（Snake Alley）喝蛇血（在中国台湾）
82	√	去水晶泉水库（Crystal Springs Reservoir）游泳（那里的水太浑浊了！）
83		驾驶脚踏式滑翔机
84	√	裸奔（已完成！）
85	√	乘坐协和式（Concorde）超音速飞机（在梅丽莎40岁生日那天坐的）
86		月球漫步
87	√	骑大象（在印度和沙丘路骑过）
88	√	乘坐水上摩托艇（既疯狂又好玩）
89	√	再次戴水肺潜水（在非洲，第一次玩到水肺没有氧气）
90		到四大洋裸泳（除了北冰洋，在其他三个大洋都裸泳过了，北冰洋实在太冷！）
91	√	在水塔中游泳[在密歇根州的庞托伍兹（Point O' Woods）游过]

磨炼绝技

92	√	跑一场马拉松（半路跑不动了）
93	√	从恶魔岛（Alcatraz）越狱（哇！我真的从恶魔岛逃出来了）
94	√	赤脚滑水（在萨克拉门托三角洲滑过）

95	√	登山（可能要登一座更高的山峰）
96		到考艾岛（Kauai）的凯悦酒店（Hyatt Regency）玩悬崖跳水
97	√	捕马林鱼（在墨西哥捕到过一条小马林鱼）
98	√	去阿拉斯加捕三文鱼（结果在阿拉斯加大丰收！）
99	√	从家里骑自行车去海边（骑了 63 英里后体力不支了）
100		走楼梯上帝国大厦楼顶
101		再写一份人生目标清单

现在，检查一下你的人生目标清单，看看是否需要做些改动。人生目标清单会引导你暂时摆脱日常的琐碎事务，帮助你体验生活，更深入地了解这个世界，成为一个更优秀的人。

人生目标清单会激励你把写下来的项目付诸实施，有助于你实现自己的抱负。如果你想完成清单上的项目，就要带着满腔热情探索这个世界。而要成为真正的创业英雄，你不仅要一一实现清单上的项目，还要把每一件事都完成得比预期要好，做到尽善尽美。

这份清单蕴藏着 70 多个故事。我可以把这些故事留给子孙后代们，我也会跟读者们分享这份清单带来的一些冒险经历。它帮助我在生活中勇往直前，享受人生乐趣，并允许我偶尔做一些蠢事。

幸运的第 13 项：收集《神奇幻想》漫画系列第 15 期和威利·梅斯新秀棒球卡

在我有生之年要做的 101 件事当中，第 13 件事让我有幸结识了我心中的英雄威利·梅斯和斯坦·李（Stan Lee）。

威利·梅斯，我的英雄

以前我很热爱棒球，可能现在依旧热爱，但不像 9 岁时那样对这项运动满怀敬意。那时候，我热衷于收集棒球卡，研究卡上每一名球员的位置及相关统计数字。我通过收音机收听棒球比赛，一边听一边给每名投球手打分。我在报纸上看绿色的体育版面，研究主力球员、球队战绩和状态。通过研究棒球卡背面的统计数字和报纸的体育版，我学到的数学知识比在学校里学到的要多得多。我棒球也打得不错，至少在高中之前我是名优秀的击球手。后来，投手们学会了扔弧线球，我发现自己打不中球了。

直到现在我还记得，我和克里·爱德华兹一起在我们家后院露营，在睡袋里熬夜听收音机播放的一场棒球比赛。那天，轮到博比·邦茨（Bobby Bonds）击球时，他打出了自己在大联盟的第一记全垒打。我还记得我父亲带我们去看旧金山巨人队的一场比赛，我们亲眼见证了盖洛德·佩里（Gaylord Perry）完成了一局无安打比赛。巨人队的明星球员是威利·梅斯，他是那种能够击出大本垒打的球员。他是我心中的英雄，我一直很想见他。

42岁那年，我投资了大卫·卡瓦尔（David Kaval）创立的"金棒球联盟"（Golden Baseball League），这是一个新成立的棒球小联盟。相比我而言，他对棒球更加狂热。他和一个朋友曾给自己提出一项挑战，要在30天内前往美国棒球大联盟所有球场看比赛。大卫之所以创立金棒球联盟，是因为他认为美国棒球大联盟已经垄断了这个行业，而他要挑战大联盟的垄断地位。小联盟的出发点很好，大卫也是个真正的实干家，但四个赛季之后，小联盟便土崩瓦解了。我为小联盟的一支球队打过一场比赛，这支队名为"奇科流浪者队"（Chico Outlaws）。我在右外场打了三局半球，并用弧线球将对手三击出局。后来，大卫成为奥克兰运动家队（Oakland A）的总经理，他提议让我在一场比赛中上场，为比赛开球。我本应将这件事列入人生目标清单的，可我没有这样做。

我们把话题再转回威利·梅斯。他的新秀棒球卡是由鲍曼公司（Bowman）在1951年制作发行的，现在很难收集得到。如果卡片的保存情况近乎完美，那么价格将会非常高。很多人认为花大价钱收集棒球卡的做法很愚蠢，我也不想在这方面花钱，但我心里一直惦记着它。我一定要得到它，因为它就在我的人生目标清单上。

那时候，eBay还没有改变整个市场，棒球卡的市场非常不完善。在旧金山或纽约，为巨人队效力的威利·梅斯的新秀卡可以卖到2000美元一张，但在其他城市，他只是击败过当地球队的球手而已，所以他的卡不值这么多钱。

有一天，我正在波士顿出差。我参观了位于128号公路旁一家名为波利根（Polygen）的公司，它借助计算机模拟分子形成过程，这种技术有可能会改变整个化学行业。在此之前，我刚刚拜访了参数技术公司团队，我对这笔投资感觉良好。参观结束后，我还有几个小时的空余时间，于是出去散散步。我不经意间路过一家狭小的体育收藏家商店，便决定进去看看。我在店里四处闲逛，想回忆起棒球卡上的那些老球员，然后我看到了威利·梅斯那张新秀卡，鲍曼公司1951年出品。这张卡保存得非常好，售价640美元。

这个价格很合理！波士顿的收藏家们是不会买这张卡的，他们宁愿花更多的钱买一张卡尔·亚斯切姆斯基（Carl Yastrzemski）的棒球卡，因为他曾为当地球队效力。狂热的波士顿红袜队（Red Sox）球迷可能很讨厌威利·梅斯。我和店主讨价还价，把价格压到600美元成交。走出商店大门的时候，我紧紧捏着这张卡，仿佛手里握着美国总统的核弹密码似的。通过讨价还价，我第一次利用产品的异地差价获利，但当时我并没有意识到德瑞普风险投资网络未来也会采用同样的策略。

后来威利·梅斯帮助巴里·邦茨训练他的儿子，而邦茨的儿子恰好跟我的儿子在同一支儿童棒球队，所以我有机会见到威利。对我来说，那是一个伟大的时刻。我对他说他是我心目中的英雄，然后和他握手致意。在我见过的人当中，他的手掌是最大的。

斯坦·李，我的英雄

在21岁生日那天，我开了一场盛大的派对，并且在邀请函上要求朋友们送我"独特而贵重"的礼物。戴夫·莫勒（Dave Mohler）医生送给我一座核电站的核心装置。我在斯坦福大学的室友道格·卡特（Doug Carter）送给我一份发霉的面包，他说这是青霉素的前身。而我的儿时玩伴博比·雅各布斯（Bobby Jacobs）送了我《超凡蜘蛛侠》（Amazing Spiderman）系列漫画的第162期。这本漫画书很有趣，可当我把书看完时，才意识到它讲述的是某个故事的中间部分内容，为了弄清楚故事的来龙去脉，我只好去购买该系列的第161期和163期。

几年后，我成了一名漫画书收藏家。我觉得要了解蜘蛛侠的一切，就必须购买和看完整个系列，包括蜘蛛侠首次亮相的《神奇幻想》系列第15期，但这一系列漫画的总价超过1万美元。所以，自然而然地，我要把它列入我的人生目标清单。

显然，我对超级英雄的热爱和对漫画书的热情遗传给了后代，我的儿子亚当也爱看漫画。当然，假如我的孩子们通过看漫画学习新技术，培养良好的价值观，并成为真正的英雄，那我也是支持他们的。

我带亚当去参加圣地亚哥国际动漫展（Comic-Con），这是全球最大型的漫画展之一。看到人们打扮成他们最喜欢的漫画人物，我们玩得十分愉快，还跟各种漫画作品的作者和艺术家见面，寻找有趣的艺术作品和漫画。我们看到一个展位上坐着一位老人，他穿得很像瑞士手表修理工，展位上堆着各种旧漫画书。我们和他交谈了一段时间，我对他说，这个市场可能有我人生目标清单中的《神奇幻想》系列第 15 期漫画。

他给过道对面的展位打了个电话，我正在寻找的那本漫画便神奇般地出现了。我和亚当仔细看了看，确定它是正版书。我问他是否愿意出让这本书，售价是多少。经过一番讨价还价之后，我们把价格降到了 6400 美元，我立刻掏钱买下了这本书。离开动漫展时，我们内心的狂喜无以言表。

斯坦·李创造出了蜘蛛侠、钢铁侠、神奇四侠和其他很多杜撰的超级英雄形象。在漫画界，斯坦是一位传奇人物，他在圣地亚哥国际动漫展亲笔签名的每一本漫画书和照片都能卖出大价钱。我一直想结识他，但苦于没有合适的机会。

后来有一天，亚当告诉我，他准备和斯坦·李一起吃午饭，问我要不要加入。亚当通过他的加速器公司布斯特风投结识了斯坦的一位朋友，并告诉斯坦他多么喜欢超级英雄。事实上，布斯特风投的使命就是帮助创业者打造一套"钢铁侠战衣"。

我抓住机会，结识了这位超级英雄世界的缔造者。别忘了，我的整个职业生涯都是在支持、资助和培育创业英雄，而斯坦对我的职业生涯影响巨大。

我们在洛杉矶一家很别致的餐厅里与斯坦见面。共有 6 个人就餐，但亚当让我坐在斯坦旁边，这对我来说真是莫大的荣耀。斯坦当时已经 91 岁了，但看上去只有 70 岁。他机智、风趣、机敏、能干，非常讨人喜欢。我们相处得很好，他告诉我他是如何想到"真正的信徒"和"能力越大，责任越大"等名言的。他还提到了自己接下来要做的很多事情，仿佛他只有 31 岁，而不是 91 岁。我觉得斯坦会很长寿，因为他还有很多事情要做，他的想象力依旧很丰富。

为了与斯坦共进午餐，我做好了充足的准备。我随身带着那本《神奇幻想》系列第 15 期漫画书，想让他签个名或者只是给他看一下。我不确定到底要不要请他签名，但这个机会太难得了，我不能错过它。如果这本漫画书签上了斯坦的名字，其转售价值可能降低，但情感价值将是无穷的。斯坦看到这本漫画时，顿时两眼放光，然后给我们讲了一个很精彩的故事，说他几乎因这本书被公司解雇。出版社的编辑们不喜欢蜘蛛侠，但他趁编辑心软时打动了他们。编辑们起初很不喜欢《神奇幻想》系列，不在乎漫画里会出现什么人物，于是斯坦创造并加入了蜘蛛侠这个人物。编辑们对他非常不满，但后来这本漫画大卖，脱销很久以后，人们还在到处寻觅它。出版商顿时意识到赚钱的机会来了，便要求斯坦围绕蜘蛛侠展开一个全新系列的创作。

我们和斯坦坐着聊了两个多小时，这段时间如闪电般流逝，我不再觉得自己必须从他那里得到些什么了，相反，我对他心怀感激。我给他看了德瑞普大学和英雄城的照片，以及墙上画着的超级英雄图像。我告诉他，为了让亚当和他弟弟比利代表他们的游泳队出赛，我用漫威经典卡（Marvel Masterpiece cards）贿赂了两兄弟；然后我问他是否有《神奇幻想》系列的第 15 期漫画。令我惊讶的是，他说："没有，那些书太贵了。"

稍加犹豫之后，我一冲动，便把手里那本《神奇幻想》第 15 期漫画书送给了斯坦·李。他对我本人、我的人生和事业产生了如此深远的影响，我觉得我应当以某种方式回报他。斯坦非常意外和感动。我知道自己做了正确的事情。我的推特粉丝对我说："你真大方，这本书总算物归原主了。"

我得到了这样一个千载难逢的机会，能够为我的英雄做点事情，我的内心感到无比舒畅。其实，就算没有把那本书送给斯坦，我也不知道该怎么处置它。顺便说一句，如果威利·梅斯没有他自己的新秀卡，我也很乐意请他吃午饭。

第 81 个目标：去华西街喝蛇血

我跟大卫·李和他公司的董事会成员一起去了趟台北。多年前，大卫创立了一家名为 Qume 的公司，发明了菊轮打印机，这种打印机看上去就像一只小小的塑料自行车轮。他在台湾成立了一家新公司，专门生产菊轮打印机的外设，并把这家新公司起名为 Qume，而我们此行的目的就是参观工厂的生产设施。这趟旅程非常愉快。

在台北，我们经历了前所未有的体验。我们第一次喝鱼翅汤，第一次吃驴肉，第一次吃鸡爪，这些都是当地的美食；我还体验了一把卡拉 OK。我和顶峰数据系统公司（Zenith Data System）首席执行官鲍勃·迪尔沃思（Bob Dilworth）站在 150 名不会讲英语的当地人面前，唱着"把头靠在我的肩膀上"。在这首歌的结尾，我把脑袋靠在了鲍勃的肩膀上。这次表演大受欢迎，但由于他们不会说英语，所以除了鲍勃和大卫以外，没人知道我为什么把头靠在他的肩上。

不过，此行最难忘的时刻是我们到台北著名的华西街游玩。大卫开玩笑地问我："谁想喝蛇血？"之前喝过的鱼翅汤实在太美味了，于是我说："我现在什么都敢吃。"就这样，我们走进了一条脏兮兮的小巷，那里有人打开了一个篮子，给我们看他捉到的眼镜蛇。大卫用中文和他聊了一下，似乎让对方安排好什么事情。那人叫我站在一个箱子上，一群人围在我身边，我开始怀疑这事是否和大卫之前说的一样。那个人说了几句中文，大卫翻译说："他说，这叫登高望远。"我认为这是一种比喻性的说法，代表着有眼光或志向远大，但他的意思可能只是站得高，看得远。

然后，那个人一把抓住眼镜蛇的尾巴，将蛇提了起来，使蛇头猛烈撞击箱子。蛇死了以后，他开始剥蛇皮，仿佛在剥一根很长的香蕉似的。接着他把剥好皮的眼镜蛇倒挂起来，蛇血流到下面一只很小的玻璃量杯里。最后，他用手指挤出眼镜蛇的苦胆——苦胆看上去就像沾了血的豆子，再把它放到量杯里，又往杯子里倒了些许清澈的液体。那液体显然是米酒。我平常不喝酒，但在这种情况下，也只能破例了。我一鼓作气喝下了量杯里的东西，人群发出了欢呼声。

我脸上的表情起初是欢乐的，但慢慢就变得无比狰狞。这东西太难喝了，跟血的味道很像。废话！这本来就是血嘛。那天晚上我觉得很难受，仿佛脸上没有了血色，肚子里翻江倒海。第二天，我完全缓过神来了。我想，我已经有了更远的"视野"了。当然，我并不是说自己能够预见未来，但我也不否认这一点。总之，我的视力没有变得更好，但从那以后，我的运气都相当不错，这是不可否认的。

第 9 个目标：买一座小岛

被非洲大水牛追逐

我的好友汤姆·利思戈（Tom Lithgow）在坦桑尼亚长大，经营着一家名为"火光狩猎"（Firelight Safaris）的非洲旅游公司。他和他当时的妻子贝琳达（Belinda）带我全家去旅行。他告诉我，当地的大水牛是一种非常危险的动物，其体重可达 1 吨左右，身高约 7 英尺，就算狮子也相形见绌。两天后，我们目睹了一头大水牛抵挡住了大约 14 头狮子的进攻，它们真是了不起的动物。

之后一天，我们看到一头大水牛匍匐在地上休息，我和汤姆决定在它旁边悄悄拍一张合照。然后我走进小屋，把我的孩子们叫出来和大水牛拍几张合影。我的女儿杰茜不愿意出来，她想留在房间里睡觉。我的儿子比利说："爸爸，住在这里已经够危险的了，我不想靠近这些动物。"我说："来吧，比利，就一小会儿。"连哄带骗之后，亚当、比利、我，还有我的女儿埃莉诺都出去跟大水牛合照了。亚当和埃莉诺径直跑向那头 2000 磅重的动物，可它已经站起来了！这跟我刚才拍照时的情形完全不同，比刚才危险多了。我知道，我们可能要赶紧拍完照，然后迅速离开那里。

为了拍照，比利开始朝大水牛走去。这时候，大水牛的另一侧出现了一名马赛族（Maasai）战士（他是来保护我们的），他发现我们想接近大水牛，于是用力挥手，吹口哨，并大声喊道："离开那头大水牛。"大水牛感觉到自己被人类包围了，受到了惊吓，开始朝我们冲过来。比利转身就跑，埃莉诺跟在他后面飞速奔跑起来，亚当也跟着埃莉诺跑。我留下来引诱大水牛，让它离孩子们远点，于是它转过身，朝我这个又大又容易攻击的目标冲过来。我偷偷地环顾四周，看看能找什么地方躲起来。大约 20 码外有一棵小树，树干底部直径只有约为 3 英寸，但周围也就这棵树可用了。我朝那棵树跑去，躲在它后面。

大水牛跑到小树前停了下来。我发现，它可以轻而易举地把树撞断，用牛角把我撞伤。但它停了下来，一只眼睛盯着我，两只牛角分别对着树的两侧，然后跑到我的左边打量一番，看是否能从我的左侧攻击我。为了躲避攻击，我移到了树的右边，诱使它攻击我的右侧。小时候，当我和两个姐姐围着厨房餐桌追逐玩耍时，我就常用这招来左右腾挪。它转向我的右边，我便向左闪躲。几个来回之后，大水牛终于放弃了，它一边朝山下跑去，一边回过头来看着我，我幸运地逃过一劫。

安全离开水牛的攻击范围之后，我立刻跑去拥抱孩子们，想以此安慰一下他们。比利从我的怀抱里挣脱开，尖声叫道："爸爸，快进屋吧。"

次日，一只巨大的猛禽黑肩鸢从空中俯冲下来，撞到了我的头，并从我手里抢走了一块三明治。在接下来的旅途里，我的"警卫级别"提高了。如今，我的办公室墙上挂着一副大水牛头骨，它提醒我要永远保持警惕和觉悟，因为人生随时有可能遭遇不测。

这些经历使我跟汤姆和贝琳达·利思戈之间的关系更加亲密了。正是在他们的引导下，我最终买下了卢皮塔岛，实现了人生目标清单上的第 9 个目标。

卢皮塔岛

我一直想拥有一座小岛，这个想法在我脑海中萦绕已久。有了属于自己的小岛，我就可以自由自在地建立一个新的乌托邦，享受新鲜的空气和新鲜的水资源；岛屿能够让我重新创造一个世界。对我来说，岛屿既意味着冒险，也代表着消遣和放松。我的祖父曾经把我们整个家族安排到一个叫作棕榈岛（Palm Island）的岛屿上聚会，这个岛的发现者还写了一本书讲述他的冒险经历。他在岛上独自生活了多年，后来被旅行者发现。但他没有返回文明世界，而是把该岛变成了一个带有乡间气息的度假胜地，供人们休闲娱乐。我认为，拥有岛屿本身就是一种冒险，它会让我时而觉得自己是鲁滨孙·克鲁索（Robinson Crusoe），时而像与詹姆斯·邦德（James Bond）为敌的恶棍，时而又像是夏威夷的度假者。

我和家人在坦桑尼亚的游猎结束后，我决定在那里找块土地，因为我相信世人终会发现这个美丽的地方。利思戈夫妇在坦噶尼喀湖（Lake Tanganyika）找到了一个可以居住的岛屿，我们决定买下它，把这个小岛打造成我们的专属天堂。汤姆和贝琳达是我们这趟冒险之旅的伙伴。买下卢皮塔岛之后，我们开始了岛屿的建设工作。汤姆负责监督房子的建造，而爱好设计的贝琳达负责室内装修。

我们购买这个岛屿时，岛上只有光秃秃的岩石和植被，没有永久居民，可谓白板一块。房屋建造工作始于 2004 年，并于 2008 年完工。要在一个小岛上建造住宅，就必须做好充分的准备，因为中途可能会出各种岔子。我们聘请了一位设计师，帮助我们设计私人飞机跑道，结果他在一次划船事故中不幸丧生。为了把我们家的游艇送到岛上，他们不得不把游艇锯成两半，这样游艇才能从一座桥底下通过，等运到岛上后再焊接起来。一些工人在焚烧垃圾时太靠近会所，结果把整间会所给烧毁了。重建后的会所确实比以前漂亮，但这次事件影响了岛屿的建设进度，导致建造费用增加了一倍。我们尽可能利用当地的茅草、木制品和砖块盖房子，并雇用当地的手工艺人。我们还得聘请保安，防止岛上的财物被盗贼洗劫，但保安们无法阻止离群索居的黑猩猩窃取我们仓库里的食物。我的朋友莫勒医生和阿尔弗雷德·曼德尔（Alfred Mandel）很早以前就到卢皮塔岛旅行过，阿尔弗雷德负责在当地安装无线设施，而莫勒医生给当地人提供一些医疗服务，但他们还要防范海盗的袭击。由贝琳达设计、汤姆建造的别墅可谓是当今世界上最漂亮的房子，但在建造过程中，我们流了不少鲜血（真的是流血）、汗水和泪水。我们认为这个岛屿具有"乡村奢华风"，它吸引了全世界一些顶尖的名流富豪前来休闲度假。我们没有给这个岛屿投保产权险，也没有从坦桑尼亚政府那里获得相关的产权证明，只有附近镇政府给予的口头认可。万一事情闹大了，我们也许会宣布它是一个新成立的自由国家，然后随机应变。

为了保持卢皮塔岛的独特性，我们没有大张旗鼓地向外界进行宣传推广，而是主要以那些想举行大型聚会的富豪家庭为目标客户。有时候，我们也会在那里举行封闭式会议。当然了，名人夫妇特别喜欢到岛上度蜜月，因为他们可以彻底摆脱狗仔队和狂热粉丝的骚扰。

我通常会带着20到30名亲朋好友前往卢皮塔岛度假，每到这个时候，整个岛屿都被我们占领了。这样的旅行非常完美，每个人都有机会深入了解其他人，我们在岛上看到的风景或做的事情是在其他任何地方都看不到或做不到的。我们乘直升机到赞比亚附近观看世界第二大瀑布，甚至像詹姆斯·邦德一样乘直升机从40英尺高处跳入下方的湖中。我们戴着呼吸器潜水，到水底看稀有的淡水鱼。我们还看到了珍·古道尔（Jane Goodall）研究过的黑猩猩。有一天，我跟好友拉什·约翰逊（Larsh Johnson）和威尔·爱德华兹（Will Edwards）一起游到邻近的一个岛屿，发现岛上有原住民，他们完全靠从湖里捕捞食物为生。

我们在岛屿上的所有生活经历都是与众不同的，但有件事我永远不会忘记：有一次，我在湖面上滑水，当时我与前面船只的距离有好几英里远，而且周围没有其他船只。当地人都盯着我看，不断朝我挥手，他们还以为我会"凌波微步"呢。

从表面上看，我对卢皮塔岛的投资完全失败了。为了经营好这个小岛，我每年都要往里面贴钱，但又不能把它卖掉，因为当地政府工作效率低下，而且独断专行，迟迟没有把产权证给我们。但对我来说，卢皮塔岛是我逃离现实的地方、潜在的自由贸易区和实现简单生活梦想的乐园；此外，我认为非洲的旅游业正在崛起，卢皮塔岛也是我进入旅游行业的方式之一。

第54个目标：制作一款课堂教学游戏

我人生目标清单上的第54个目标是制作一款课堂教学游戏。当我女儿杰茜8岁时，这个机会来了。有一次她问我："爸爸，你是干什么的？"我没有把我的职业告诉她，而是决定演示给她看。那时候她正在读三年级，我开始为她的班级制作一款与商业相关的游戏。这款游戏的设计很有趣，在四天时间里，学生们将会学习四门课程，分别是设计、制造、营销和财务，学生们每天都会经历一次创业的过程。我女儿喜欢友情手镯，所以我决定把她的课堂变成一个由友情手镯制造商组成的行业。

我恳求了她班主任好几个月时间，希望她允许我给这个班上四天早课。班主任一直找借口敷衍我，直到5月的某一天，她终于说："见鬼了，他们才不会接受什么测试呢，不信你去试试。但我敢打赌，学生们可能不到15分钟就要回到我这里来。"我告诉她，如果真是这样的话，我也无话可说。于是我开始教学生们玩游戏。我把整个班级分成 6 个小组，代表着友情手镯行业的 6 家"公司"，每家"公司"由 6 名学生组成。

第一天，学生们要学习产品设计。6 个小组分别成立公司，从银行家或风险投资人那里募集资金，用这笔钱购买彩色蜡笔和纸张，然后进行产品的理论设计，所有团队再从 6 款设计中选择一款第二天可以生产的产品。至于哪款设计更漂亮、生产难度更低，大家展开了激烈的争论。

第二天，学生们开始生产产品。他们购买了绳子、胶带和口袋。大多数团队都会从加工车间起步，每个学生在"车间"里独立地制作自己的手镯。但有些团队比较聪明，他们发现女孩们制作的手镯普遍比男孩们做的好看，所以他们会自发形成某种形式的流水线。

第三天是产品营销日。我要求各个团队打出自己的口号，制作 logo、推销词和商业广告。然后，我们请四年级学生扮演挑剔的购物者，在教室里四处参观各家"公司"，并根据公司营销手段的吸引力程度和手镯的质量购买产品。这个做法大获成功。教室看上去就像一个土耳其集市，孩子们站在桌子上高喊着："把你们的手镯拿过来。"我们教团队如何追踪资金的去向。到了第四天，也就是财务教学日，我们教学生们制作资产负债表和收入报表。最后，根据每一家"公司"的价值，我们评选出一支获胜的团队。

随后发生的事情让我感到惊讶。到第三天的时候，老师已经让我完全掌控了课堂，还带着校长来看学生们的表现。第四天教学结束时，她对我说："明年你要回来。"校长说："你要帮我教四年级至八年级的学生。"我先对他们表示感谢，然后说我有另一份工作，抽不出时间过来。但我知道，我已经掌握某些技能了。

两年后，我给我的儿子亚当教授了这门课程。我录下教学过程，并制作了一个程序，这样任何人都可以用它来教课。有了这款教学软件，任何地方的老师和家长们就能够毫不费力地教孩子学习。围绕这一新的内容，我创立了非营利性组织 BizWorld，把企业的运营模式教给孩子。至 2017 年，BizWorld 已经走过了 20 个年头，并且在美国所有 50 个州和 100 多个国家都进行了教学，60 多万儿童参与了 BizWorld 的课程。

作为一家非营利性组织，BizWorld 需要筹集资金来实施一揽子计划，包括培训教师和志愿者、进行产品宣传等。我们每年都会举办 BizWorld 午餐会，邀请人们前来募捐，并与卖手镯的学生互动。我们还举办了"炉边闲谈"活动，我借此机会采访了一些名人和成功的创业者。第一位受访者是来自谷歌公司的埃里克·施密特（Eric

Schmidt）。我问他："在上小学的时候，你是否学到了任何与商业相关的知识？"他说："没有。"他只能在工作以后边学边用。另一位受访者名叫罗尼·洛特（Ronnie Lott），他是旧金山淘金者队（49er）的侧卫，多次获得过超级碗冠军。他兴致勃勃地问了孩子们一些关于商业的问题。由于这些孩子使用过 BizWorld 的软件，所以他们能够熟练地回答这些问题。"炉边闲谈"活动后来被命名为"BizWorld 冒险王奖午餐会"（BizWorld's Riskmaster Award Lunch），吸引了一些真正的名人。

特斯拉和太空探索技术公司的埃隆·马斯克、Salesforce 的马克·贝尼奥夫、Myspace 的理查德·罗森布拉特（Richard Rosenblatt）、YouTube 的查德·赫利（Chad Hurley）、希柏系统公司（Seibel Systems）的汤姆·希柏（Tom Seibel）、富兰克林基金（Franklin Fund）的詹妮·约翰逊（Jenny Johnson）、Box 的亚伦·利维（Aaron Levie）、Pebble 的埃里克·米基科夫斯基（Eric Migicovsky）、Coinbase 的布莱恩·阿姆斯特朗（Brian Armstrong），以及 Digidesign 和杜比公司（Dolby）的彼得·哥特切尔（Peter Gotcher）都来参加 BizWorld 午餐会的活动。让人哭笑不得的是，他们在小学的时候貌似都没有接受过任何商业方面的培训。BizWorld 还举行年会晚宴筹集资金，维萨信用卡（Visa）的乔·桑德斯（Joe Saunders）、高通公司（Qualcomm）的保罗·雅各布斯（Paul Jacobs）和 eBay 的梅格·惠特曼（Meg Whitman）都曾在晚宴上受到了表彰。在实现我人生目标清单第 54 个目标的过程中，我与科技界一些最有权势的人物建立了关系。

BizWorld 促使我发起了加州择校计划（即教育券制度）。第一次教 BizWorld 课程的时候，我发现我女儿所在学校的课堂教学很死板，于是我开始想办法寻找问题的成因，并最终意识到美国教育制度存在结构性问题，使学校的管理和教学变得很艰难。我决定尽自己的一分力量去改变这个体制。我四处活动，加入了加州教育委员会（California State Board of Education）。任职期间，我拟订了一份倡议书，促使州政府允许父母拥有给自己的孩子择校的权利，即所谓的"教育券倡议书"或"38号提案"（38 Yes）。

以下是我了解到的情况：学校和老师没有问责制，不称职的老师不会被解雇，优秀的老师得不到晋升；学校校长对老师没有影响力，他们也无法决定教师的工资和奖金。教师工会 [即加利福尼亚州教师协会（California Teachers Association，CTA）] 已经形成了某种教育霸权，教师的工资、工作时间，以及人事更迭，全部掌握在教师工会手里；它甚至能影响立法，以确保有足够的纳税人资金来支持教师，并确保越来越多的教师成为教师工会的成员。别忘了，教师都要向工会交会费，所以教师数量越多，工会领导的收入就越高。家长们只能把孩子送到他们所在地区的学校，就算学校很差，他们也没有任何办法让孩子转学。学校需要选择权，也需要责任制，它们需要一个市场化的体系。

教育券就是一种市场化体系，它赋予了家长为孩子选择合适的学校的权利。在教育券制度下，父母为孩子选择了哪所学校，纳税人的钱就流入相应的学校。我决定做一番尝试，看看是否能推动我们州建立这种市场体系，为广大父母谋福利。

首先，我创建了一个名为 LocalChoice2000.com 的网站，这是有史以来第一个政治网站。在网站上，我向网民们征集建议，询问如何才能实施这个计划。我得到了10000 条建议，并采纳了其中一条看似天马行空却非常简单和公平的建议。我请了一个团队帮我进行民意调查，结果显示，80% 的受访者赞成给父母们一个择校的机会，并允许资金流向父母们选定的学校。我觉得这事很容易办成，于是投入了大量心血（和资金）到教育券运动中去。

令我惊讶的是，经过勇敢的尝试之后，这场运动还是在 2000 年 11 月以失败告终。事实证明，加州教师协会（CTA）和全国教育协会（NEA，即全国教师工会）是两座无法逾越的大山。它们花了 1 亿美元跟我们唱对台戏，并要求它们的所有老师不得参加我们的运动。更糟的是，我的车胎被人扎了两次；甚至有人潜入我的办公室，把相关文件都偷走了。

负责运动公关工作的巴里·哈奇森（Barry Hutchison）把这场运动比作马戏团游乐园。他说："我们一直不知道该往哪个方向前进，也不知道自己看到的东西是否真实。"

不过，能够尝试着推动变革，对我来说依然是一次非常棒的经历；尽管我们失去了主动权，但我还是实现了我人生目标清单上的第 66 个目标，即促使立法机构更改或废除一项法律。虽然我失败了，但在我的努力之下，美国最高法院召开会议，同意从 2002 年 5 月开始允许各州学校把教育券作为可选项。

在这场教育券之战中，我结识了约翰·麦凯恩（John McCain）。泰德·福斯特曼（Ted Forstmann）在阿斯彭（Aspen）举办了一次活动，我就是在此次活动上认识麦凯恩参议员的，并向他讲述了教育券的好处。随后，麦凯恩在与巴拉克·奥巴马（Barack Obama）的总统竞选辩论中推广教育券概念。我曾与布什总统、前加州州长皮特·威尔逊（Pete Wilson）、前加州州长阿诺德·施瓦辛格（Arnold Schwarzenegger）和其他许多有权势的政治家探讨过教育券这个话题。我坚信，教育券制度最终会得以实现。尽管我的努力以巨大的失败告终，但这场运动也许终将影响着人们去重建教育体系，让家长们有选择的权利，而学校和老师必须拿出优异的表现，从而迈向成功。

第 25 个目标：游历 100 个国家，在每个国家至少住一晚

自从我父亲成为联合国开发计划署署长之后，我便立志要游历 100 个国家。根据我的统计，他访问过 110 个国家。一想到那些异国风情和不同的文化，我就很渴望踏上旅途。我想到更多国家增长见闻。至本书写就之时，我只游历了大约 70 个国家，但对这个辽阔而多元的世界敞开心扉之后，我收获了很多经验，它也给予我很多回报。下面，我要讲述自己在国外旅行的经历，以及每次旅行的心得。

中国

担任联合国开发计划署署长期间，父亲带我去过中国的北京和蒙古国的乌兰巴托。他想从中国筹集资金，这样联合国开发计划署就可以在即将到来的冬天用这些钱去救济饥寒交迫的蒙古人。当时，柏林墙已倒，苏联也解体了，蒙古国以前获得的支持已不复存在，如果联合国开发计划署不提供一些援助资金，那里的人就得饿着肚子过冬了。

蒙古国是个迷人的地方。我们看到游牧民族用牦牛驮着毡房四处迁徙，采猎过冬所需的食物。乌兰巴托市充满了死亡气息，因为那里曾发生过屠杀。市政府的建筑都是灰色的，单调而乏味，带着典型的苏联色彩。我们了解到，蒙古政府只允许民众在周日上午 10 点到 12 点进行贸易活动。我到现在仍清楚地记得，有一位老太太站在一张桌子后面卖东西，桌子上有 3 枚纽扣，她一个劲地劝某个人买她的纽扣。蒙古国总统接见了我们，我记得父亲告诉他，蒙古国应整周开放市场，这个国家才能变得更好，人民生活才能得到改善。当我们离开蒙古国时，总统以诚挚但近乎绝望的声音对我说："请务必回来帮助我的国家。"直至今天，我都没有回过蒙古国，但我打算未来某天回去一趟。

我们的中国之行更是令人大开眼界。由于父亲是贵宾，中国政府给予我们非常特殊的礼遇。我们刚到达北京机场，就在一群士兵的护送下坐上了一辆车。在整个旅途中，这是我们看到的唯一一辆汽车，而这辆车行驶在北京唯一一条柏油马路上。我们住在北京当时唯一一家国际饭店，叫作"友谊宾馆"（Friendship Hotel）。我们看到人们骑着自行车，用看似稻草编织而成的篮子买蔬菜。

相比之下，如今的北京到处都是绕城高速，还有几千家高端国际酒店，街上遍

布着富丽堂皇的商店和餐厅。

15 年后，我跟随一个调查团回到了中国北京，与当时的财政部部长进行交流。他对我说："你一定要来我们国家投资。"并且问我，政府应该怎么做才能吸引外国投资。

我告诉他，如果他希望人们投资他的国家，就应该确保第一批投资者能够赚钱，并且能够轻松地把钱汇出中国。只有这样做，投资者回国后才会把他们的经历告诉自己的朋友。只要听说早期投资者取得了成功，后续投资者就会被吸引过来。我对他说，如果能做到这一点，他获得的投资将超乎想象。

这番对话过后，我就把它抛诸脑后了，直至 1999 年德丰杰全球创投基金成立以后，我才重新回到中国。德丰杰全球创投基金从新加坡政府那里筹集到了资金，并聘请了费尼安·坦（Finian Tan）。作为基金的早期雇员之一，费尼安认为投资中国企业是件很有意思的事情，于是我再次前往中国，看看这个国家取得了什么样的进步。

那时候，凡是关于中国的一切消息，听起来都令人沮丧。按照美国媒体的说法，中国没有任何基础设施，中国人不可靠，政府接管了任何有价值的企业，而中国企业窃取了美国的科研成果。

带着美国媒体的偏见，我回到了中国。这次费尼安带我去了上海，在那里的所见所闻让我忘记了美国媒体的宣传，并考虑抓住这次机会，在中国投资几家公司。彻底改变我想法的正是以下见闻。

我和费尼安从上海开车到杭州。我们在车里待了大约两个小时，离目的地还有一两个小时的车程。我觉得非常无聊，于是望向窗外，发现了一些不寻常的东西。我看到一排排露天混凝土斜坡，旁边是绵延数英里的泥泞车道。接着，我又看到一间带蓝色窗户的屋子，屋顶上有金色的尖顶，房屋旁边是柏油公路。起初我还不以为意，后来看到了越来越多类似的房子。我猜想中国正在朝现代化迈进，社会文化将有所转变，千人一面和贫困将不复存在，每个人都想过上邻居那样的富裕生活。这跟美国 20 世纪 50 年代"和左邻右舍比阔气"的社会风气很相似，只不过这次换成了人口多达十几亿的中国。我想："卖蓝色玻璃窗的人要发了。"据我推测，当地人都会购买蓝色玻璃窗，并且把屋顶弄成尖顶形状；然后他们会买冰箱、电脑、手机和软件。我决定试试水，开始在中国投资。

到达杭州后，我见了一些政府官员，他们渴望在杭州打造"有中国特色的市场经济"。我还参观了一家技术中心，那里有很多受过良好教育的工程师和科学家。

我们团队在中国投资的第一批企业据说跟政府关系不错。事实证明，对于投资私募股权企业来说，这一策略可能是有效的；但对于风投资本而言，这是一个反向指标。在那些"与政府有良好关系"的企业身上，我们几乎血本无归。

但我们也留了后手。我们投资了一些充满活力的年轻创业者，他们正着手改变世界，就像我们当初在硅谷所做的那样。他们似乎是一个弱势的群体，除了拥有一腔热血以外，既没有关系，也没有钱，看不到成功的希望。在我们看来，这些创业者代表着这个国家的希望，他们是这个巨大新兴市场中最激动人心的元素。我们喜欢捷足先登，因为捷足先登者是市场上的唯一选择，每个人都想和你合作。我们跟北京和上海的科技精英都见了面，并且资助了其中几位创业者。

这些创业者包括李彦宏、杨宁（Nick Yang）、江南春（Jason Jiang）和唐彬（Bin Tang），他们分别是百度、空中网（Kong Zhong）、分众传媒（Focus Media）和易宝支付（YeePay）的创始人；除此以外，我们还资助了其他很多创业者。在未来的岁月里，他们将帮助"德瑞普"成为中国风投行业的代名词。我还认识了阿里巴巴的创始人马云（Jack Ma），虽然他是一位充满激情的创业者，但由于翻译的问题，我们之间的探讨没有形成结论，结果我没有资助他（这又是我看走眼的案例之一）。

在中国，我们发现了一些创立于硅谷的成功企业，它们进入中国后也资助类似的科技公司。李彦宏刚开始创业时，我就和他一起制订百度的商业计划，我让他在百度平台中加入付费搜索功能和实名制，这两者对于百度的成功起到了至关重要的作用。在与清晰频道通信公司（Clear Channel）创始人劳瑞·梅斯（Lowry Mays）会面之前，我就已经对这家公司有所了解，所以，当我和它的模仿者分众传媒团队见面时，我知道我们应该投资这家公司。在美国市场取得巨大成功的贝宝给了唐彬创业灵感，他后来在中国创立了一个名为"易宝"的支付系统。

李彦宏是一位很难缠的谈判对手。我们认为，假如我们投资 900 万美元，却只获得百度 28% 的股份，那我们的投资回报率简直太低了。但有一天，我跟李彦宏和费尼安乘同一辆出租车回家，我们在车里经过了一番激烈讨论，到家时我们已经达成了协议。时至今日，28% 的百度股份市值超过 200 亿美元，这笔交易对我们来说简直太划算了。

德国

1997 年秋，我首次参加了在柏林举行的欧洲科技圆桌展（the European Roundtable for Technology, ETRE）。该展会的主持人是杰出的亚历克斯·维埃克斯（Alex Vieux），而我所在小组的论题是"风险资本，《玛卡莲娜》（*The*

Macarena）的结尾曲？"①我对这个问题的回答很明确："绝对不是，风险投资未来可期。"然而，这是我第一次真正进军欧洲，我想做一些值得纪念的事情，于是我买了一张《玛卡莲娜》CD，还买了一台非常便宜的德国 CD 播放器。

我打算让观众跟随《玛卡莲娜》里面的歌曲跳舞，从而找到这个问题的答案。但鼓动观众跳舞之前，我得让同组的成员先跳起来，于是我找到了资产管理公司（Asset Management）的约翰·肖克（John Schock），他是我最了解的人，肯定会支持我的。听了我的想法之后，他说："提姆，这些观众都很保守，你的搞怪举动很难奏效。无论如何都不要这样做。"

我没有气馁，而是接着去找我的朋友——红杉资本公司的皮埃尔·拉蒙德（Pierre Lamond），我认为他是最难说服之人。他说："噢，《玛卡莲娜》？"然后给我表演了《玛卡莲娜》的几个舞蹈动作。讨论组的其他人都是欧洲人，他们都怪模怪样地看着我，除了耸耸肩，什么都没说。当我向亚历克斯提到这个想法时，他既惊慌又兴奋。

面对着穿着黑色西装、眉头紧锁的观众，我便知道自己做对了。他们需要有人在背后推一把，而我要让他们知道，来自硅谷的风投资本跟欧洲资本截然不同。小组讨论定在下午一点半举行，那时候大家刚吃完午饭回来。不擅长做简介的亚历克斯做了一个简短的介绍，然后我走上舞台，提议所有人都站起来，在吃了一顿如此丰盛的午餐之后做做伸展运动。让我感到欣慰的是，250 名观众互相看了一眼，全都不情愿地站了起来。我对大家说："好，现在请伸出你们的左手。"每个人都伸出了左手。我打开 CD 播放器，大家都开始跳舞。音乐快结束时，我总结道："亚历克斯，这显然不是《玛卡莲娜》的结尾曲，风险投资才刚刚开始，尤其是在欧洲！"

从那时起，我就非常喜欢对欧洲科技圆桌展的观众进行主题演讲。他们开始期待一些意想不到的事情。我为他们写了两首歌，分别是《冒险王》（*The Riskmaster*）和《收下我的钱》（*Take My Money*），并当面唱给他们听。世贸中心（World Trade Center）遭遇恐怖袭击之后，人们还处在震惊当中，我请求欧洲科技圆桌展的所有参展人员互相握手，对身边的人说些安慰的话语。次贷危机爆发后，科技圆桌展在斯德哥尔摩举行，人们接二连三地呼吁政府加大监管力度，我却极力捍卫自由市场，使其免于这种呼声的冲击。总之，我和欧洲科技圆桌展的观众长期保持着良好关系，在该组织的帮助下，我满怀热情探索着欧洲大陆。

---

① 《玛卡莲娜》是史上最成功的拉丁音乐唱片，全球销量超过 1000 万张——译者注。

顺便说一句，即使到了今天，也很少有人意识到美国政府要对金融危机负责。为了让所有人都买得起房子，政府要求银行贷款给高风险借款人，由政府出面为贷款提供担保。既然政府打了包票，银行只能按指示发放高风险贷款。现在回想起来，我们很容易预测接下来会发生的事情。当贷款不可避免地变成坏账时，政府就会被要求兑现承诺。不知何故，银行后来成了背黑锅的一方，政府不得不"救助银行"，但这本来就是政府责无旁贷的义务。

新加坡

我一直和新加坡很有缘分。从硅谷飞往新加坡需要 17 个小时，但在推动进步方面，这个国家和创业英雄是非常一致的。我在新加坡的投资经历始于费尼安，他当时为新加坡政府工作。费尼安打电话对我说，他想从新加坡主权财富基金政府投资公司（GIC）划拨 1 亿美元，投资给德丰杰全球风险投资公司。费尼安给我们留下了深刻印象，几个月后，我们聘请他担任我们亚洲办事处的主管。我们在新加坡设立了一个办事处，专门为政府投资公司服务。事实证明，在越是充满挑战的风险投资环境，我们获得的回报就越大。

通过这种持续的良好关系，我们得以认识当时的新加坡副总理（后曾担任总统）陈庆炎（Tony Tan）。陈庆炎和他的儿子彼得（Peter）参与了我的 BizWorld 推广项目，使 BizWorld 成为新加坡很多初中学校的必修课程。后来，陈庆炎邀请我在新加坡经济发展局（Economic Development Board）下属的国际领导力理事会担任职务。在任职的 18 个月期间，我为新加坡的经济发展提供了建议。我还结识了当时的新加坡总理李光耀（Lee Kwan Yew）。他是新加坡奇迹的缔造者和领路人，带领这个国家走过了 40 年的繁荣，并打造了一个自由市场。虽然已至耄耋之年，但这位内阁资政（Minister Mentor）依然精力充沛，智慧非凡。

新加坡政府非常支持商业，并以极大的热情促进商业的发展。在一次晚宴上，我坐在陈庆炎旁边。我向他提建议说，新加坡应成立一个像大公司那样运作的股票市场，人们所拥有的这家"公司"股份可以直接与他们个人投资组合的表现相挂钩，股份以美元计算。如果运作得当，外国投资者只有在他们把钱汇回本国时才需要纳税。他肯定很喜欢这个想法，因为他马上就行动起来了。第二天，他为我安排了早餐，坐在我旁边的两个人分别是新加坡证券交易委员会（Singapore SEC）主席和新加坡证券交易所（Singapore Stock Exchange）总裁。

想象一下，如果我们的政府能有这样的行动效率，那美国将会变得多么强大。

新加坡的运营模式非常像一家公司，不断地进行改进，与其他国家争夺资本和能够带来积极影响的公民；新加坡还拥有世界上最好的教育体系和医疗体系。我的早餐会似乎已经产生了积极影响，在我写这本书的时候，"像经营大公司那样治理新加坡"的愿景仍未成真，但新加坡证券交易所正努力使私营企业交易变得合法化。

尼日利亚

我的一名学生表现出了巨大的潜力，他就是来自尼日利亚的托罗·奥雷罗（Toro Orero）。托罗想在尼日利亚创建一个类似于德瑞普的生态系统。他很容易兴奋，且浑身充满活力。托罗的这个使命激动人心。要想在非洲做好某些事情，是需要热情和勇气的，而他身上恰好具备这些特质。我决定投资托罗的风险投资基金，支持他完成自己的使命。大约 9 个月后，托罗邀请我到加纳首都阿克拉（Accra）和尼日利亚首都拉各斯（Lagos）参加他举办的两场会议。我身边的人都劝我不要去，因为美国媒体总是在渲染尼日利亚社会环境多么恶劣，亲朋好友都担心我的安危。看到我决心已下，我忠诚的助手凯伦（Karen）提前给我打电话，把所有应该注意的安全事项都告诉了我。飞机刚在拉各斯降落，就有两辆黑色轿车来接我，车里坐着四名保镖，手里端着机关枪，枪口对着窗外。他们非常称职，但我觉得完全没有必要这样做。如此大张旗鼓，反而会让我成为歹徒的潜在攻击目标。

托罗给这两次会议命名为"加速非洲大会"（Speedup Africa），会议开得非常成功。在阿克拉，我和 50 多位很有前途的创业者一起参加了会议，托罗用了一些手段来领导这个团队，给非洲带来了前所未有的变革精神和活力。

几年前，我投资了一家名为 Pagatech 的公司，该公司专为尼日利亚无银行账户人群提供支付系统。我利用这个机会拜访了 Pagatech 创始人兼首席执行官塔约·奥维奥苏（Tayo Oviosu），我想看看这家公司是如何运营的。塔约带我去了拉各斯一些贫穷的地区，并向我展示了一个金融系统，Pagatech 的代理商可以从无银行账户的用户那里收取现金，然后帮助他们借助该金融系统支付水电费。对于那些没有银行账户的人来说，如果不想被断水、断电或断网，另一种办法就是到营业厅排队支付水电费或网费，而这样的队有可能排上一整天。不过说实话，我还是没有真正搞懂 Pagatech 系统是如何运行的。

此次非洲之行，我还投资了一家泛非洲比特币支付系统 BitPesa，希望这能够成为我在非洲的一笔重要投资。当时的非洲有点像 20 世纪 90 年代的中国，属于风险投资的未知领域，与风险投资相关的法律法规缺失，创业机会无处不在。非洲初创公司的最大优势在于这里几乎没有什么基础设施或法规限制其创新。当初，中国几乎跳过了固定电话发展阶段，直接发展智能手机；同样地，非洲也将跳过银行，直接进入加密货币领域。

我还到过其他很多国家，经历了很多事情，这些经历都可能具有启示作用。但我只想说，周游世界对我来说是件好事。成为创业英雄以后，随着你的业务不断扩大，我相信你也能周游世界并从中受益。

第 70 个目标：看 1000 本书

对我来说，博览群书是一个远大的目标。阅读书籍的数量可以是 100 本或 100 万本，但按 50 年计算，每年看 20 本，总数量也就 1000 本。虽然进度有点落后，但我目前已经看过 300 多本书了。我没有成为理想中的学者，可我也算饱览群书了，推荐几本书是没有什么问题的。在成为创业英雄的路上，我建议你看以下书。

我的创业英雄读书清单包括：

《沙丘》，作者：弗兰克·赫伯特

《创业游戏》，作者：威廉·德瑞普

《生态学》（*Bionomics*），作者：迈克尔·罗斯柴尔德（Michael Rothschild）

《基地》（*Foundation*），作者：艾萨克·阿西莫夫（Issac Asimov）

《人性的弱点》（*How to Win Friends and Influence People*），作者：戴尔·卡耐基

《凡人与超人》（*Man and Superman*），作者：乔治·萧伯纳（George Bernard Shaw）

《从 0 到 1》（*Zero to One*），作者：彼得·蒂尔（Peter Thiel)

《哈利·波特与魔法石》（*Harry Potter and the Philosopher's Stone*），作者：J.K. 罗琳（J.K. Rowling）

《物理学的未来》（*Physics of the Future*），作者：加来道雄（Michio Kaku）

《魔球》（*Moneyball*），作者：迈克尔·刘易斯（Michael Lewis）

《植物的欲望》（*The Botany of Desire*），作者：迈克尔·波伦（Michael Pollan）

《顿悟》（*The Epiphany*），作者：克里·爱德华兹（Crec Edwards）

除了上述著作以外，还有你现在正在看的这本《如何成为超级创业英雄》，作

者是我本人提姆·德瑞普。

请注意，我没有列出很多商业书。创业英雄必须是全面的，必须对人、哲学和文化都有所了解。你的阅读范围不应局限于自己所在的行业，你还要花时间去了解人类的思维及潜能。多花点时间读书，因为创业英雄都喜欢读书。

第 22 个目标：买一艘汽艇

会议室里的瘀青

我买了一艘汽艇，它带给我无数的冒险经历，并教会了我一个道理：要成为一名好船长，行事必须谨慎。以下故事发生时，我还是个做事粗枝大叶的船长。

有一次，我们全家到火岛（Fire Island）度假。晚上 10 点钟左右，我姐姐错过了从长岛（Long Island）到火岛的渡轮。我带着我儿子和父亲开船去接她。作为船长，我已经开过几个夏天的船，也算是有点经验了，但是晚上开船和白天开船似乎有点不同。我需要穿过大南湾（Great South Bay），到达那个红色大浮标时切换方向，朝渡轮码头驶去。那是一个美好的夜晚，水面平静、清澈、漆黑，空气非常新鲜。小船破浪而行。我不断寻找着浮标，我确定它就在附近。

我看到了一大片貌似海草的东西，玩心顿起，立刻加大油门，想从中间穿过去。但那不是海草，等我看清楚它是什么东西时，为时已晚。"陆地！"我大喊一声，汽艇在海滩上方飞行了 100 英尺，穿过一些高高的芦苇，突然停了下来。我的儿子若无其事地说他的脚趾受伤了，然后结结巴巴地说："爷爷……死了。"原来，我父亲从船锚那侧摔了出去，他躺在沙滩上一动不动。我一边喊着"不！"一边想把他摇醒。终于，他的脚和手臂开始动了，然后迷迷糊糊地说了几句胡话。我松了一口气，对儿子说："看到没，亚当，他没事了。"

我们用无线电求救。最终，专业提供拖船服务的海上拖船公司（SeaTow）接收到了信号，派遣船只前来救助。但在把我们的船从陆地拉回水面的过程中，救助人员弄断了缆绳，我们只能弃船，坐他们的船回到火岛。上岛后，父亲先是洗了个澡，然后邀请所有人来看他屁股上的大块瘀青，家里的保姆看到了不禁大惊失色。父亲似乎还未从刚才的撞击中缓过神来，但我们都习惯了他极其开朗的个性，所以我们觉得他会好起来的。幸运的是，他第二天早上就回到网球场上打球了，还逢人就讲前一天发生的事情。

两周后，我们返回硅谷，父亲又向 Netcentives 公司的首席执行官韦斯特·谢尔（West Shell）讲述了这个故事。后来据我父亲描述，他坐在韦斯特的办公室里，办公室位于二楼，处在公司的正中央，四面墙都是玻璃，可以俯瞰整个公司。父亲觉得一定要给韦斯特看他的屁股，这样才能让故事产生震撼的效果。他在办公室里脱了裤子，然后对韦斯特说："你看。"回家后，他把拜访韦斯特和脱裤子的事情告诉了我母亲，母亲笑着说："可是比尔，那处瘀青已经消失了。"多年以后，我认识了一些曾在 Netcentives 工作过的雇员，他们告诉我，那天我父亲脱了裤子，向他们的首席执行官炫耀自己的屁股。

热情有时候会闯祸，但就像我父亲说的那样："当局面恶化时，只要想想这事以后会变成一个极好的故事，心里就释然了。"

第 1 个目标：上电视节目

起初，我人生目标清单上的第 1 个目标是跑马拉松，可当我用代表失败的"F"标志整理清单时，第 1 个目标就变了。

《创业课堂》（*Startup U.*）

我跟好莱坞的唯一一次接触完全是拜我姐姐波莉·德瑞普所赐，她是好莱坞一部热门电视连续剧《三十而立》（*Thirty Something*）的众多主角之一。后来，波莉制作了一部名为《真情相约》的电影；然后又制作了尼克国际儿童频道（Nickelodeon）的热门电视连续剧《裸体兄弟连》，里面的主角是她的两个儿子奈特·沃尔夫（Nat Wolff）和亚历克斯·沃尔夫（Alex Wolff），而我本人、我的儿子和女儿则在里面担任小配角。我女儿杰茜在戏里扮演两个男孩的保姆，戏份较重。我扮演的角色是古怪的"施莫克校长"（Principal Schmoke）。

通过帮助波莉筹备这些电视剧的商业发行工作，我开始对好莱坞的一些内幕有所了解。我大致知道资金会流入好莱坞，但很难流出来 [就像一个黑洞、"蟑螂屋"（Roach Motel）或"加州旅馆"（Hotel California）]。

当我们决定做一档名为"创业课堂"的真人秀节目时，我才亲身体会到垄断性供应商作为一家企业运营是件多么奇怪的事情。我认为，与创业相关的节目将会爆红，而能够成为创业节目的参与者也是件相当有意思的事情。在大约十年时间里，我拜访过好几家工作室，与一些制片人会面，针对跟我们这个行业相关的喜剧节目、竞赛节目和游戏节目提出了很多建议。不过，直到我接到丑陋兄弟工作室（Ugly Brother Studios）的迈克·达菲（Mike Duffy）和蒂姆·达菲（Tim Duffy）打来的电话，我才决定自行制作一档创业节目。

迈克和蒂姆两兄弟非常优秀。我听说他俩是供职于大制片厂的专业制片人，后来辞职出来单干，我跟他们一拍即合。我们决定共同策划一档关于德瑞普大学的真人秀节目，该节目将围绕我们的大学展开，他们可以在节目中做任何能想象到的神奇事情。我很想让德瑞普大学出名，向世人表明我们完全有能力打造一所能满足学生需求的学校，培养面向 21 世纪的人才。

我们把这档节目卖给了美国广播公司旗下的家庭频道（ABC Family），因为我觉得这个频道影响力较大，还有可能把该节目推荐给它的母公司，获得更高的收视率。美国广播公司管理较为混乱，人事更迭频繁，但最终我们还是获得了制作这档节目的批复。

节目的制作过程非常有趣。我们亲自挑选了 10 名学生作为节目的主要人物；为了确保课堂易于管理，我们将班级人数维持在 30 人左右，将精力集中在那 10 名学生身上。这些学生是各行各业的优秀人才，包括前美国小姐艾琳·布雷迪（Erin Brady）和她当时的丈夫托尼·卡帕索（Tony Capasso）、Instagram 明星安娜·玛特（Ana Marte）、社会企业家莎伦·温特（Sharon Winter），以及医用大麻出货王大卫·克拉姆（David Kram）。授课人分别是来福车（Lyft）、SolarCity、爱彼迎的创始人和其他几位家喻户晓的人物，包括关颖珊（Michelle Kwan）、简·白金汉姆（Jane Buckingham）和"山谷女孩"杰茜·德瑞普。

学生们想出了各种各样有趣的公司，然后开始游说投资人。我同意投资评分排名前三位的公司，希望这个节目能帮助它们顺利起步。这个团队表现很出色，节目做得非常好。节目播出时，我们心里满怀期望，因为我们知道我们制作了一档很特别的节目。学生们参加了各种各样的活动，有些学生甚至表演了戏剧和喜剧。据我们估计，美国广播公司家庭频道可能花了 700 万美元来制作这档节目，但所有钱都花在了制作上。我觉得奇怪的是，他们花了这么多钱制作节目，而所有营销预算加起来似乎还不到 5 万美元。也许家庭频道知道一些我们不知道的事情。节目推出后不久，家庭频道就叫停了所有真人秀节目，就连频道的名称也改了。

节目彻底失败了。家庭频道的观众大多是十几岁的年轻人，他们不是这类节目的最佳观看群体，因为他们远未到考虑自己职业生涯的地步，还有很长的路要走，更别提创业了。家庭频道坚持播完了整整 10 集节目，但并没有为这档节目做广告，并且决定不再继续拍摄续集。我认为，一旦目标受众看到这档节目，它肯定会大受欢迎，况且有一些迹象表明了它会火起来。最近，家庭频道将《创业课堂》版权卖给了拉丁美洲版的历史频道（History Channel in Latin America）。当我去墨西哥蒙特雷市（Monterrey）出差时，我遇到的每个人似乎都想和我一起合影。他们连声高喊："创业课堂！创业课堂！"得知节目在那里播出，我感到兴奋不已。每次合影过后，我都会跟对方说句"很高兴认识你"之类的话。对此，所有人似乎都做出了同样的反应。他们似乎不喜欢我的声音，因为我的角色在节目里已经经过西班牙语配音，他们于是以为我的声音跟那个西班牙语配音一模一样！

无论成功还是失败，能够尝试制作这档节目，我已经感到很高兴了。我时常想念那些合作过的明星，他们都是了不起的人物，做着了不起的事情。我认为，这档节目虽然观众很少，但也帮助我们打响了德瑞普大学的名气。

第 29 个目标：在华盛顿广场下国际象棋

在某个风和日丽的日子里，我在纽约市办完事后，发现自己有两个小时无事可干。我可不想回酒店房间处理电子邮件，于是决定从日常事务中抽出空来，完成一项人生目标。我从市中心走了大约 60 个街区，来到华盛顿广场。广场上坐着一位极具个性的老人，留着卷曲的灰色胡须，脚踏一双凉鞋。他邀请我一起下棋。他拿出一只计时钟对我说："每盘棋 5 分钟。"我顿时意识到这盘棋会比我想象中的难得多。假如不限定时间的话，我是一个相当好的棋手，但如果限定时间，对我来说则难度不小。刚开始的时候，他不断地帮我按停棋钟，因为我忘记了它的存在。他的动作跟我祖父为我表演魔术时一样快。走了大约 20 步棋之后，他就把我彻底打败了，然后他看着我说："再下一盘。"每盘棋的赌注是 5 美元，我还想再玩一局。不过我知道，继续玩下去的话，我一个下午可能会输不少钱。第二盘棋没下多久，我就觉得这次赢定他了。轮到他走棋时，他出了一个兵，然后漫不经心地站起来，走到一棵树前撒了一泡尿。这个举动让我完全乱了分寸，他只用了大约 4 步棋就把我将死了。然后他又恳求我说："再下一盘吧……"看到这里，你也许会问："这个故事对我成为创业英雄有帮助吗？"我的回答很简单：如果你发现自己陷入困境，那就尝试做些出人意料的事情。

下一个目标：走楼梯上帝国大厦楼顶

对我来说，这个目标难度不小，因为从"9·11"事件开始，除了"帝国大厦年度登高比赛"（Annual Empire State Building Run-Up）以外，人们是不被允许走楼梯上帝国大厦楼顶的，而登高比赛的运动量无异于跑一场马拉松。也许我可以用一场马拉松赛来取代这个目标，但无论以哪种方式，我都希望带着热情去完成它。

敢于冒险

你要带着热情去探索这个世界。尽管我强烈建议你制订一份人生目标清单，但我不建议你过于沉迷这份清单。我人生当中一些难忘的时刻往往发生在我决定冒险或迎接挑战的时候。

我们家经常邀请一些非常要好的朋友及其家人到火岛度假，比如钱德勒夫妇（the Chandlers）、基尔南夫妇（the Kiernans）和沙姆韦夫妇（the Shumways）。几个家庭的孩子年纪都差不多，我们都看着他们长大。在火岛上，我们一起下棋、打网球、玩徒手冲浪、划船和钓鱼，以及参加一些社会活动和竞赛。

这些家庭敢于尝试任何事物，而且无论做什么，他们总是充满了热情和勇气。有一次，我们自发组织了一场"废话一族网球邀请赛"（The Trash Talker Invitational），我在比赛中伤了右手，戴夫·钱德勒（Dave Chandler）便要求其他人都用左手比赛，结果大家玩得很开心。我右手伤愈很久以后，我们还是继续用左手打球。还有一次，我向约翰·基尔南发出挑战，看谁最先游完火岛到长岛的 4 英里水路，约翰·沙姆韦同意让他十几岁的女儿和她的朋友在后面开船跟着我们。前面 3 英里半我们游得很顺利，可到了最后半英里，我们遇到了突如其来的飓风。我们继续游着，但海浪让我们原地打转。我们划了 20 下水，结果抬头一看，发现其中 10 下都划错了方向，可我们两人都不愿意在完成比赛之前停下来。船只的情况不妙，开始下沉。约翰乱了阵脚，他的女儿和朋友大声尖叫哭喊，于是，在距离目的地不超过 400 码的地方，他让我们放弃了比赛。我们并没有被飓风吓倒，第二年，我们在约翰·基尔南的女儿的陪同下又尝试了一次，她就在我们身边一起游泳，最终我们游完了全程。

热情可能会成为一种挑战。你一定要找些热情和具有冒险精神的朋友与你一起探索世界。

关于热情的问题和练习

1. 在你认识的人当中，谁最有热情？

2. 是什么拖了你的后腿，使你无法成为最具热情的人？

3. 迄今为止，你冒过最大的险是什么？

4. 为了让自己的人生更圆满，你打算继续从事哪些冒险活动？

5. 去观看一场棒球比赛，坚持不懈地为客队加油。

关于热情的难题

在拼字游戏（Scrabble）中，你第一步的最高得分是多少？

关于热情的对句（Couplet）

悲观主义者的恐惧四处散播，

乐观主义者的态度让人敬重。

I WILL TREAT
PEOPLE WELL.

我要与人为善

"我们学会了感恩和谦逊。正是由于很多人的帮助，我们才能取得成功，从激励我们的老师到学校打扫卫生的清洁工……我们学会了重视每个人的贡献，学会了尊重每一个人。"

米歇尔·奥巴马（Michelle Obama）

"真正的婚姻行为发生在内心，而不是发生在舞厅、天主教堂或犹太教堂里。婚姻是你主动做出的一种选择，它不仅出现在婚礼当天，还一次次地反映在你对待丈夫或妻子的方式上。"

芭芭拉·德·安杰利斯 (Barbara De Angelis)

"从今天开始，善待你遇到的每一个人，仿佛他们在午夜之前就会去世一般。把你的所有关爱、善良和理解都给予他们，并且不图任何回报。你的生活将会从此变得不一样。"

奥格·曼狄诺（Og Mandino）

"尽自己的最大努力去做正确的事情，要被人善待，首先要待人以善。"

卢·霍尔茨（Lou Holtz）

"成功企业都遵循一条神奇法则，即让客人有宾至如归的感觉，并且善待员工。"

汤姆·彼得斯（Tom Peters）

"仁慈是信仰的标志，不仁慈的人是没有信仰的。"

穆罕默德（Mohammed）

"要知道，我永远与你同在，直至时间的尽头。"

耶稣基督

你的为人会体现在一些细节上。在特殊的日子给别人送些礼物，写封感谢信；或者在初次见面的场合主动介绍或提问，化解尴尬。老布什很喜欢写感谢信，无论别人为他做了什么事情，他总会写一封信感谢对方。成为美国总统后，他的感谢信内容变得更加风趣，虽然只有寥寥数语，但他写信的习惯一直保持了下来。每周留出一天，给那些以某种方式帮助过你、邀请你参加聚会或者送你礼物的人写封感谢信吧。信的篇幅不必很长，但一定要写。手写或打印都没问题，关键是你要把信寄给对方，这是创业英雄应有的心态。"待人以善"有两层含义，一是帮助别人且不图任何回报，二是感谢别人帮助过你或你身边的人。

吉娜

托尼·罗宾斯（Tony Robbins）[①]的助手吉娜·克洛斯（Gina Kloes）已成为全世界炙手可热的团队建设领袖之一，她激励着周围的人变得更加优秀。从非洲到斐济，吉娜教过的团体遍及世界各地，她也是德瑞普大学的常客。这些年来，我和妻子梅丽莎对吉娜的了解不断加深。有一次，吉娜带着梅丽莎和我去加州的曼哈顿海滩市（Manhattan Beach）体验低温波（Cryo Wave）。我们每个人都在一间冷藏间里待了3分钟，据说这样可以让我们的身体保持活力。我们刚到曼哈顿海滩，她就送我们冲浪板和排球作为欢迎礼。我们过生日的时候，她还送我们生日主题花篮。

吉娜擅长挖掘别人的潜能。她鼓励周围的人变得更加优秀，鼓励他们尝试新事物、克服内心的恐惧感并解决难题，帮助他们看到自己更优秀的一面。

---

① 美国潜能激励大师——译者注。

在德瑞普大学，吉娜不知疲倦地工作着，有时从早上 8 点一直工作到次日凌晨 3 点。她有一套独特的教学流程。她让学生们一大早醒来就开始跳舞，这有助于他们敞开心扉，克服自身的心理障碍。然后，她鼓励学生们赤手空拳击碎木板和口吞火把，让他们克服恐惧感，亲眼看看自己有多大的能力。吉娜鞠躬尽瘁，通宵达旦地努力解决和应对学生遇到的问题和挑战。为了提升德瑞普大学的教学质量，她想了很多点子，而且给予我很多中肯的建议。

顺便说一句，吉娜也写了一本书，名为《神奇时刻》（*Magical Moments*）。这本书鼓励人们思考如何过好自己的人生，值得一看。要以吉娜为榜样，她知道如何善待别人。她也有写感谢信的习惯，或许她应该去竞选总统。

同事送的礼物

刚开始创业的时候，我很感谢我的团队为我所做的一切。由于我们当时的团队规模很小，所以为他们做些贴心的事情并不难。但随着公司规模扩大，我发现了一个问题：我如何才能让更多员工感受到来自我本人的关怀？德瑞普合伙人公司刚成立那会儿，我与每一位同事都保持着密切的私人关系。每逢生日和节假日，我都会单独给他们送礼物，这些礼物对他们来说都是独一无二的，每份礼物后面通常都有一个故事。史蒂夫·尤尔韦特松喜欢收藏各种奇特物件和玩具，所以我送了他一个巨大的玩具盒，并给盒子贴上了"史蒂夫的玩具"标签。詹妮弗·方斯塔德（Jennifer Fonstad）是四家公司的创始人。有一年，这四家公司面临着巨大的经营困难，她不得不解雇了其中三家公司的首席执行官，于是我送给她一把金斧。我曾用不同国家的纸币制作了一件艺术品，送给了我们的财务团队；我还送了一个扩音器给我们的公关经理。但是，随着团队规模不断扩大，我发现自己再也无法一一关爱同事了。我想亲手做些礼物送给同事，却苦于抽不出时间。

我在非洲出差时买了一个箱子，我觉得它很漂亮，但我妻子觉得很丑，不想把它摆在家里。有很多人和我一起工作，我知道，随着企业的扩大，我不可能在每个人过生日的时候都给他们送礼物；此外，还有数百家有价证券投资和服务供应商时不时地给我送礼物，这些礼物其实不仅仅是送给我的，也是送给我们公司和大学的。我把这些礼物都放到那个箱子里，美其名曰"生日礼物箱"。每当投资公司或服务提供商送来礼物时，我就把它放在"生日礼物箱"里，等到某个人过生日，我就把礼物从箱子里拿出来，作为生日礼物送给他。这个方法很管用。有时人们会收到一瓶非常昂贵的葡萄酒或一台苹果手机，有时会收到一顶小童帽或一件 T 恤。虽然这种做法很普遍，而且箱子里的礼物都是用来借花献佛的，但有了"生日礼物箱"以后，收礼物的人觉得受宠若惊。这些礼物看上去像是我亲手制作的，却没花费我太多精力，同时又给他们的生日增添了乐趣，确实很不错。

自从入驻英雄城后，我们又发明了一种生日奖品。员工过生日的时候，"寿星"可以站在楼梯顶端，用"雷神之锤"（Thor's hammer）敲打"美国队长"（Captain America）的盾牌，大声说："今天是我的生日。"然后要求其他人（包括他们自己）当天必须做某件事。大家制定了一些规则，比如互相为对方唱歌，或者跟人交谈时必须微笑。

我还尝试过在情人节给员工送糖果或泰迪熊，或者在节假日时给他们制造一些有趣的惊喜，我发现这能够增进我和团队之间的关系。我为团队安排郊游和旅行，给团队成员赠送节日礼物；或者写几首诗或歌曲，赞颂所有员工这些年来为公司所做的贡献。我很喜欢做这些事情，而且我觉得员工们也心怀感激。

待人以善并不仅仅意味着给予，创业英雄还要具备远见卓识，例如：当你为自己的初创公司聘请员工时，就要在公司内部营造公平环境，使同样岗位上的员工不会被区别对待。假如一名员工的收入或持有的股份高于其他人，你就要给出一个合理的理由。这是职务级别造成的吗，还是因为资历？绩效如何衡量？所有这些问题你最好能提前想好答案，这样，每当有新员工被录用时，他们能了解整个公司的情况，觉得公司给予了他们公平的待遇。

在处理某些问题时，也需要事先考虑周全，比如：员工提出差旅费用申请，公司将如何处理？员工请事假或病假，公司将如何给予补偿？公司将如何处理医疗保险问题？公司将如何处理员工离职问题？政府制定了企业必须遵循的指导方针（和法律），但在善待员工方面，光遵守政府法规是不够的。员工远比法规重要，你要学会把工作变得人性化，善待员工。

关于善待员工的问题与练习

1. 你打算如何建立自己的初创公司？

2. 你要如何给员工提供报酬？

3. 公司会以什么样的方式解雇员工？

4. 如果员工主动辞职，他们会得到哪些补偿？

5. 如果员工表现出色，你会给予他们更多的奖金或股票吗？

6. 你会安排一些特例吗？

7. 你会做什么事情，让员工们感到自己很特别？

8. 打电话给你的母亲。

9. 你和别人合伙开了一家公司，约定两人各占公司一半股份。6 个月后，你发现合作伙伴决定去别的地方工作。请列举出 6 种重组公司并与合作伙伴和平解散的方法。

关于如何了解其他文化的头脑风暴

50 + 50 = 140。

在某个星球，上述定律是适用的。请问：那个星球上的外星人每只手各有多少根手指？

关于善待他人的自由体诗

匈奴王阿提拉（Attila the Hun）与战士分享战利品，

成吉思汗（Genghis Khan）遵守他自己制定的法律，

拿破仑（Napoleon）为了给士兵提供阴凉而植树，

温斯顿·丘吉尔给人们带来希望和勇气，

史蒂夫·乔布斯激励他的团队追求完美，

埃隆·马斯克激励他的员工登陆火星，

邓小平说过："让一部分人先富起来。"

李光耀用诚信重塑他的国家。

你会为你的员工做些什么？

I WILL MAKE SHORT-TERM SACRIFICES FOR LONG-TERM SUCCESS.

我要高瞻远瞩，
不为眼前的利益所动

"成功靠的不是运气，而是靠努力工作、毅力、学习和牺牲；最重要的是，热爱你正在做或学习去做的事情。"

贝利（Pele）

"让我们牺牲现在，为我们的孩子创造一个更美好的明天。"

A. P. J. 阿卜杜尔·卡拉姆（A. P. J. Abdul Kalam）

"伟大的成就通常源自巨大的牺牲，自私自利从来不会带来成就。"

拿破仑·希尔

"橄榄球就像人生，需要毅力、克己、努力、牺牲、奉献和尊重权威。"

文斯·隆巴迪（Vince Lombardi）

"我们都想成功，这是很自然的事情……我们也想走捷径。走捷径并不难，但你永远不能放弃艰苦工作，而且要严于律己和做出牺牲。"

阿波罗·奥诺（Apolo Ohno）

"人的生命只有一次，我们要带着信仰去生活。倘若牺牲自己的本性，没有信仰地生活，这样的命运比死亡更可怕。"

圣女贞德（Joan of Arc）

"真正的成功或幸福是有秘诀的，那些不求回报、完全无私的人才是最成功的。"

斯瓦米·维维卡南达（Swami Vivekananda）

"要知道何时该坚持，何时该放弃，何时该离开，何时该逃避。交易结束后，会有足够的时间给你算账。"

肯尼·罗杰斯（Kenny Rogers）

牺牲

如果你想成为一名成功的创业者,使命必须放在首位。你一个人做不了太多事情。如果你正在观看女儿的冠军足球赛,而一位大客户恰好这时候需要你,你就得照顾好客户。不过,这道誓言的真正目的并不是让你牺牲家庭,而是指引你在工作中做出抉择。

在发展过程中,初创公司往往不得不做出艰难的抉择,比如:我是应该接受一家知名风投公司的 500 万美元,还是接受一家专门盗取商业秘密的公司的 1500 万美元? 我有一位编码员朋友,他对我很忠诚,但编码技术差强人意;我还认识另一位优秀的编码员,他的编码技术很出色,但总是需要别人奉承他。我应该聘请前者,还是冒着失去朋友的风险选择后者? 公司的产品尚未成熟,但客户打算向我们下订单,我是否该接受这个订单,却无法保证及时交付他们所需要的货物,还是我把订单留给竞争对手,等完全做好上市准备以后再接单发货?

最优秀的创业者只筹集不受任何限制的资金,只聘请最优秀的员工,并根据自己的时间安排发货。不过,这些问题的答案都不是绝对的。

关于阿波罗电脑公司和太阳微系统公司的故事

以下是一位创业者为长期收益做出短期牺牲的例子。不过,为了获得最终胜利,他打破了其他所有商业规则。1983 年夏天,我在阿波罗电脑公司工作,担任公司总裁查利·斯佩克特(Charlie Specter)的助理。查利刚刚跟 Computervision 公司签订了一笔巨额订单,该订单是阿波罗电脑公司当时最大的一笔订单,将占阿波罗未来营业额的 25%。那时候,阿波罗是全球领先的电脑工作站企业,太阳微系统公司是其主要的竞争对手。太阳微系统公司是由一群闯劲十足的斯坦福毕业生创立的，该公司的产品性能不是很强，但价格便宜。太阳微系统公司的产品销量只有阿波罗的四分之一，但是这个行业发展得很快，所以两家公司都在飞速成长。

对阿波罗公司来说，Computervision 的订单是一个很好的机会，而对太阳微系统公司来说，这笔订单就是一切！在太阳微系统团队看来，如果能拿下该订单，他们的公司就不会被阿波罗边缘化，这可是一项关键任务。可是，订单已经被下给了阿波罗，木已成舟。尽管如此，太阳微系统公司并没有放弃努力，它做了一件前无古人的事情：以成本价向 Computervision 提供产品，且如果 Computervision 取消给阿波罗的订单，转而与太阳微系统合作的话，它将向 Computervision 赠送太阳微系统公司 5% 的股份。放弃公司的部分股权和销售带来的利润是一种巨大的牺牲，但太阳微系统公司认为它必须拿下这笔生意，否则阿波罗可能会独占这个巨大的市场。Computervision 问阿波罗公司是否也愿意出让公司 5% 的股权，并以成本价出售电脑，但阿波罗拒绝了，因为它觉得已经拿到了订单，Computervision 不会违约；它相信Computervision 会选择阿波罗的高端技术；况且，向客户出让部分股权这种做法简直闻所未闻！

Computervision 最终放弃了阿波罗，牵手太阳微系统公司，这一决定使太阳微系统公司的业务量翻了一番，其销售额几乎与阿波罗并驾齐驱。这笔订单也给太阳微系统公司带来了不可思议的发展动力。订单量如此之大，使太阳微系统公司得以降低其制造成本，从而能够以低于阿波罗的价格销售同等性能的产品。Computervision 的大批量订单使太阳微系统公司研发的开放式操作系统 UNIX 成为业界标准。这笔订单成就了太阳微系统公司。阿波罗继续成长，最终成为一家成功的上市公司，但太阳微系统公司的横空壮大，让它多了一个强有力的挑战者。

德州仪器公司（Texas Instruments，TI）也有过类似的低价抢单事件。在半导体行业，德州仪器的产品已经多次更新换代。这个行业的普遍做法是专注于短期利润，当产品成本很高时，企业会相应地给它们的产品加价；随着产量增加、成本降低，企业再给客户提供较低的价格。通过这种做法，半导体公司可以笼络一批使用它们产品的早期客户，等产量上升、成本下降以后再给客户降价。

芯片是批量生产的。首先，工厂要在一块半导体晶圆上进行蚀刻，然后将晶圆切割成多个芯片。芯片的"产量"是指每块晶圆切割出来的合格芯片的数量。在实践中，随着时间的推移，芯片产量会大幅增加，成本则会随之降低。由于新半导体的制造过程需要太多设备，而且产品产量很低，所以企业都想尽快从早期客户那里收回这些成本。

但德州仪器已经多次采用这种模式，而且它资金充足，亏损一段时间也没有问题，所以它决定按未来成本而非当前成本给芯片定价。公司决策层知道，随着时间的推移，芯片产量肯定会提高，芯片的制造成本也会降低，于是它决定采用"远期"定价模式。德州仪器认为，它可以先给客户提供较低的价格，获得更多设计案订单；等客户购买的那款芯片销量上去以后，产量随之增加，产品成本降低，公司就能达到盈利的目的。这一策略取得了巨大成功。客户对德州仪器的远期定价很满意，纷纷签约购买其芯片。

为了长远的成功，德州仪器和太阳微系统公司都做出了短期牺牲，而且两者都得到了巨大的回报。

客户规模至关重要，节约时间从小客户做起，时间就是金钱

作为创业英雄，你要给自己的时间进行优先排序。这项工作可能会比较棘手，但你应该经常排序，以确保时间没有浪费。创业英雄可能会在一些无效事项上浪费大量时间，所以，你要多了解跟你打交道的客户。在与潜在客户深交之前，多问一些问题，比如：客户有能力支付货款吗？订单量有多大？客户多久才能做出决策？产品多长时间才会投入使用？

首先要接触小客户。小客户的决策速度通常较快，而且可以用来"练手"，然后再接触复杂的大客户。

同样地，当你从风险投资者那里筹集资金时，也要向对方询问一些问题，看对方是不是合格的投资者，比如：你投资目前这家基金多久了？在目前基金中还剩下多少资金？基金的决策流程是怎样的？需要多长时间进行决策？你的投资规模通常有多大？在你投资的项目当中，有多少项目是由你主导的？

在风投的鼎盛时期，风险投资者资金充足，可以投给初创公司。风险投资者时常压力缠身，千万不要让这种压力影响你的企业经营方式。而在经济不景气的时候，初创公司很难找到合适的投资者，你就得量力而行了。

我的建议是：筹集到资金之后不要乱花钱。如果有人要你"扩大业务规模"，你应该这样回答对方："在我确定产品符合市场需求之前，我们是不会扩大规模的。"

初创公司往往会浪费资金。初创公司应尽可能多地筹集资金，不到万不得已，不要把钱花出去，这才是最明智的做法。在产品研发阶段，这种节俭的行为尤其重

要。很多公司在发展过程中聘用了过多员工，花了太多的钱，而冗员往往会浪费公司的时间和金钱。只有在公司找到一些客户，产品比较成熟且能够确定产品符合市场需求之后，创业英雄才应该把钱花在市场营销上。一旦产品被证明是符合市场需求的，那么时间就成为关键因素，创业者要努力推动产品上市，使竞争对手望尘莫及。当然了，初创公司应该永远保持节俭作风；不过，当客户对产品表现出强烈兴趣时，公司就应该投入资金，尽全力赢得客户。

招人要慢，炒人要快

如果某个员工不能胜任他的岗位，就得把他炒掉，也许这就是你能做出的最重要的短期牺牲。

在为初创公司招募新员工之前，你得三思而后行，因为合适的岗位人选通常是可遇不可求的。我面试了 75 名候选人，才遇到凯伦·莫斯特斯 - 威思罗（Karen Mostes-Withrow），她后来成为我的助手和公司的会计，为我工作了整整 30 年。凯伦是我聘请过的最优秀的员工，她总是很了解我的想法，帮我处理好我要做但又来不及做的所有工作。她会预测企业需要什么，并采取相应的行动。每当我遭遇职业生涯或个人生活的巨大挑战时，她总会在身后支持我。我记得，有一次我对她说："你还记得那个……"还没等我把那个人的名字说出来，她就接着说："没错，艾康系统公司（Acron Systems）的约翰·史密斯（John Smith）。"

然而，在聘请和解雇员工及资助初创公司方面，我也犯过一些错误。

作为一名风险投资人，我在这几年里被迫解雇了多位首席执行官、创始人、员工和几位德瑞普风险投资网络合伙人。我认为，在绝大多数情况下，我必须立刻把人炒掉。只有这样，被解雇的人才有足够的时间去找下一份工作；也只有这样，公司里才不会谣言四起。在解雇员工时，一定要体恤员工的情感，而且要有策略和决断力。根据经验，在解释员工不符合公司的要求之前，先要夸奖员工有哪些优点，不要给员工留下任何挽回的余地，不要让他觉得自己可以留下来，而是让他思考接下来该去哪里找工作。

以下是解雇公司创始人的典型案例。有一位创始人担任公司的首席执行官（这是业界默认的做法），董事会却决定另请高明，找另外一个人担任首席执行官（暂且不论该决定是对还是错）。有时候，董事会希望新的首席执行官能与创始人共事，有时候却希望他取代创始人。有意思的是，后一种情况可能更干净利落。可当公司失去其创始人时，往往也就失去了公司的核心和灵魂。

我倾向于尽可能让公司创始人继续担任首席执行官。创始人所做的最糟糕的决定通常是从外界聘请首席执行官，因为"空降兵"有时候无法适应企业文化，他可能做过同样的事情，已经失去了新鲜感；或者虽然他以前担任过同样的职位，却不知道后来市场和技术已经发生了变化。

创始人能够带领公司度过成长期遇到的所有困境，不过有时候，公司也确实需要新的首席执行官来引领公司前进。当一位新的首席执行官上任时，公司总会面临一场改组，这有助于摆脱那些对公司没有用处的人或习俗；此外，新任首席执行官对于如何管理好组织可能也有着自己独到的理解。

关于扮小丑炒人的故事

我遵循着自己的规则，结果却适得其反。我曾担任过一家小公司的董事长，这家公司的创始人非常年轻且颇具魅力。他与一位关系密切的技术带头人共同创业，他本人负责公司的销售工作。但由于产品销售速度过快，交货经常跟不上。我们有一个小规模的董事会，董事们决定引进一位新的领导人来满足客户需求并管理团队。我们聘请了一名经验丰富的首席执行官，他满怀热情地来到公司，将自己的职业生涯和部分资金投入到公司中。

结果糟糕透顶，公司的销售速度放缓，新任首席执行官造成管理费用激增，使我们负担过重，导致公司资金短缺。迫不得已，我们决定解雇这位首席执行官，然后做一笔小小的投资，看看公司原来的团队是否能扭转颓势。那天是万圣节，我穿着小丑服装过节，但我必须马上把这个消息告诉首席执行官。我把他拉到一边，说我们打算解雇他。这一幕简直太离奇了。

他离开后，我走进浴室，看着镜子里那张可怕的小丑脸。我记得我当时在想："真是糟透了，我应该等到明天不穿小丑服的时候再告诉他。"大约 5 年后，我解雇的那个人自杀身亡。他有其他问题，但我一直认为，他的死或许也跟我有点关系。

关于 Socialtext 公司的故事

相比之下，我的另一段投资经历要好得多。我认识一位行事更稳妥、为人更成熟的创始人，起初他极力反对聘请其他人担任首席执行官，但后来转变了立场，成为该倡议的拥护者。这种做法很像一位优秀的政治家。罗斯·梅菲尔德（Ross

Mayfield）是一位才华横溢、很有远见的博主，他创立了 Socialtext 公司，采用维基系统来管理社交企业。我们向 Socialtext 投资之后，发现有些事情似乎不太对劲，于是安排了一次董事会会议。罗斯无法参加，因为他正在欧洲招聘程序员，但他没有告诉我们会议已经取消了。我记得，那天我们到达办公室，发现里面空荡荡的，没人能解释他为什么缺席。罗斯的产品是致力于让人们在公司内部进行虚拟沟通的，但可笑的是，他们彼此之间的沟通居然如此困难。他的团队正在失去信心，认为公司无法取得成功。董事会决定聘请一位新的首席执行官。

我告诉罗斯，董事会已经决定另请高明了。起初他觉得我们应该再给他一次机会，但随后他做了一件不寻常的事情。既然董事会的决定无法更改，罗斯开始想办法解决问题。他在博客圈里拥有大量粉丝，于是他充分利用了这一优势。他写信给粉丝，说自己正在寻找一位新的首席执行官，以提升公司的管理水平。随后，他协助董事会聘请了新任首席执行官尤金·李（Eugene Lee）。尤金的管理风格崇尚团结，他把整个团队很好地团结在一起，并最终带领公司走向了成功。

关于哈佛商学院校友聚会的故事

为了说明如何牺牲短期利益以换取长远的成功，我想用哈佛商学院班级同学重聚的故事作为例子。我和几位同学一直保持着联系，但大多数时候，我只有在五年一届的同学聚会上看到他们。

当我 1984 年从哈佛商学院毕业时，那些似乎有明确职业发展方向的同学走的都是"安全"路线。他们加入了薪水很高的投行或咨询公司，或者加入了类似于斯佩里-尤尼瓦克公司（Sperry Univac）和福特汽车公司（Ford Motor Company）这样的大企业。在毕业五周年聚会上，那些走相对安全路线的同学俨然觉得自己是成功人士，一副得意扬扬的样子。与此同时，我的同学杰瑞·沙菲尔（Jerry Shafir）决定成立一家生产健康有机汤的公司，五周年聚会时他破产了。我的另一位朋友罗恩·约翰逊（Ron Johnson）在零售行业工作，而凡是有自尊心的工商管理硕士都不会从事这个行业；五周年聚会时，他正在塔吉特（Target）连锁超市里打杂。第三位同学史蒂夫·威金斯（Steve Wiggins）正努力创立第一家健康维护组织（Health Maintenance Organizations，HMOs），他也破产了。我创办了风险投资公司，五周年聚会时，我欠了美国小企业投资公司 600 万美元，对方正在催我还款。

到十周年聚会时，我和杰瑞、罗恩、史蒂夫都遭遇了各自的问题，但那些走安全路线的同学似乎日子也不太好过。斯佩里 - 尤尼瓦克公司正迅速消失，福特汽车公司正被日本企业抢占市场份额，咨询顾问和投资银行家发现自己的职业生涯遭遇瓶颈，他们甚至怀疑人生已经没有什么意义了。

到了毕业满十三周年时，杰瑞生产的健康有机汤开始大卖；罗恩成为零售行业的领军人物，他准备开第一家苹果产品专卖店（Apple Store），专门卖苹果电脑；史蒂夫创立的牛津医疗公司（Oxford Medical）市值高达数亿美元；我的风投企业正好赶上了科技繁荣期。到了二十周年聚会时，很多当初走安全路线的同学都向我们四个人求职。

生活跟我们开了一个很大的玩笑，那些走安全路线的人遇到了麻烦，而那些敢于冒险、看似做事不计后果的人都安全到达了目的地。世界正变得日新月异，我强烈建议各位预测未来是什么样子的，然后从事一个面向未来的行业。刚开始的时候，别人会觉得你很傻，但千万不要受任何人支配；随着时间的推移，人们也许就会发现你才是那个最聪明的人。

为长远的成功做出短期牺牲。你的人生之路可能很长，所以，你应该眼光放长远，为远大的目标努力。

关于牺牲和成功的问题与练习

1. 你在哪些情况下要做出关乎长期利益或短期利益的决定？
2. 你是如何做出决定的？
3. 这些决定带来回报了吗？
4. 你平时会预测自己必须做出哪些决定吗？
5. 长期利益是否超过了你做出的短期牺牲？通常情况会的。
6. 你是否曾在迫不得已的情况下解雇员工？
7. 要解雇员工时，你会怎么做？
8. 学习栽种种子。

关于短期利益和长远成功的难题

你的企业和竞争对手都想把对方逐出市场，你们每年都要追击一个目标，而且该目标是业内最强的（即最有可能把竞争对手逐出市场的公司）。你的第一个竞争对手太空系统公司（Astro Space Systems）每年都有 50% 的机会把你们其中一家企业逐出市场；而你的第二个竞争对手基地太空实验室（Base Space Labs）只要还从事这个行业，就有三分之一的机会让你的公司或太空系统公司倒闭。你所创立的创意空间公司（Creative Space）刚成立不久，在任何一年里，你只有四分之一的机会把你要击败的目标逐出市场。每一年都是独立的，任何特定的年份都是如此。你们每年都必须选择一个目标，将其逐出市场，而且只有尘埃落定时才能更换目标。哪家公司最有可能幸存下来？每家公司幸存的概率是多少？

你有 300 枚单独的比特币实体代币。你想用宇宙飞船把比特币运送到 100 光年以外的地方，数量越多越好。但是，船长只收现金，而且你的配偶只允许你一次最多携带 100 枚比特币；每旅行一光年，船长提前收取一枚比特币作为费用。到了安全的地方，你可以随心所欲地装卸任意数量的比特币。全程你最多能带多少比特币？

关于持久战的短韵诗

持久战，

打持久战，

不要追求短暂的名声。

举行舞会却无人前来，

无人愿意执行蹩脚的计划。

让客户信服需要付出时间，

跟客户搞好关系，让他们以你为荣。

深思熟虑，精心规划，完美实施，不留下任何遗憾。

I WILL PURSUE FAIRNESS, OPENNESS, HEALTH AND FUN WITH ALL THAT I ENCOUNTER... MOSTLY FUN
(FOLLOWED BY A DANCE)

我要以公平、健康、乐观、开放的
胸襟尽情享受生活所赐予的一切

"要求别人去做你自己不想做的事情是不公平的。"

埃莉诺·罗斯福（Eleanor Roosevelt）

"提倡爱、公平和平等，这总比提倡某些以宗教信仰为基础的事物要好些。"

简·威德琳（Jane Wiedlin）

"公平不是一种态度，而是一种必须培养和练就的职业技能。"

布里特·休姆（Brit Hume）

"草的另一面总是更绿一些。我们正忙着往身上涂美白霜，西方人却躺在海滩上赤身裸体地把皮肤晒成小麦色。印度女孩总能在选美比赛中艳压群芳，我炫耀自己的肤色，作为一名印度人，我为自己而感到自豪。"

希尔帕·谢蒂 (Shilpa Shetty)

"我们要保障美国职场的公平，这应该成为我们经济政策的基石。"

蒂姆·斯科特（Tim Scott）

"公平才是真正的正义。"

波特·斯图尔特（Potter Stewart）

"不要拘泥于'确定性'。'确定性'的对立面不是'非确定性'，而是开放、好奇和愿意接受悖论，不是选择站边。我们要完全接纳自己，但永远不要停止学习和成长，这才是我们面临的最大挑战。"

托尼·施瓦茨（Tony Schwartz）

"请记住：和其他冥想技巧一样，不要以刻意追求'正确'的心态去进行呼吸行走练习（breath walking），而是培养开放和放松的心态及觉悟能力，包括认识到自己思想开小差和心神散乱。"

安德鲁·韦尔（Andrew Weil）

"宽容、开诚布公、敢于自我怀疑、愿意接纳别人的观点，这些自由和开明的价值观都是人们应该持有的，但我们不能让它们欺骗我们，让我们无法认清那些使人类无端遭受苦难的罪恶之人。"

山姆·哈里斯（Sam Harris）

"迪拜鼓励创新，并赋予民众和运营机构充分自由，这正是迪拜与其他商业中心的主要区别之一。"

阿卜杜尔·阿齐兹·阿尔·古拉尔（Abdul Aziz Al Ghurair）

"独裁的最好武器是保密，而民主的最好武器就是开放。"

尼尔斯·玻尔（Niels Bohr）

"美国一直对新思想和新移民持开放态度，这是它的最大优势之一。"

塞萨尔·佩利（Cesar Pelli）

"第 16—27 天，再见，欲望；你好，虎血！"

梅丽莎·哈特维希（Melissa Hartwig）

"欲身体康健，家庭幸福，给世人带来和平，首先要训练和控制自己的思想。人若能控制自己的思想，就能找到通往开悟之路，所有智慧与美德亦随之而来。"

佛陀

"健康的心态是有感染力的，但不要等着别人感染你，要学会感染别人。"

汤姆·斯托帕德（Tom Stoppard）

"要享受健康的生活，就得坚持锻炼。"

吉恩·滕尼（Gene Tunney）

"健康是人生取得成功的基础：它既是获取财富的前提，也是获得幸福的基础。一个人如果生病了，就无法积累太多财富。"

P. T. 巴纳姆（P. T. Barnum）

"如果你任何时候都循规蹈矩，那就错过了人生的所有乐趣。"

凯瑟琳·赫本（Katharine Hepburn）

"开心打球，享受比赛。"

迈克尔·乔丹（Michael Jordan）

"永远不要低估玩乐的重要性。"

兰迪·波许（Randy Pausch）

"不断冒险，享受人生的乐趣。"

加斯·布鲁克斯（Garth Brooks）

"有信心的人会过得很快活，而过得快活的人能做出了不起的事情。"

乔·纳马斯（Joe Namath）

"翩翩起舞吧！不要在意旁人的眼光。"

威廉·W. 珀基（William W. Purkay）

公平

创业者需要追求公平。优秀的企业从始至终都是公平的，公平对待社会，公平对待客户，公平对待股东、供应商和雇员。企业应该让所有员工了解公司的薪酬制度和激励方式，让他们知道如何才能得到更多的报酬。对于员工来说，这可能比表面上看起来的要难些。有些人认为公平意味着每个人都能得到相同的报酬，但是，当某些员工不来上班，而某些员工为了提升公司销量拼命工作时，他们是不可能获得相同酬劳的。有些人认为公平只适用于精英阶层，明星员工收入很高，普通员工却一无所有。这种情况可能会导致员工不满，因为随着时间的推移，员工的绩效可能会有很大的差异。某个月的明星员工有可能下个月表现很差，反之亦然。有些人认为企业应赠予所有员工股票或者期权，从长远来看，这种做法没什么问题，但股票通常是不流动的，员工要养家糊口，真金白银才是最实在的。

如果你想在薪酬方面公平对待员工，就需要考虑很多问题。对于那些创业元老，你会给他们多少工资？对于目前推动企业发展的团队，你又打算给多少工资？经验值多少钱？企业的传统值多少钱？在决定酬劳水平的过程中，你是否进行过行业的横向对比？又是否考虑过员工的生活需求（比如支付抵押贷款、供小孩读私立学校等）？

我认为，实现员工薪酬公平化的方法有四种，分别是月薪（若是小时工，则按时薪计算）、提成、奖金和股份。月薪是养家糊口、支付抵押贷款或房租的最佳方式，它应该足够保证员工不用担心税收问题或信用卡的债务，且能确保他们感觉自己受到了公平的对待。我知道，有些人为了维持生计会做出一些疯狂的事情，比如：我有位朋友开辟了第二职业，成为笼中斗（cage fighting）格斗选手；有一位朋友专门起诉那些她认为可能会给她遣散费的人；还有一位朋友卖掉了他的汽车和电脑，这样他就哪儿都不用去，也不用在家里加班。假如这三个人把自己遇到的问题告诉雇主，他们的生活会过得更好些。无论在何种情况下，绝大多数好的雇主都会想办法解决员工的生计问题，使员工保持快乐和健康。创业英雄要给自己的团队支付高薪，以确保团队成员的基本需求得到满足。

提成是激励销售人员的最佳手段，而当企业需要动员所有人开拓新客户时，提成也可以是一种很好的团队建设工具。例如丰田公司（Toyota）某年产能过剩，仓库里堆积了大量汽车库存，这些汽车并没有流入客户手中。公司总裁让所有员工都变成销售人员，就连机械师、售后服务人员和装配工都摇身一变，成为汽车销售人员，直到库存品消化完为止。这一策略成功了，他们不仅卖光了所有库存汽车，员工们也对客户有了更深入的了解，想出更好的创意来设计和制造汽车。只有员工认为行得通的提成方案才是最有效的。我记得，阿波罗电脑公司刚成立时，为了加快发展，公司制订了一个销售提成方案：在指标数量范围之内，销售人员可获得 5% 的提成；若实际销售额高于指标但小于指标两倍，销售人员可获得 10% 的提成；若实际销售额高于指标两倍以上，则提成比例为 15%。但是，作为一家知名度更高的企业，惠普公司的提成方案则是：完成指标以内的销售额，可获得 2% 的销售提成；超出指标的销售额，提成比例降至 1.5%。这两种方案都很合理。阿波罗想快速增长，提升销量才是关键；惠普则希望员工对自己的工作产生安全感，尽量避免任何会造成员工相互嫉妒的事物。

当员工出色地完成工作时，奖金就是一种公平的奖励方式。对员工来说，奖金分配方案是最难以捉摸的，所以，优秀的首席执行官往往会非常谨慎地决定如何分配奖金。一些杰出的首席执行官列出了大约 5 件事情，他们希望每个员工在下一年度集中精力做好这 5 件事，每件事都同等重要（要么出类拔萃，要么泯然众人）。然后，在接下来的一年，他们会重新审视这 5 件事，看员工是否把事情做好。这样做的目的是引导员工完成公司制订的目标，从而帮助员工取得成功。举个例子，对于财务部门的某位员工来说，他要做的事情可能包括：（1）做好汇报工作，确保高管团队得到相关的财务信息；（2）关注技术，确保财务团队采用最先进的技术编写所需的报告；（3）专注于节约成本，确保团队不会超出预算，或者聘请过多顾问来从事本公司员工可以做的工作；（4）专注于团队建设，确保财务团队与其他部门员工相互协作并相互尊重；（5）关注他人，如果绩效平平的员工发现自己得到关注，他们就会奋发向上。而营销部门的员工可能有这样 5 个目标：（1）关注用户，确保产品的受众数量不断增长；（2）专注于为销售提供支持，确保销售团队获得他们所需的一切支持；（3）注重美感，确保产品美观；（4）关注客户，确保大客户完全参与到产品开发当中，使这款产品成为他们的关键产品；（5）关注其他机会，确保公司不会错过任何出现在面前的机会。

一直以来，我都是以里程碑事件为基础资助企业的，而当我们所设定的里程碑事件真正到来时，它反而变得无关紧要。初创公司设定了自身的里程碑事件，我们觉得无所谓，因为它是以企业自身为代价来做这件事的。要确保员工为他们自己考虑，做出对公司有利的决定，而不仅仅是完成目标数字。

对一个团队来说，股权或许是最公平、最理想的激励手段。股权代表着企业的所有权。老板和员工的思维方式是截然不同的，这种差异就好比是业主和租客。例如，我会把房主汤姆·福特（Tom Ford）和住在斯坦福大学卡帕阿尔法之家（Kappa Alpha House）的租客行为进行对比，我曾经就是卡帕阿尔法之家的租客。

关于汤姆·福特与卡帕阿尔法的故事

那时候，汤姆·福特是沙丘路3000号房子的主人。对风险投资家而言，沙丘路3000号的名气不言而喻（现在名气最大的也许是位于加州圣马特奥的罗斯伍德或英雄城）。我记得那天和汤姆·福特一起参观他的房子。汤姆有很多从事风险投资的朋友，他发现这些朋友开始变得富有起来，他们喜欢一起工作，但手下员工不多。汤姆建造了四栋写字楼，里面有很多小办公室，可供很多创业小团队入驻。他把办公室设计得很豪华，而且都是量身定做的，全都是开放式的公用办公室，这样人们就既能拥有自己的空间，又能感觉自己是社区的一部分。

汤姆开始四处招揽风险投资人搬到他的写字楼里。起初人们有点犹豫不决，因为这些建筑都在偏远的山丘上。包括我父亲在内的绝大多数风险投资家都想留在帕洛阿尔托，那里更能彰显他们的身份。人们都没有听说过门罗帕克（Menlo Park），但他们都知道帕洛阿尔托是旧金山半岛的大城市之一。但汤姆没有放弃，最终招募到了一批顶级的风险投资人来沙丘路3000号工作。

那里逐渐成为风险投资人的聚集之地，媒体经常把它描绘成风险投资人的华尔街。汤姆大获成功。如今，这处房产价值接近10亿美元。只要和汤姆·福特一起在沙丘路3000号附近转一圈，你就会有所领悟。他非常自豪地带着我参观房子，四次弯下腰去捡地上的烟头。他看到一条改道的排水沟和一扇被人无意涂上了一小块油漆的窗户，默默记在心里。他还注意到有辆车停在访客停车位上，而那辆车是属于租户的。他问我，他还要做哪些事情，才能让年轻的风险投资人更喜欢这里。他是一位非常好的房东，房东有房东的思维方式：他们会为长远做打算，竭尽全力取悦客户，无论任何细节问题都要当场解决。

相比之下，我在斯坦福大学加入的兄弟会"卡帕阿尔法之家"是租来的。包括我本人在内的 40 名大学生住在一栋与沙丘路 3000 号建筑风格相似的建筑里，每人每月要交大约 300 美元租金。我们都是租客。我们知道，就算长期居住在那栋房子里，我们也不会获得任何利益，而且每次只能在我们的房间里连续居住 3 个月左右的时间，然后就得换房间。兄弟会会长带我们四处看房间时会这样说："这里是我们打高尔夫球的地方，球从屋顶飞出去掉进湖里了。那扇窗户烂了，因为我们的高尔夫球技术不怎么样。墙上有个洞，是因为有个哥们太活泼，推着滑雪板穿墙而过，弄醒了睡在隔壁房间里的人。这里是给他们聚会的时候堆放垫子的地方，这样他们可以直接从阁楼跳下去。这里是我们用木头和水泥做浴缸的地方，但那是好几年前的事情了，所以这里，还有那里，都长了霉斑。这些地毯都有车轮印，因为有个哥们喜欢骑摩托车爬楼梯，上来后把车停在浴室里。"

你可以想象那是怎样的环境。作为租客，我们没有房子的所有权。我们从未想过要修理或更换任何东西，也不会为后来的租房者着想。

在初创公司，所有权也具有同样的效果。拥有股权的人会考虑自己能做些什么，会更努力地创新，以更明智的方式进行市场营销，从而使公司更好地运作、更精益地运营，使客户更高兴；而没有股权的人（比如顾问）只是用自己的时间换取薪水而已。

这里要顺便说一下关于聘请顾问的问题。我所说的"顾问"是指外聘的工程师、管理者、营销人员等，他们可以为企业做出非常宝贵和积极的贡献。如果他们拥有相关专业知识和经验的话，可以使产品迅速成熟。他们曾向其他公司提供过类似服务，初创公司可以充分利用他们的专业技能。

然而，根据我的经验，顾问往往会给初创公司带来麻烦。初创公司需要的是"主人翁"——他们的目标是使公司变得更好、更强大，更快地交付产品，用质量和价格打动客户。他们应灵活机动，能够迅速高效地修补和重新设计产品。

顾问则对自己的公司更感兴趣。如果顾问能够把更多时间花在自己的公司上面，推动某个特定的项目，那他的公司就会发展得更好。每当需要做出变革时，企业的拥有者会尽快做出改变，而顾问可能会犹豫不决。顾问可能会首先考虑自己要为变革付出多少时间成本，然后考虑希望这份工作持续多久，最后才下定决心应对变革。

你要为初创公司制定完备的制度，不要让顾问主导产品的设计和研发工作，否则，他们可能会因为找到别的大客户而突然中止你这边的工作。你当然希望你的创业团队不断改进产品，不会中途松懈。创业英雄不仅要聘请一名顾问帮助公司创建产品原型，迅速把原型产品交付到客户手中，还要在公司内部组建一支团队，规划长远的产品线，在必要的时候做出变革。创业英雄还可以聘请一名公关顾问，帮助企业与媒体建立关系。刚开始的时候，初创公司需要靠公关顾问加强与外界的联系，但随后就要培养内部公关人员，以跟进和推动企业与媒体的长期关系。

开放

也许你的创意一开始并不正确，所以，要对别人的看法持开放的心态。Hotmail 的创始人起初找到我们的时候，只是想做网站索引；Skype 的创始人最初打算做共享 Wi-Fi；埃隆·马斯克最初借鉴了莲花汽车的车身外观，后来才设计出无与伦比的特斯拉 Model S 电动汽车。创意可以来自任何人和任何地方，如果你拒绝接受别人的想法，机会就永远不会出现。如果你保持开放的心态，学会聆听别人的想法，你就会惊喜于自己的企业变得多么令人振奋。

开放的心态非常重要。伍迪·艾伦（Woody Allen）曾说过："90% 的成功会不请自来。"我认为成功有其他因素，即对新人、新想法和新机遇持开放态度，这才是成功的关键。在我认识的人当中，我的父亲是心态最开放的，他的事业也非常成功。经营私人企业的时候，他在风险投资领域做得风生水起；从事公共事业的时候，他是美国进出口银行的行长；从政后，他又担任了联合国开发计划署署长，同时还管理着非营利性机构德瑞普·理查兹·卡普兰基金会（Draper Richards Kaplan Foundation）。他说，他成功的秘诀就是"海纳百川，兼收并蓄"。他办公室的同事们制作了一张海报，把他画成了詹姆斯·邦德的样子，并给海报命名为"海纳百川博士"（Dr. Yes）。

在社交活动或商业会议上，如果你仔细观察我的父亲，就会发现他总是全神贯注地和别人聊天，不管对方是东道主还是宴会承办人，是总统还是水管工。无论是出租车司机还是公司总裁，他都能从他们身上学到同样多的东西，而这些人后来都成为他人际关系网络的一部分，为他的成就添砖加瓦。每当总统需要一个管道工或宴会承办人时，父亲总会帮他找到解决办法。除此以外，父亲能做的事情还有更多。

无论走到哪里,他都会把开放和友善的态度传递给别人;他总是寻找机会与别人沟通。如果说这世界确实存在缘分的话,那他的缘分简直多得泛滥了。他帮过的人数不胜数,如果他需要帮助的话,随时都有人站出来。所以说,他成功了。对于别人的新想法,一定要有海纳百川的开放心态。

我父亲曾经看到一个缺了门牙的人咧着嘴开怀大笑,他问那人:"你为什么不镶一颗牙呢?"那人说:"镶牙会花掉我 300 美元。"父亲认为,缺了颗门牙,那人将无法取得与他能力相匹配的成就,于是他把那人送到他的私人牙医那里镶牙。那人一直心怀感激,牙医甚至都没有收我父亲的钱。

健康

很多人靠医生来照顾自己。医生们虽然发誓遵守希波克拉底誓言(Hippocratic Oath),但是除了为皇帝和一些与众不同的医疗体系服务之外,他们没有任何金钱上的动力来保障你的身体健康。当然,绝大多数医生都遵守这样的座右铭:"首先不要伤害别人。"威胁人类健康的两大疾病是心脏病和癌症,但可笑的是,第三大威胁竟然是住院。医生们想把病人治好,但一直以来医疗事故频发,病人经常起诉医生,以至于每个医生的脑海里都有一个小小的声音在说"我最好不要做些被病人起诉的事情",而不是在想"我能为这个病人做些什么?"医疗事故保险占医生总支出的 25%。实际上,病人要额外支付 33% 的医疗费用,这样,当医生犯错时,我们的社会才有钱去惩罚他们。信任是免费的,而一旦信任缺失,我们就要付出高昂的代价。

美国政府的医疗支出几乎没有任何约束,这是如今美国医学界最怪异的事情。对绝大多数病人来说,药品几乎是免费的。共付医疗费(copay)①的情况偶有发生,但一般很少见。无论患上任何疾病,人们都可以去医院接受治疗,而看病的费用由保险公司支付。保险公司从纳税人(参与美国老年医疗保健体系的公民)或企业那里收取保险费。按照美国政府的规定,企业必须为其雇员购买医疗保险。所以说,病人几乎没什么理由不去医院看病。医生通常会尽量给病人提供最昂贵的治疗服务,因为保险是根据病人所接受治疗的种类赔付的,而不是治疗的结果。这种情况可能导致医生产生不正当的动机,故意误诊,从而提高他们个人或医院的收入。

---

① 指医疗费用超过扣除款项,由病人支付给保险公司——译者注。

关于西拉诺斯公司（Theranos）的故事

有一天，我女儿杰茜最好的朋友伊丽莎白·霍尔姆斯（Elizabeth Holmes）来到我的办公室，她对我说："我要改变我们所了解的医疗体系。"那时伊丽莎白只有19岁，但她明白当下所有的医疗激励举措都是错误的，而制药公司、医生和保险公司都在宣传这种体系，这对病人来说有害无益。接着，伊丽莎白向我讲述了她的计划。她打算创立一家企业，使医疗体系能够更好地运作。她计划从血检入手，推出一种只需采集极少量血样的血液检验技术。她给这家公司起名为"西拉诺斯"（Theranos），是英文单词"治疗"（therapy）和"诊断"（diagnosis）的结合体。我很欣赏她的热情，于是给她投资了100万美元，公司估值约为1000万美元。

近十年来，西拉诺斯公司秘密研发了"纳米采血器"。这是一种微流体装置，只需采集两滴血液就可以进行测试。纳米采血器也被称为"微型实验室"，它是集设备和软件于一体的平台，具备进行全面临床实验的潜力。人们可以借助纳米采血器监测自己的健康状况，并将检测结果存储在云系统中；根据血液的变化情况，人们可以采取相应的措施。当她最终宣布这项革命性的技术时，全世界都为之倾倒。西拉诺斯公司的估值高达100亿美元，伊丽莎白本人也登上了《福布斯》杂志的封面，被评为世界首位30岁以下白手起家的女性亿万富翁。

对用户来说，这项技术是个利好消息，他们将少花数千美元，少抽好几加仑的血。它给患者提供了与血液相关的基准数据和血液随时间变化的持续记录，而用户可以借助新的数据确定他们的生活方式和所服药物对自身健康有何影响。所有这些信息都可以在云端系统轻松获取；人们可以将当下的测试结果和以往结果进行对比，因为过往记录都在云端上保存着。此外，西拉诺斯可能还会增加其他数据，比如用户的DNA、体重，或者像Fitbit或BodyBug等可穿戴设备记录的结果。所有这些数据都可能表明他们服用了错误的药物，或者根本不应该服用药物。美国的医疗体系已经站在了悬崖边上，即将迎来一场暴风骤雨般的变革。

但对医疗行业的既得利益者来说，这项技术带来了威胁。从长期来看，它可以大幅降低血液检测的成本，且医疗数据可能变得更加透明化、更加丰富。西拉诺斯的竞争对手LabCorp和Quest多年来一直垄断血液检测市场，现在它们将不得不面对西拉诺斯这一血液检测行业的新生力量。对LabCorp、Quest和其他公司来说，其营业收入肯定会下降，保险公司可能会因此下调保险费。大型制药公司则是另一个垄断群体，假如数据表明"一刀切"的处方药体系是不可靠的，那么制药公司可能就得改头换面。医生们可能会发现自己的病人数量越来越少，因为人们现在可以借助这些测试结果（及人工智能方面的新技术）来进行自我诊断。

医疗保健行业即将迎来变革，患者们可以更好地控制自己的健康，而医疗行业的既得利益者可能会受到不利影响。然而，《华尔街日报》（*Wall Street Journal*）一位咄咄逼人的记者对西拉诺斯公司验血技术的合理性提出了担忧，这让既得利益集团松了一口气。该记者对西拉诺斯和伊丽莎白进行了调查之后，发表了一系列谴责文章，使公众舆论的矛头对准了伊丽莎白和她的公司，对西拉诺斯造成了严重影响。伊丽莎白·霍尔姆斯用了人生三分之一的时间去履行自己的使命，她不知疲倦地工作，创立了一家致力于改善我们的健康和生活的公司，而《华尔街日报》用了将近 40 篇文章，把西拉诺斯令人惊叹的医疗改革推向了一场舆论审判。我怀疑西拉诺斯的竞争对手在背后鼓动媒体做这件事情，但无论实际情况如何，这些文章都对西拉诺斯公司造成了伤害。值得注意的是，各家血液检测公司得出的检验结果是不同的，甚至会产生人为错误，比如遗失或调换血浆瓶、贴错标签等。《华尔街日报》记者利用公众舆论对伊丽莎白进行了强烈谴责，导致政府机构也觉得有必要介入其中，官司就这样开始了。伊丽莎白迫不得已关闭了自己的实验室，主要合作伙伴不喜欢负面舆论，也放弃了合作关系。伊丽莎白疲于应对监管机构的大量调查函，法律费用激增。目前，消费者已经暂时被剥夺了一项可以挽救他们生命的服务。

与此同时，那名记者编造了一些关于他自己的故事以博人眼球，如果故事属实，那他就能获得 400 万美元的电影版权合同。

这出悲剧让我印象最深的地方是西拉诺斯公司所追求的崇高使命。所有初创公司都要经历成长的痛苦，它们的初始产品没有预期的那么好，任何缺陷都会被过分放大。那名记者含沙射影地指责伊丽莎白，然后煽风点火。根据西拉诺斯制订的发展路线，患者原本能够以更安全的方式获得持续可靠的血液检测结果，却不料空欢喜一场，实在是可笑又可悲。

《华尔街日报》刊登出那近 40 篇文章后，西拉诺斯的客户都被吓跑了，甚至医生也知难而退。负面舆论太过强大，让人无法抗拒。民众以为在使用西拉诺斯的血液检测仪之后会得到错误的结果，从而导致他们在求医问药的过程中做出错误的决定。

对消费者来说，这是极其不幸的结局。消费者热爱这项服务，因为它比现有的解决方案更加便捷。随着时间的推移，消费者可以自行观察和监测血检结果的变化，他们一想到这点就兴奋不已。父母们也喜爱这项服务，因为他们的孩子在抽血时不会号啕大哭了。

也许有一天，这种血液检测技术会流行起来，但在此之前，我们在血液检测上付出了心血和高昂的代价。我们希望建立一个基准数据库以监测血液的变化趋势，然而这依旧是一个白日梦。我们不仅失去了数据库和金钱，也浪费了大量心血！

最可笑和最令人气馁的是，一位富有进取心的创业者敢于冒险，去改变我们所熟知的医疗保健体系，结果却哑巴吃黄连，有苦说不出。她竭尽全力打造西拉诺斯，但人们似乎并不重视她的努力。我们都应该感谢她在血液检测技术方面所取得的突破性进展，可我们非但没有这样做，反而去诋毁她。

其他行业的创业者也遭遇过类似的打击，他们的事业非常成功，打破了既得利益者对行业的垄断。我记得，Skype 曾受到过长途电话运营商的攻击，它们说 VoIP（Voice over Internet Protocol，即网络电话）技术不安全。Skype 之所以能够躲避这些攻击，是因为它采用的是点对点文件共享技术，从技术层面上讲，它跟很多进入该行业的 VoIP 企业截然不同。特斯拉几乎每时每刻都遭受汽车公司的攻击，它们游说美国各州政府，只允许有牌照的汽车经销商销售汽车。如今，一些州仍然不允许特斯拉直接向当地客户销售汽车。《纽约时报》（New York Times）的一名记者试图用自驾经历证明特斯拉电池消耗得很快，而不是公司宣称的那么耐用。听说了这个故事之后，埃隆·马斯克立刻去验证这名记者的行车路线，结果发现他完全是在编造谎言。埃隆发现，这名记者在停车场兜圈兜了 3 个小时，这样他就可以在到达目的地之前把电池电量消耗殆尽。比特币也一直受到银行业、各国政府和媒体的攻击，摩根大通银行（JP Morgan）的首席执行官说比特币是一个骗局；一些国家政府宣布比特币是非法货币；而媒体则断言比特币只适用于邪恶用途。但是，比特币已经证明自身有很强的适应力。幸亏比特币的发明者没有透露自己的姓名，不然就会成为别人的攻击目标，而真正相信比特币的人专注于让这种货币变得更加成功。纳普斯特和 StreamCast 曾受到音乐行业的攻击，尽管这些公司已经消亡，但它们的技术仍存在于 iTunes 和 Spotify 当中。优步曾受到过出租车公司的攻击，而爱彼迎和亚马逊分别受到过旅馆和书店的攻击。创新者与守旧派之间的斗争还在继续。

守旧派知道如何压制创新，顽固的行业寡头打压创新者的招数很简单，分为以下几步。首先是忽略创新行为，希望它能够自动消失。第二是与其他寡头联合起来对付初创公司，操纵媒体向初创公司的客户灌输恐惧感。第三是提起诉讼，企图迫使初创公司资金枯竭。法律诉讼的费用很高，大公司可以无限期地让诉讼持续下去，而初创公司通常只能选择和解，或者耗尽资金来为自己辩护。最后一步则是游说政府采取行动，关停初创公司，理由就是它们不像寡头们那样遵守现有规则；或者强迫初创公司遵守为大企业制定的规则。

对创业者来说，上述手段已经足以让他们焦头烂额了。当创业者努力实现自己的愿景和改变一个行业时，他们还没有准备好迎接来自守旧派的打击，因此，创业者的自杀率、离婚率和药物滥用率都很高。

在研究成功创业者的健康状况和精神状态时，我就发现了上述这些问题；此外，我认为我们需要更多的创业英雄来推动进步和变革。因此，我创建了德瑞普大学。我们的使命是帮助未来的创业者为他们可能面对的一切做好准备，这样他们才能让世界变得更美好。

寻开心！！！

假如员工不享受自己的工作，任何一家公司都无法达到数十亿美元以上的市值。我拜访过一些我所资助的初创公司，它们办公室的中央通常设有乒乓球桌、游乐中心、吧台、沙发和虚拟实境设备。当我看到这些娱乐设施时，创业者觉得很尴尬，他们通常会含糊其辞："工程师们需要以某种方式释放压力。"但作为一名投资者，我乐于见到这些娱乐设施。工作在人们的生活中占了很大一部分比例，人非草木，他们需要娱乐、爱、健康和支持。他们想获得公平的待遇，更需要保持健康。

在德瑞普合伙人公司及我们的所有合伙企业中，每个人的办公桌上都有一支玩具水枪，大家随时准备"开战"，而"开战"的理由既可以是庆祝某件事，也可以是为某项融资活动，甚至可以没有任何理由。这些年来，我们组织了宠物狗展、交易会、派对、比萨饼节、生日庆祝会、划船旅行、徒步旅行、集体到拉斯维加斯和迪士尼乐园游玩等。我们想尽一切办法让员工保持快乐的心态和健康的情绪。对那些市值达到 10 亿美元的公司，我们设立了"终极飞盘奖"（the Ultimate Frisbee）。最近，我们还设立了"金色英雄面具和斗篷奖"（the Golden Hero Mask and Cape），专门奖励那些在创始人无变动的前提下达成里程碑事件的企业。我们推出了盛大的"闲聊节"（schmoozefests），以飞行、未来、太空或科学作为聊天主题，以展示初创公司轻松有趣的氛围。风投原本是一个无聊乏味的行业，著名的风投企业常被人们冠以"掠夺者"或"守财奴"的外号，而现在，追求乐趣成为我们身上的另一个烙印。创业者之所以想跟我们合作，是因为他们也想追求一点乐趣。

他们看到了创业过程中充满乐趣的一面，认为我们的合作关系可能会带来一些与众不同或不寻常的东西。

对于企业来说，这种充满乐趣的工作方式所带来的创造性思维和人际关系网络是非常有价值的。我们的"闲聊节"带来了无数的交易流量、需求方、战略合作伙伴、客户、投资者、有限合伙人、供应商、媒体和朋友。

在德瑞普合伙人公司和德丰杰旗下的公司，我们一直把自己看作风投行业最敢于特立独行的人。我们尝试做过很多事情，这些事情要么前所未闻，要么被风投行业其他投资人看不起。我们是第一家做广告的风投企业，也是第一家建立风险投资网络的企业，更是第一家在美国境外建立网络和关注互联网的硅谷风投企业。我们把办公室搬到风险投资人聚集的沙丘路之后，就马上举行了一次社交聚会，我们称之为"邻里狂欢会"（There Goes the Neighborhood Party）。我们邀请了来自沙丘路的所有兄弟朋友和邻居欢聚一堂，并且把"游猎"作为聚会的主题。我们在办公室外面放了很多笼子，笼子里有猴子和其他各种动物，而我则骑着一头大象闪亮登场。新办公室所在地风景优美，花草树木都是经过人工修剪的，非常漂亮。可当我骑着大象登场时，它稍微绕行了一下，用象鼻缠住一棵树干较粗的榆树，然后把树从地里拔了出来，开始吃树上的叶子。接着，它又背靠着某个人的办公室窗户，惊得一位女士尖叫着从写字楼里跑出来。场面有点难堪，但接下来的聚会总的来说非常成功。我向那位女士再三道歉，我们变成了朋友，而且后来还做成了一笔生意。这场聚会成为一个传奇故事。有好几次，我们谈起这件事时都大笑不已，它使我们的团队（和我们的邻居）关系变得更加紧密。

更好玩的事：与首席大法官桑德拉·戴·奥康纳和加州州长夫人盖尔·威尔逊（Gayle Wilson）共舞

我喜欢跳舞，因为跳舞可以活跃气氛。我不仅会跳华尔兹和狐步舞，还会自创舞步，其中一种我称之为"消防员之舞"：我把舞伴扛在肩膀上，像陀螺一样旋转。我还自创了另外两种舞蹈：其中一种是我握住舞伴的双手，我们互相借力旋转，直到双方没力气握手为止；另一种舞蹈让我感到特别自豪，刚开始时，我和舞伴跳的是吉特巴舞步，当舞伴完全失去方向感时，我就把她拉过来，翻转到我的背上。这个动作是我从一位柔术大师那里学来的，他就这样把我翻转过来，然后我背部着地。我请他帮我把这个动作改造成舞步，使舞伴在这个动作之后保持站姿。通常情况下，我只会在一些氛围狂野的舞会上表演这些保留动作，但有时候我也靠跳这些舞来活跃气氛。

有一次，我的父母在马里兰州的切维切斯乡村俱乐部（Chevy Chase Country Club）为华盛顿的政府机构举办了一场聚会，我也参加了这次聚会。我的同桌有桑德拉·戴·奥康纳法官和其他几位达官显贵。我本以为他们参加过无数次这样的聚会，会表现得中规中矩。但没想到的是，奥康纳法官浑身充满了活力。我也注意到了这一点。坐在我左手边的一位好心的女士对我说："按照惯例，男士要邀请同桌的每一位女士跳舞。"当时乐队已经演奏了三首歌曲，舞池里空无一人，我心想："搞什么呀。"于是邀请桑德拉·戴·奥康纳走进舞池，然后把她翻转到了我的背上。她的表现非常棒，没有错过任何一个动作。她似乎很喜欢这个翻转动作，但我觉得翻一次就够了。跳完舞后，我回到桌旁，邀请那位提醒我按惯例跳舞的女士一起跳舞，她带着极大的不安伸出了手。翻转动作成为点燃聚会者热情的绝招，舞池里挤满了人，这些原本很拘谨的政坛大腕开始疯狂起来，仿佛坐进了辉哥大巴（Fillmore）[①]。有时候，如果你想点燃成功的火花，首先要激发别人的热情。

同样地，我还有幸在加州卡梅尔镇（Carmel）林肯俱乐部（Lincoln Club）举办的活动中与盖尔·威尔逊共舞。盖尔女士既温柔又惹人喜爱，我在舞池里把她翻来转去，这让她大吃一惊。我的动作太快了，她只能不断地踩着步点。我们俩笑个不停。她身边的安保人员显然有点猝不及防，如果他们看到我这样翻转她，肯定会把我扑倒在地。有时找乐子也是挺危险的。尽管如此，我还是鼓励你偶尔放纵一下。

尽情起舞吧，不要在意旁人的眼光。

有一次，我应邀参加"与星共舞"（Dancing with the Stars）的现场表演活动，我的绝技派上了用场。主持人随机挑选观众上台跳舞，我被选中了。我把我的舞伴翻转了几次，她吓得目瞪口呆。观众报以热烈的掌声，但主持人并没有注意到我的动作。跳舞图的就是开心。

弗兰克

弗兰克·克里尔（Frank Creer）是我的一位好朋友，他的性格有点像动画片

---

① 辉哥大巴是动画片《赛车总动员》里的一个角色，崇尚个性和自然的东西。此处指作者的舞蹈动作激发了政治家们的跳舞热情——译者注。

《粉红豹》（*Pink Panther*）里的加藤（Kato）和另一部动画片《南方公园》（*South Park*）里一个人物的结合体。他总是出其不意地对我发起肢体攻击，让我时刻保持警觉又大笑不已。他在德瑞普大学教生存训练课，经常能打造出极佳的生存训练环境。他想了个点子：在入学第一天里尽可能使团队成员待在一起，以加深成员间的相互了解。他还让两名男学员把自己涂成粉红色，因为他们错过了一节关于女性劳动力的课程。

我记得有一次，我坐电梯去见阿诺德·施瓦辛格，心情非常紧张。弗兰克突然从背后搂住我，把我抱了起来。当时我觉得很气恼，因为我正在思考要和阿诺德讨论的事情，他的举动让我分了神，但我现在很感激他这样做。他缓和了我的紧张心情，这有利于我以轻松的心态和阿诺德交流，并建立长久的关系。

关于沙丘挑战赛的故事

德瑞普的员工总喜欢做些与众不同的事情，我们不放过任何可以向世人展现自我的机会。有一次，伍德赛德镇（Woodside）巴克餐厅（Buck's Restaurant）的贾米斯·麦克尼文（Jamis MacNiven）突发奇想，打算举办一场名为"沙丘挑战赛"的硅谷肥皂盒汽车大赛。一听说这个消息，我们就立刻集思广益，商量如何参赛。为了赢得冠军，硅谷的一些公司会花一大笔钱去改装汽车，比如莫尔达维多风投公司（Mohr Davidow）的汽车改装费就花了将近 10 万美元，而我们打算另辟蹊径（主要是因为不想乱花钱）。我们每年都有一个主题。第一年，我们以"冲浪"作为主题，把车改造成冲浪板的外观，由弗兰克担任车手。他是我们的试验者，因为我们从来没有开过这辆车。我们打趣说，他就是我们的敢死队队员和不死鸟。我们第一年的参赛成绩不错，但第二年问题来了。组委会不允许参赛车辆使用能源，我开始思考如何给我们的车提供更多的自然能量。在中学物理课上，我学过一道公式：$PE=1/2\ mgh$，即高度可以产生势能。于是我们搭建了一个巨大的坡道。我们没有太多时间弄这个，所以它有点不太牢固。我们用钩子勾住车子，设置好绳索和滑轮，为车子做好出发准备。弗兰克再次自告奋勇担任车手，而且开的还是去年的同一辆车。我们把车子和弗兰克一起倒挂在斜坡顶上，发令枪一响，我和沃伦·帕卡德（Warren Packard）便拉动绳子，给汽车加速。弗兰克驾驶着汽车像火箭一样冲了出去，并领先一辆花了 5 万美元改造的赛车 50 码距离。我们进入了最终的决赛，但无法参赛，因为坡道早已散架，而且赛车的转向装置也已经扭曲。弗兰克还想再做一次敢死队队员，他愿意再次成为"牺牲的羔羊",但我宣布我们已经是胜利者,然后把那 10 英尺高的坡道拆除掉,这样弗兰克就不会送命了。

那场比赛之后,沙丘挑战赛组委会便禁止参赛者使用坡道。在接下来的几年里,德丰杰分别以特洛伊木马、挪亚方舟和纳米汽车等造型参赛,而且每次都赢得精神鼓励奖。

关于公平、开放、健康和开心的问题与练习

1. 什么是公平?是平均分配还是多劳多得?

2. 你认为如何才能让人们敞开心扉?你对别人微笑吗?对别人点头示好吗?认真倾听别人说话吗?

3. 你觉得自己的身体是否健康?你认为定期去找医生检查身体好呢,还是永远不去看医生好?

4. 你上一次玩得很开心是什么时候?

5. 某些事情很好玩的原因是什么?

6. 尝试新事物好玩一些,还是做熟悉的事情好玩一些?

7. 发明一个游戏,邀请 8 个以上的朋友一起来玩。如果你想不出新游戏,那就用帕克兄弟公司(Parker Brothers)出品的棋盘游戏《冒险》(*Risk*)。向游戏参与者讲明所有规则,然后在游戏玩得最火热的时候,试着强行让你的对手和坐在他们左边的人换个位置。与其他情境相比,这个游戏能让你学到更多关于公平、开放、健康和开心的知识。

关于公平、开放、健康和开心的难题

假设你现在来到了一个有外星人居住的星球,那里的外星人分为两个民族,一个叫"佛罗博族"(FRoeBLEs),另一个叫"斯加博族"(ScAboRs)。你走到了一个岔路口,如果往其中一个方向走,就有可能遇到友好但极其危险的佛罗博族人,只要跟他们有身体接触,你就会死亡;如果朝另一个方向走,则可能会遇到说话含糊不清的斯加博族人,他们会带你到一个地方,你可以在那里建造房子、种植蔬菜和制作衣服。佛罗博族人喜欢撒谎,斯加博族人只讲真话。现在,你遇到了一位外星人,你不知道他是佛罗博族人还是斯加博族人。他说:"你可以问我一个问题。"

然后他静静地坐在那里，等着你提问。你打算问什么问题?

你的面前有 6 枚比特币，其中有 1 枚假币，假币的重量比真币的重量轻。只称重两次，找出那枚伪造的假币。

你面前有 12 枚比特币，其中有 1 枚假币，但尚不清楚它的重量比真币轻还是重。只称重 3 次，找出那枚伪造的假币，分辨它的重量是大于还是小于真币。

关于公平、开放、健康和开心的几句短诗

公平就是不偏不倚，

开放就是敞开心扉，

健康源自关爱，

开心有利于学习。

I WILL KEEP MY WORD.

我要信守承诺

"我们学会了诚实和正直，说真话很重要……不要走捷径，也不要随心所欲……只有以公平和公正的手段得来的成功才值得称道。"

米歇尔·奥巴马

"正直无疑是领导者最优秀的品质。没有它，无论是在铁路养护班、足球场、军队，或是职场当中，我们都不可能取得真正的成功。"

德怀特·D. 艾森豪威尔（Dwight D. Eisenhower）

"明知道无人见证，依然做正确的事情，这才是真正的正直。"

奥普拉·温弗瑞

"有勇气说不，有勇气面对真相，做正确的事情。唯有如此，你才能正直地活着。"

W. 克莱门特·斯通（W. Clement Stone）

"正直是一切成功事物的精髓。"

R. 巴克敏斯特·富勒（R. Buckminster Fuller）

"断然拒绝别人通常也是一种正直的表现，而这种正直是那些态度模棱两可的人所缺乏的。"

道格拉斯·亚当斯（Douglas Adams）

"内心诡计多端、表里不一的人事事受挫，坦率正直之人则事事顺利。"

查尔斯·卡莱布·柯尔顿（Charles Caleb Colton）

信守诺言有时候是件非常痛苦的事情，尤其是在人们的兴趣和动机发生变化之后。

关于德菲监狱的故事

德菲是一个非营利性组织，鼓励正在坐牢和曾经坐过牢的人学习创业。有前科的人很难找到一份工作，所以德菲想帮助他们自主创业。

我是德菲的捐资人和志愿者。有一次，我和其他几位志愿者一起去监狱教犯人们创业。德菲的创始人凯瑟琳·霍克（Catherine Hoke）告诉我们，我们会像她那样喜欢上这些囚犯，但千万不要承诺他们任何事情。她说："想象一下，假如你在监狱里待了 20 年，而且与外界的唯一联系就是德菲的志愿者。再想象一下，那位志愿者 15 年前就告诉你或暗示你，等你出狱后他会聘用你，或者他自立门户后会让你住在他家。那么在这 15 年里，你会幻想着自己未来有一份好工作或住在某所漂亮的房子里。千万不要做任何承诺，否则某个有前科的人会在某个时候出现在你的门口，此时你可能已经结婚了，你的配偶跟你 15 年前见过的囚犯没有任何关系，却有可能成为受害者。"信守诺言是非常困难的事情，所以不要轻率地做出承诺。一定要谨慎地选择你的诺言，详细说明你愿意为了履行这些承诺而做什么事情。

监狱经历是非常煽情的。我们去了索拉诺的州立监狱（Solano State Prison），那里全是男性囚犯，戒备森严。狱警们总是保持警戒状态，尤其是在监狱里发生了一起极其严重的谋杀案之后。我们穿过了几扇门，走过了一条特别阴森恐怖的走廊，然后经过了一个全是棕色泥土的院子，那里是囚犯们放风时运动的地方。最后，我们来到了一间宽敞的健身房，我们全天的会议就在那里举行。

凯瑟琳带领囚犯们做了一个特别有启发性的练习。她在健身房的正中央设置了两条线，线与线之间相距约 4 英尺。她让 70 名囚犯站在一边，20 名左右的志愿者站在另一边。然后她问了一系列问题。她告诉囚犯和志愿者，如果他们觉得自己能回答这些问题，那就往前一步站到线上；如果觉得回答不了，那就后退一步。

她提出了第一个问题："你是四年制本科学历吗？"所有囚犯都后退了一步，而所有志愿者都往前迈了一步。

她又接着问："你经历过家暴吗？父母一方或双方是否在你 18 岁之前就去世了？"这次正好跟上次相反，所有囚犯都向前迈了一步，而所有志愿者都后退了一步。

"你杀过人吗？"大约三分之二的囚犯继续站在线上。我们面前的杀人犯可不少。

"你是在 30 岁以前犯罪的吗？"所有囚犯都站到了线上。事实上，这些人的几乎所有罪行都是在 15 岁到 22 岁之间犯下的，他们当时正处于学龄阶段。

"你在监狱里服刑多久了？"三分之二的囚犯被关了 20 多年，其中一名囚犯的服刑时间长达 43 年。

奇怪的是，假如我把自家的狗关在笼子里超过 1 个小时，我都会觉得坐立不安。但不知何故，社会普遍认为把人关在囚笼里 43 年是件好事。

离开监狱时，我顿时想通了。也许我们应该重新思考罪与罚的问题，又或者，就算我们必须保持现有的制度，也应该最多判处谋杀犯 10 年徒刑。如果囚犯出狱后再次犯罪，刑罚可以加重，甚至判处死刑。这一小小的改变将会拯救那些人生被浪费在囚笼里的犯人，并为监狱节约大概 90% 的成本；我们整个社会也许要对有前科的人持更加理解和仁慈的态度。毫无疑问，我们需要更多类似于德菲这样的项目。囚犯们渴望了解世界，而我们要让他们在出狱时具备真正的谋生技能。

请务必信守诺言，远离监狱。

我最近去了趟阿根廷首都布宜诺斯艾利斯。这个国家的银行和政府无法提供民众所需的货币，民众对其几乎完全丧失了信心。比索大幅贬值，人们对国家的信任度也随之下降。时至今日，阿根廷在拉美国家中的信用度仍是最低的。与阿根廷总统会面时，我告诉他，如果他把比特币作为一种平行的国家货币，民众就会重拾信心，因为比特币属于受信第三方货币，不依赖银行、政客和民众。听到我这番话，他的眼神一下就亮了。也许阿根廷还有希望。

如果遵守诺言，你可能会遇到道德层面的困境，这种困境的成因来自很多方面，而且可能与不确定的未来产生关联。以签合同为例。在签字之前，你必须仔细阅读合同的内容，并试想一下所有合同条款的隐藏含义。我曾经签过一份投资合同，我起初认为那份合同跟我过去签过的许多风投合同一样，可当那家公司以高价出售时，他们寄给我一张支票，上面的金额只是我的投资金额加上了一点点利息。很明显，那位创业者的律师在合同中加了一个条款，允许创业者在我们的资金到期后、某轮融资前卖掉公司，且不允许我把这张支票兑换成股票。为什么受伤的人总是我？！

从这件事以后，德瑞普合伙人公司就堵上了这个漏洞，并致力于为创业者和风险投资人制定新的合同条款，帮助他们建立一种更对等和灵活的长期合作关系。但这种不好的感觉依然存在，那位创业者再也不会获得德瑞普合伙人公司的投资。守信不是单方面的责任，双方都应有合约精神，善待周围的人；即使合同只在一段时间内有效，也要按合同行事。

那位来自乌克兰的创业者拿走了我的投资，钱就这样打了水漂。他不知道的是，这件事也给我们在乌克兰的投资泼了冷水。信任具有令人难以置信的强大力量，一个缺乏信任感的社区玩的是一场零和游戏。那些不信任别人的人，其身边的人也不会信任他们，彼此总是相互猜忌。相比之下，一个充满信任感的社区可以完成任何事情，人们的动机是一致的，他们不需要互相掩饰，他们互相帮助、互相成全。任何贫穷的社区都是缺乏诚信的社区，那里的人们彼此不信任；而任何繁荣的社区从不缺乏信任和诚实。

除了自己信守承诺，你也要确保周围的人言出必行。

关于信守承诺的问题与练习

1. 你最后一次对别人违背诺言是在什么时候？你有没有办法弥补他们？

2. 你是否曾在非常困难的情况下遵守诺言？与违背诺言相比，遵守诺言的感觉如何？

3. 你是否曾卷入诉讼争端？如果你违背了诺言，你会怎么处理？如果你觉得对方违背了诺言，你又会怎么处理？

4. 赌一次钱，故意输掉。向别人借点钱，然后把钱还给对方。

关于信守诺言的难题

一名创业者想聘请一位负责市场营销的副总裁，她有三个人选，但只能从中挑选出一人。她决定对他们进行一个公平的测试。她把他们带到一个房间里，并对他们说，她要把他们的眼睛蒙上，然后在他们的额头上画一朵花，花的颜色要么是红色的，要么是白色的。拿掉眼罩之后，他们不许相互说话，也不许用任何花招弄清楚自己额头上那朵花的颜色。谁先知道自己额头那朵花的颜色，谁就得到这份工作。她还说，如果有两朵红色的花，那么第三朵花肯定是白色的。

但事实上，她在这三个人的额头上都画了一朵白色的花。三名候选人盯着对方的额头看了一段时间。过了一会儿，一名候选人终于弄清楚自己额头上是什么颜色的花，他告诉了创业者。他提出了合理的理由，并得到了这份工作。他是如何发现真相的？

解决奥黛丽·普罗克斯（Audrey Proulx）的歌曲难题，她以前是德瑞普大学的学员。

关于契约的三音步诗（trimeter）

我会信守诺言。

说起来容易，

做起来难。

出尔反尔非君子所为，

信守诺言才值得尊重。

投机取巧有时适得其反，

脚踏实地方为正道。

契约关系更能长久，

它是考验人际关系的不二法则。

I WILL TRY MY BEST TO MAKE REPARATIONS FOR MY DIGRESSIONS.

我要知错必改，敢于担当

"如果一个人敢于承认错误，那他所犯的错误都是可以原谅的。"

李小龙（Bruce Lee）

"这辈子都不要拒绝别人的道歉，否则的话，你会在自己乞求别人原谅的时候想起这件事。"

托巴·贝塔（Toba Beta）

"如果你将来想报答我，那随你的便。我不会要求回报，永远不会。你报答我的最好方式就是成为你想成为的人。"

C. R. 斯特拉恩（C. R. Strahan）

"出来混总是要还的，报应来了。"

史蒂芬·金（Stephen King）

"我自私，没有耐心，而且缺乏安全感。我会犯错，会失控，有时很难驾驭。但是，如果你驾驭不了最坏的我，那你肯定配不上最好的我。"

玛丽莲·梦露（Marilyn Monroe）

如果你知道自己做错了事，那就承认错误，承担责任，并试着纠正错误。这是最基本的常识。"因果报应"这个说法不是没有道理的。我不知道来世会发生什么，但今生发生的事情我一清二楚。真相总会浮出水面，当真相出现时，它有可能会令你尴尬，甚至有可能迫使你接受惩罚，可当一切都结束的时候，那种感觉很好。真相会让你了无牵挂。

关于"六分加州"的故事

加州通过了"第30号提案"（Proposition 30），允许州政府对民众上一年度的收入征收更多所得税。提案一通过，我的几个朋友就决定离开加州。

我的朋友说："我们不再信任这个州了。"他们还说："如果加州对我的收入重复征税，接下来还会发生什么？"甚至说："加州征收的所得税是最多的，但它提供的服务却是最差的，怎么能这样？"

我开始研究哪里出了问题，结果发现，在过去将近40年里，加州就像是一家垄断的服务提供商。在这段时间里，加州的教育水平从第1位下降到第47位；监狱人口数量翻了两番，经商环境从第1位跌至第50位，成为最不适宜经商的州；加州还为他们的工会成员建立了养老金和医疗体系，而政府支付的基础设施费用从预算的26%以上降到预算的3%以下，整个州濒临破产的境地。

加州还强行在各市推行一系列政策，却不给予资金支持，有些市县已在破产的边缘。如果一个州的城市都开始破产了，这个州能有多健康？

事实上，加州的管理水平每况愈下，州政府为其雇员提供了越来越多的额外福利，买单的只能是加州民众，而州政府的服务水平之低，已经到了前所未有的地步。

如果把加州比作一家餐厅或服装店，人们都不进去消费，这家店就会倒闭。但大家都喜欢住在加州，这里天气很好，是好莱坞、中央峡谷（Central Valley）和硅谷的所在地。不管这个州的管理有多糟糕，民众似乎都想继续住在这里。

在太平洋东岸、加州所在的地理空间里，共有 13 个州为争夺公民、企业、资本、创业者等资源展开竞争，这些州必须提供良好的服务来留住他们的公民，否则的话，民众可以搬到附近的州，以获取能与他们所交税收相匹配的优质服务。

我思考过这个问题。在风投行业，每当我们看到一家垄断性企业没有提供优质服务，却还贪得无厌地想赚更多钱时，我们就会创立一家公司，与那家垄断性企业进行竞争。我认为，也许我们需要建立一个新的州来与加州竞争。我开始研究各种可行性方案，结果发现：俄亥俄州是在 1858 年从宾夕法尼亚州脱离出来的，缅因州、马萨诸塞州和佛蒙特州曾经是同一个州，而北卡罗来纳州脱胎于卡罗来纳州，西弗吉尼亚州则脱胎于弗吉尼亚州。

为了解决加州当前的种种顽疾，我决定成立一个富有进取精神的州，并命名为"硅谷州"。我想把选择权先赋予一小部分县，让它们自主决定是否加入硅谷州，然后再向加州其他县开放这种选择权，从而迫使加州为了争夺这些县而承担应尽的责任并参与竞争。

但是，在跟不同的经济专家和政治专家讨论过这事之后，我认为原有方案对于其他州是不公平的，因为硅谷能够成为一个新的州，其他加州人却不能这样做；而且只要拿出双倍的钱，我就能让加州人解散现有单一政府，把加州一分为六。

如此一来，新的州就能借助现代化和数字化手段升级它们的服务，避免政府再度陷入政治分肥的历史泥潭，而且可以参与竞争和合作，并对本州的民众负责。如果民众想要享受更优质的教育、更低的税收、更好的基础设施或更好的医疗保障，他们就可以改变自己所在的州，继续生活在我们称之为加利福尼亚的美丽土地上。对于那些想要留在现有居住地的人，他们的州也要不断改善服务水平，否则就会面临失去公民的风险。

我开始着手将加州一分为六。民意调查结果表明，只有 15% 的加州选民赞成解散政府并在加州原有行政区划范围内建立六个新政府。那些反对该提案的选民认为，加州带给他们某种爱和依恋。我们经常听说人们对"俄罗斯母亲"（Mother Russia）有依恋感，或者对自己最喜爱的棒球队有依恋感，这差不多是一个道理。选民们还担心加州分而治之要分两步走，即加州人可以投票通过提案，但必须等待美国联邦政府将投票结果合法化。最后，他们担心加州分裂后，有些州会富得流油，而有些州会一贫如洗。

这种迂腐的想法很难克服，而就像任何分两步走的进程一样，我们需要先完成第一步。选民们的某些担忧是合理的，但居然有选民认为一些州会变得更富，一些州会变得更穷，这是最奇怪的地方，因为那些选民是根据自己的现实经历形成观点的。事实上，较贫穷地区的人更有可能支持这一提案，他们显然不喜欢当前的状况！他们现在就很穷！如果他们获得自主权，很可能会变得富有。

无论是民意调查还是人们的日常闲聊，都极力反对"六分加州"方案，但我认为，这个方案有着极其重要的政治意义。我必须使"六分加州"成为现实，所以，我需要做的就是在投票中掌握主动权，让人们了解真实情况，从而自行决定一分为六的加州是否比现有由工会主导的、臃肿的、垄断的官僚机构更好。

我到处找人签名拉票。我聘请了迈克·阿尔诺（Mike Arno）帮我拉票，当初教育券提案也是靠他拉票的。我自己也外出收集了一些签名。

我去雷德伍德市（Redwood City）的好市多超市（Costco）停车场收集签名，与20多个人沟通之后，我收集到了15个签名。不一会儿，好市多的管理人员将我赶出了停车场。永不言败的我甚至想说服他们签名，但他们都不肯签。

我又来到20世纪电影院（the Century 20 movie theater）外面，在那里我遇到了其他问题。一名年轻男士说："我听说加州有个富豪想劫贫济富，你就是那个富豪吧？"一名年轻女士则说："你这样收集签名合法吗？你得到政府批准了吗？"

我一直在想，这六个新州不可能采用这一过时的制度来推动州政府的改革。我想将来那些不再为州政府收集签名和计票的人能够明白这一点。

我需要80.8万个签名，最终我们收集到了120万个签名。如果能达到130万个签名，那效果会更好，但我们的签名数量肯定已经绰绰有余了。各个县郡都有签名计票器，政府工作人员从某个批次的签名中进行抽样统计。根据统计学原理，这样计算出来的数字是较为准确的。在此次抽样统计中，各县确定我们统计出来的有效签名数量只有75万个，其他45万个签名无效。

在我看来，不可能会有这么多无效签名，于是我跟圣马特奥县做了预约，准备去查看该县的签名计票器，想弄清楚有效签名为什么这么少。我和计票负责人坐在他那20世纪80年代的绿色屏幕电脑前，他给我看了一些他所谓的"无效"签名。我看了看其中一个签名，然后问他："这个签名有什么问题？"

他说："签名人地址不匹配。"我继续问他："如果他刚搬家呢？"他耸了耸肩说："那就是地址不匹配咯。"

然后我问他："这个呢？这个地址是匹配的。"他说："他的签名和驾照上的签名不一致。"我说："这两个签名是完全一样的。"

他回答说："那你去法院告我吧。"

很明显，那些靠计算签名为生的人都是既得利益者，他们希望"六分加州"方案在投票中败下阵来，因为加州一分为六之后，新的州都将取消签名计票岗位，我相信他们很清楚这点。在民主管理方面，六个新州都会采取更行之有效的方法。

我要向加州人民道歉。我没能让你们的州变得更好，你们依然要在当前州政府的控制之下生活，面临着高税收、糟糕的教育系统、薄弱的基础设施和人满为患的监狱等难题。但请不要担心，我目前正参与"三分加州"计划，该计划将把加州一分为三，三个新州的人口和收入水平将大致相同，而且州名中也保留"加利福尼亚"这五个字。

除了这次失败的经历之外，我还做了很多"不务正业"的事情。对我的合伙人来说，我一直都不是很称职的搭档；对我的投资伙伴来说，我不是最理想的投资人；对我所资助的创业者来说，我不是最好的风险投资人；对我的父母来说，我不是最好的儿子；对我的妻子来说，我不是最称职的丈夫；对我的孩子来说，我不是最棒的父亲；对我的姐姐来说，我不是最好的弟弟；对我的朋友们来说，我不是个最佳朋友；对下属来说，我不是最好的上司；而对上司来说，我又不是最优秀的下属。但我会继续努力，继续为我的"不务正业"做出补偿。

关于弥补过错的问题与练习

1. 你要为自己的哪些行为向别人道歉？

2. 你能做什么事情来纠正这些行为？

3. 对于和你共事的人，你需要给他们弥补些什么？

4. 你可能会做或已经做了一些伤害别人的事情，去向他们道歉。酗酒者互诚会建议采用这种方式戒酒。这种做法很有效。在向别人道歉的过程中，你可能会重新结交一些老朋友或认识新朋友。

关于弥补过错的难题

有一个专门修葺屋顶的木匠，他知道自己每年能修理 30 间屋子的屋顶，但只有下雨过后，别人才叫他去修屋顶，而一年中下雨的时间只有 3 个月。他能做些什么来增加业务量呢？还有其他的办法吗？

关于弥补过错的说唱歌词

你把事情搞砸了，
是时候承认错误了。
你本想纵情享乐，
但现在弄得一团糟。

你写的这封邮件，
违反了法律，
让你成为替罪羊，
人生惨淡收场。

会议搞砸了，
你的头皮发麻，
想要放弃，
想要离去。

现在你想砸烂，
你积累起来的一切，
结束这场痛苦，
但你必须弥补过错。

握住那人的手，
那个想要阻止你计划的人，
紧握他的手。

拯救你的企业，

向那些让你难为情的家伙，

妥协让步。

屈服示弱，

慢慢承受，

站直别趴下。

慢慢接受打击，

兄弟，

他们终会知道：

你永远斗志昂扬，

击不垮，

打不倒，

甚至从头再来。

如果他们要的就是这个，

你就满足他们的心愿，

满足他们的愿望之后，

你将重获自由。

走出困境，

自由航行，

不惧失败，

大胆地发邮件。

THE
SUPERHERO
CLAUSE

超级英雄条款

我将以毕生精力去磨炼我的超级英雄技能，
并用这些技能为整个社会谋福利。

"我想在天地间留下自己的痕迹。"

史蒂夫·乔布斯

关于"搏命水球"的故事

我玩过一种叫作"搏命水球"（Deathball）的游戏，它很适合 20 岁左右的年轻人玩。游戏要用到一个篮球筐和一只水球，玩家就在水池里用水球投篮，没有任何规则约束（但我们建议你戴护目镜）。我被对手咬过、抓过、拍打过，他们还把我按进水里，对我拳打脚踢，弄得我几乎体力透支。但是，这个游戏非常适合了解人性，以及了解人们在没有任何游戏规则下会做出什么反应。

自从收到我那粗线条的朋友弗兰克·克里尔送的礼物之后，我就开始喜欢玩这游戏了。他给我寄了一个大盒子，盒子里有水球和篮筐。我带着两个儿子亚当和比利把篮筐搭好。我觉得，既然这是弗兰克送的礼物，那就应该物尽其用。我们开始玩投篮。我心想：正常情况下，作为一名父亲，每当我和孩子们一起玩新游戏的时候，我都会制定基本规则；但这一次，我要保持沉默。我想让孩子们顺其自然地玩。我们开始练习扣篮，练习防守，然后互相扣篮。扣篮逐渐演变成了"水刑"，几分钟后，我们漂浮在水中，精疲力竭，仿佛死了一般……但那种感觉非常过瘾！

从那以后，游戏就开始"进化"了。我的两个女儿杰茜和埃莉诺也加入进来，她俩很快就把游戏水平提升到了一个新的高度。杰茜喜欢咬人和抓挠，而埃莉诺很懂得用策略，她把我的胳膊肘扣在我背后，让我有力无处使，并且远离争球，等球弹到她那里。有一天，杰茜带来五个女性朋友和两个男性朋友，我们进行男生和女生水球大赛。大约在半个小时内，男孩们一直随意地投篮得分；女生对我们又抓又咬，还故意蒙住我们的眼睛，却徒劳无功。每次我投篮得分，总有一个女孩打我的后脑勺，害得我差点产生了巴甫洛夫阴性反应。女生们终于得了一分，场面顿时沸腾了起来。最后，比赛以我的投篮得分结束，但我还是被抓了一把、咬了一口，脑袋被打了一拳。这是搏命水球比赛"压哨得分"概念的开始。

第二天，杰茜的一位朋友上课时给她发了一条短信，短信内容是："我坐在教室里上生物课，看到手腕上的瘀青，想着为什么不回到德瑞普家的泳池玩搏命水球呢。"

我们玩过无数场搏命水球比赛。似乎我已经找到了和年轻人相处的秘诀，每当我下班回家，孩子们就会说："嘿，爸爸，想玩搏命水球吗？"我们甚至在晚上也玩，这时候危险性要大一些。有时候，比赛人数会多达 10 个人。

杰茜决定组织一次搏命水球锦标赛。我们有 5 支队，每队 5 人，采用单循环赛制，排名前两位的球队打季后赛，并决出最终胜者。我的球队没有赢过一场比赛，实际上我们已经被淘汰了，但这是搏命水球，没有任何规则可言。我把队员召集在一起，准备拿下一场胜利。我们都跳回泳池里，场面开始失控了。看到我们跳进泳池，其他队也跳了进来，所有 25 人都挤在泳池里。场面混乱了将近半个小时，完全混乱！没有人能得分，因为有那么多人在防守。突然有人喊道："决胜球！"我们的一名球员杰伊·吉拉克（Jay Gierak）掉了一颗牙齿，尽管他很想继续比赛，但也只能作壁上观。

我迅速打了个电话给我的牙医朋友，并安排杰伊去看牙齿。现在我们队少了一名球员，我们只能制订新对策。每当我们的球员持球时，我会用腿推开人墙，手臂张开，为他俯冲投篮清除障碍。这个策略奏效了。尽管我们已经被淘汰出了锦标赛，但还是取得了一场胜利！有几个人嘟嘟囔囔地抱怨说："真不公平！"但大家都累坏了，比赛就此结束，我们队获得了搏命水球锦标赛优胜者奖杯。我想通过这个故事告诉创业英雄们：只要你的企业不倒，你就还没有被淘汰。留得青山在，不怕没柴烧。天无绝人之路。继续尝试，继续前进，永不退场。去做一名创业英雄吧！

搏命水球锦标赛后来成为一年一度的盛事。我们牙齿受伤的队友接受了根管治疗，手术很成功，我们所有队员都为下一届比赛做好了准备。我们以杰伊的名义打出了第二届比赛的口号："搏命水球，牙齿失而复得。"在搏命水球赛场上，杰伊展现出了他的创业英雄精神。几年后，他跟别人合伙成立了一家名为"斯蒂克"（Stik）的初创公司，我成为他们的投资人，后来这家公司改名为"路标"（Waymark）。

我们已经将搏命水球比赛纳入德瑞普大学的创业英雄培训课程。我们认为，没有任何规则的游戏能够让人们敞开心扉，接受新的思维方式和策略。每一场比赛都会产生创造性的新打法，只要保持开放的心态，人们就会发现自己的潜力，知道自己最擅长什么和最不擅长什么。

搏命水球、空心球及我们玩的其他一些危险的游戏教会了我的孩子和德瑞普大学的学生们一些独特技能。最主要的是，这些技能让他们做好了面对这个世界的准备。他们不仅克服了各种恐惧感，而且拥有了别人所不具备的优势，在没有任何概念、流程不明，以及根本没有任何规则的前提下知道如何创立一家公司。这些游戏模拟的是"生死关头"，它们迫使人们学会规划，必要时慎重行事，而在机会出现时无所顾忌。作为一名创业英雄，你要磨炼自己的超级英雄能力，比如克服恐惧感和进入未知的领域。请尝试一下搏命水球或类似的游戏，你会感觉到自己的超级英雄能力在逐渐形成。

练习，练习，练习，再练习

阿诺德·施瓦辛格在他的自传中谈到了练习的重要性（他以自己的健美身材为例，说明反复练习是多么的重要）。他说，无论是举重训练、演戏，还是发表政治演讲，他都要一遍又一遍地练习，凡事追求尽善尽美。练习不一定会让人变得完美，但能促使你不断进步，而极致的练习能让你成为最好的自己。多加练习吧！

我姐姐波莉是一位著名的女演员，同时也是导演和作家。我对她说，我要做 12 分钟的 Ted-X 演讲。她说："好吧，先讲给我听。"我结结巴巴地讲了一遍，以为这样就结束了。但她说："再来一遍。"我意识到她是一名演员，已经习惯了一个镜头拍很多次。我只能迎合她的要求，又做了一次演讲，这次流畅了许多，可能也精彩了许多。"再来一遍！"她像监工似的发号施令，我只能一次又一次地练习。真不敢相信，她居然想听这么多次演讲。最后，演讲的详细内容终于敲定，演讲时间也精确到了秒，她才让我停止练习。演讲算不上完美，但它比我第一次发表演讲时有趣多了，内容也丰富得多。我非常清楚，我可以在任何时候、任何地方发表这篇演讲。时至今日，每当兴致上来时，我还能滔滔不绝地发表《竞争式政府治理模式的历史沿革及其在当今世界的重要性》这篇演讲。

毫无疑问，在成为创业英雄的过程中，你要以沉着自信和雄辩的口才向风险投资人或客户介绍你的企业。超级英雄必须具备公开演讲和推销的能力，所以，你务必要勤加练习！

创业者通常会找到我说，他们找过 25 名风险投资人，但只有一名投资人愿意给他们投资。他们说这种话时，其实并没有真正反思过自己的经历。事实上，每次闭门羹都给了他们改进和练习的机会。如果事先做过艰苦的准备工作并进行了练习，他们也许能把吃闭门羹的数量减少到 5 次或 10 次。要想成为真正的创业英雄，你必须事事加以练习，练习开飞机，练习在机场跑道上驾驶飞机，练习做一个"隐形人"，练习熬夜，练习心灵传输（teleporting），练习登上讲台，练习读心术，练习以自己的最佳状态示人，练习瑜伽，练习断食，练习一天只吃两顿饭，练习强壮二头肌，练习独处，练习被别人前簇后拥，练习快速阅读，练习产品制作，练习销售产品，练习时间旅行，练习向别人推介你的公司，练习与别人共事，练习掌控念力。只要坚持练习，你就能成为一名超级英雄。为了造福天下苍生，你要继续磨炼自己的超级英雄技能。

关于成为超级英雄的问题与练习

1. 你是如何磨炼超级英雄技能的？

2. 你目前拥有哪些强项？

3. 为了达到目标，你还要培养哪些强项？

4. 在玩乐方面，你还想拥有其他什么优势？

5. 哪些因素妨碍了你，导致你无法通过学习和磨炼来获得和提升技能？

6. 对于"造福天下苍生"，你有什么看法？怎样才能做到这一点？

7. 向你的朋友大声介绍你的企业及其对行业的影响，并连续介绍五次。不断的练习将有助于你在短时间内简明扼要地阐述自己的观点，还有助于你培养自己公开演讲的习惯。

关于超级英雄的难题

如果蜘蛛侠拿了超人的披风，超人拿了蜘蛛侠的面具，而超人必须要对付绿魔（Green Goblin），蜘蛛侠要与莱克斯·卢瑟（Lex Luthor）一较高下；蜘蛛侠想加入 DC 漫画，超人想加入漫威（Marvel）；神奇女侠（Wonder Woman）有三只手镯和两个手腕，神奇四侠（Fatastic Four）失去了所有神奇力量；那么，超人的红色披肩会是什么颜色？

"耶稣对他们说，你们要走遍世界，将福音传播给世人。"

《马可福音》第 16 章第 15 节（*Mark* 16:15)

"作为使徒和先知，我们不仅关心我们的子孙和你们的子孙，也关心上帝的每一个孩子。"

罗素·M. 纳尔逊（Russell M. Nelson）

THE EVANGELISM CLAUSE

福音条款

　　我将致力于推动德瑞普大学学员、教职员工和行政管理部门人员不断取得成功，并为培养下一代超级英雄贡献自己的力量。

关于德瑞普大学的故事

我一直想开办一所学校。我曾接受过一流的教育，我的母校人才辈出。上小学那会儿，我就读的加州门洛帕克市希尔维尤小学（Hillview Elementary）是当时该州顶尖的公立学校之一。预科阶段，我读的是位于马赛诸塞州安多弗市的菲利普斯学院（Philips Academy）预科学校，它迄今仍然是全国顶尖的预科学校。后来我考进斯坦福大学攻读电气工程，该校在电气工程方面是顶尖的，同时也是美国极好的大学之一。在全球商业教育领域，位于波士顿的哈佛商学院通常排第一名或第二名。可是，在我接受这种一流教育的过程中，我总觉得缺少些什么。

我不仅没有学到任何关于创业的知识，反而发现所有学校都以同样的方式教学，即死记硬背。只要能重现老师所教的每一个知识点，我就能在班上得"A"。除了少数例外，所有的教室都是以同样的方式布置的：老师站在学生前面，学生一排排地坐着，安静地听讲并做着笔记。学校的评分制度鼓励单打独斗、不犯错、不问任何愚蠢的问题，否则的话，老师会认为我们不够资格拿"A"。此外，老师们年复一年地教学生们同样的东西，很多老师甚至会表现出他们对这个体系的厌倦，并且把厌倦感传递给糊里糊涂的学生。

我在惠普公司开启自己的职业生涯时，发现职场所需的知识与学校里学到的知识完全不一样。在学校里，我学到了很多关于电路设计、创意写作、马克思主义经济学、偏微分和人类性行为等知识（没错，斯坦福大学设立了"人类性行为"课程）。但学完这些知识之后，我还是没有团队意识，根本不知道如何在一个团队中工作。由于惠普注重团队精神，所以我在第一份工作中有点不知所措。

幸运的是，我喜欢各种运动 [我甚至师从比尔·沃尔什（Bill Walsh），为斯坦福大学校队打橄榄球,他后来成为旧金山淘金者队主教练,并多次带领球队杀入超级碗决赛],否则的话,我就不会有任何团队合作的概念了。尽管如此,我依旧不擅长团队合作,沟通技能更是差劲得要命。我想,我可能是惠普有史以来最差的员工。公司把我留了下来,甚至试图在我打算去商学院进修的时候提拔我,但我实在是太差劲了。归根结底,学校只教我们两耳不闻窗外事,一心专注于学术研究,没有对我们进行团队合作方面的训练。我只会完成别人放在我面前的任务,仿佛在做期末考试试卷或数学习题一般,还希望能及时把答卷交给我的上司,让上司给我评个"A"。

我的第一份工作和接下来几份工作都是勉强应付过去的,即使在我创立德瑞普合伙人公司时,我的助手凯伦及后来的合伙人们都要主动从我这里获取信息,仿佛我这个人口风很紧似的。也许我是有史以来最不称职的队友。每当我展现自己疯狂的一面时,却没有向长期合伙人约翰·费舍尔解释理由,我只能揣摩费舍尔对我的看法。他可能觉得有办法约束我的疯狂举动,所以愿意继续跟我合作。

我知道,让我的团队成员拥有知情权是无比重要的,只不过我不知道如何让他们获得信息。我大多数时候都在单打独斗,却没有定期反思自己是否误入歧途。

团队合作和交流很重要,可学校是不会教这些东西的。事实上,学校恰恰反其道而行之。绝大多数学校不允许学生在课堂上交流和合作,它们似乎还阻止学生做出反常的行为,不鼓励学生打破常规。每当我尝试任何可能破坏现状的新事物时,老师就会给我扣分。但从商之后,我发现勇气和打破常规是多么重要,我们要敢于冲破束缚,去做一些重要的事情。创业英雄在工作中必须积极主动,不能照本宣科。别忘了,书里的知识(甚至这本书传授的知识)是死的,人是活的,你要亲自规划和探索自己的人生路线。而教育工作者明显忽略了学生们的需求!

2008 年,金融市场几近崩溃,人们都在寻找方向。令我感到惊讶的是,没人愿意站出来改变这个国家和世界的现状,绝大多数金融界人士都是鸵鸟心态,希望一切会烟消云散。这让我想起我们的教育体系,它从不鼓励我们畅所欲言、团结合作和勇于冒险。

我曾数次挑战教育机构,结果喜忧参半。在政治层面,我制订了一些倡议,并与加州教育委员会合作;在慈善事业方面,我创建了 BizWorld 课程,并与多家学校董事会合作。后来,我决定创办一所学校。万事俱备,只欠东风。

我在加州圣马特奥买下了一间名为"本富兰克林"(Ben Franklin)的酒店,那间酒店已经倒闭了 8 年。泛美航空公司(Pan Am)的机组人员曾把那里用作宿舍,在中途经过旧金山国际机场(San Francisco International Airport)时做短暂停留。我还买了街对面的一栋大楼，那里曾是个古董集市，商户们由于交不起铺面租金而搬走了。我之所以买下这两处房产，主要原因是金融危机过后美国政府加快发行货币，我感觉将来会出现严重的通货膨胀。还有，虽然圣马特奥位于硅谷的中心，但这座城市有点冷清，而且迄今为止未被科技界重视，其价值可能被低估了。

买下酒店之后，为了锻炼我的孩子的思考能力，我问他们应该拿它怎么办。我可以把它当作一家酒店运营，但显然，这家酒店已经没什么入住量了。我也可以把它改建成公寓或退休养老社区，但我更想用它来做些有趣的事。我的儿子亚当建议把它改建成一所学校，这个建议激发了我的灵感，我对当前教育体制缺陷的所有想法顿时涌现在脑海。我必须做这件事。这个世界需要一种全新的教育模式，我要以身作则。

我认为这是一个大好时机，它可以改变我们所熟悉的教育体系。但我意识到，我首先要找一位律师，看看这种做法是否合法。我打电话给教育行业的一位顶尖律师，询问开办一所学校要做的事情。他告诉我一长串规章制度，只要照章办事，基本就能确保我的学校看上去跟现有的其他学校没什么区别。我们需要设立历史系，制定一套个人评分体系，还要设立三支终身教师队伍。学校要接受为时两年的评估认证，认证人员会全方位评估我们的教学能力。"评估认证"这个词他提到了大约6次，我的眼神开始变得呆滞。我突然觉得，我等不到学校面世了，它有可能胎死腹中。然后我又问律师："如果我们不想接受评估认证呢？"我回想起我的高中学校菲利普斯学院在全国排名第一，但它并没有接受过评估认证。

他回答说："哦，那你就不必考虑这些事情了。"哇，什么都不用做？我长长地松了一口气，建学校的想法又死灰复燃了。

在给学校做规划时，也许只是为了好玩，也许是为了向现实发出挑战，我决定一切按认证清单上的事项来反向操作。我们不教所谓的"历史"，也不奉承过去的英雄，而是教学生认清"未来"，创造出未来的超级英雄。我们不会制定一套培养顺从者的个人评分体系，而是采用一种以团队为基础的评分方法，奖励那些促使人们从事团队合作和相互交流的杰出行为。我们也不设立由老学究组成的终身教员制，而是独创"一小时教学制"，即德瑞普大学的教师连续上课时间不超过一小时，而且受邀讲师都是当代本领域最优秀、最智慧的专业人士。我们不会在垄断认证机构的约束下经营学校，更不会按照它们的要求循规蹈矩，而是让我们的学生签下"生死状"，尝试一些不受严格监管的学校才会教的东西。

要想把这间倒闭的酒店变成一所学校，我还得在圣马特奥县发布一份使用范围变更声明。我不打算跟市民讨论我们所面临的所有挑战 [艾萨克・平格里（Issaac Pingree）拍摄了一部纪录片，名为《德瑞普英雄大学：初创公司》（*Draper University of Heroes：The Startup*），里面就有我们面临的一些挑战]，但我们还是要举行四次活动，每几个月举行一次，公众可以在活动上表达他对这所学校的想法和关心的问题。此外，我们还要花钱请人对城市交通进行分析；出让一部分酒店所有权用于建造停车场；还要参加几次市议会和建筑委员会举行的探讨会，有些会议甚至持续到凌晨 1 点钟。

很多委员会的功能是重叠的。有一次，消防检查人员告诉我们，我们需要设置一个室外楼梯出口，而历史协会不准我们改造建筑物的外观。为了让学校能够运转起来，同时也为了符合各方要求，我让消防部门和历史协会商量着解决这个问题。消防检察员赢了，于是我们给大楼开了一个室外楼梯出口。

最后，政府终于批准我们建立学校，这主要还是归功于我们威胁说要放弃这间酒店，把办公地点搬到加州雷德伍德市。我们选择了一家建筑承包商，后来发生的事情证明，这家承包商并不符合我们的要求，我们产生了更多的摩擦。试点班开始招生时，学校的建设工作还未完成。过了好几个学期，学校才最终完工，我在验收单上签了名，市政府也签了名。尽管如此，我对施工结果还是不太满意。不过，我们的学校终于成形了。

不管怎样，我们有了一栋大楼和必要的许可证。现在我们要招收一个班级的学员。我找到我的朋友、熟人和同事，把我们学校第一个学期免费教学的消息告诉他们。随后，数百人寄来了入学申请，我们要从中选择 40 名申请者，他们自愿放弃 5 周暑假来试课。我突然想起来，我们要弄清楚到底教学生们什么知识。我们要制订课程表，招聘讲师，做活动计划和设置作业。除了要设计分组活动和游戏之外，我还要找一些有趣的读物，并着手招募最优秀的讲师。有些讲师是出于好意来免费讲学的，而有些讲师是我花了一枚比特币请来的。那时候，比特币尚未具备真实的购买力，但他们还是来了。我们知道，德瑞普大学要培养的是创业英雄，所以我们所做的一切事情都带有英雄主义色彩。

我设立了校董事会，董事都是一些我很欣赏的人，包括作家兼斯坦福大学创业学教授蒂娜・西利格（Tina Seelig）、多次和我一起创业的合作伙伴兼德丰杰合伙人海蒂・罗伊森（Heidi Roizen）、我们在中国成立德鼎创新基金时的合伙人汤忠一（Andy Tang），以及和我从小穿一条裤衩长大的好友克里・爱德华兹。

克里建议我写一段誓言，这可能会给整个学校定下基调，为那些体验过我们课程的学员注入某种道德品质。我非常赞成这个想法，创业英雄誓言仿佛浑然天成，我一直觉得没有必要改动其中任何一个字。这份誓言是为超级创业英雄而写的，它会永远存在下去，成为许多企业、歌曲和挑战赛的灵感来源，同时也是这本书的灵感来源。

课程表必须是独一无二的，专注于完整的个人、团队、愿景、未来，以及变革精神和机会主义精神。我想给学生们传授很多知识，所以时间排得满满当当的。要成为创业英雄，学生们要接受一些严格的培训，在某些情况下甚至要接受再教育。我想帮助学生们忘掉高中时期的不安情绪，于是让他们在同学面前做一些尴尬的事情。我希望他们意识到，尴尬和失败并不是致命的，他们可以从伤痛中恢复过来。我希望他们能用心了解创业，而不仅仅是记住一堆数字，所以我们与 BizWorld 合作开发了一套模拟系统，帮助他们深入了解企业和财务运营。我希望他们能受到前辈的鼓舞，于是请了一群星光熠熠的创业者来学校讲课，其中包括埃隆·马斯克、罗恩·约翰逊和谢家华（Tony Hsieh）等名人。

我想让他们在智力、身体和精神上都接受挑战，于是给了他们 10 本不同主题的书（每周看 2 本）。我还设置了生存训练课程，请来了美国海军海豹突击队（Navy Seals）、陆军突击队（Army Rangers）和特种部队（Special Forces）队员组成的团队领导训练，并让学员主动打电话给陌生人，向他们推销一些令人难为情的产品。我们引入各领域的专家，向学员们介绍他们是如何获得诺贝尔奖、创立市值数十亿美元的企业或者走上领导岗位的；然后，我们请讲师上台发言，说这些专家的说法可能是错的，以此培养学生敢于挑战权威的勇气。

我们希望学生有一个终极目标，因此，在每个课程结束时，我们会组成一个风险投资专家小组，要求学生们向专家组做两分钟陈述。我们希望他们能成为优秀的团队成员，所以设立了团队奖，成员的个人成就计入团队得分。

这种做法效果极佳，学生们非常喜欢，而我们也得到了很多积极的反馈。一名学生说："我在德瑞普大学学习了 4 周时间，学到的东西比在斯坦福大学 4 年里学到的东西还要多。"一名学生则说："如果不是为了团队，我永远不会这么努力。我不想让我的团队失望。"还有一名学生说道："现在，我对自己充满了信心，这辈子我肯定有所作为。"

时至今日，德瑞普大学成立 6 年后，依旧在不断发展壮大当中。我们已经培训了来自 73 个不同国家的近 1000 名学生，他们已经创立了 300 多家公司，其中一些公司我预计在未来 5 到 10 年内会变得家喻户晓；有一家初创公司已经成为"独角兽"。

各大名校正四处为他们的毕业生联系工作，而相比之下，德瑞普大学的毕业生每人平均创造了 3 个就业机会！

所以，请各位读者帮我推广德瑞普大学，使其继续取得成功，并帮助下一代超级英雄不断成长。我想，我们正行进在正确的道路上。

在德瑞普大学，我们试图寻找标准化教育的替代方案。我们教学生思考未来，而不是研究历史；我们采用一种讲究团队精神，而非崇尚个人主义的教学方法。其他学校注重四平八稳，循规蹈矩，我们却自豪地宣布德瑞普大学是一所危险的学校，这里有生存训练、不设限的项目和挑战。我们相信，学生们完成任务的水平比其他学校的学生要高得多；我们更坚信，有远大志向的学生能够实现他们想象中的任何事情。

史蒂夫·乔布斯、拉里·埃里森（Larry Ellison）、马克·扎克伯格、伊丽莎白·霍尔姆斯、迈克尔·戴尔（Michael Dell）和其他很多人为了追求自己的梦想而辍学，有些人则接受了正规教育。他们都取得了傲人的成就。在德瑞普大学，我们欢迎并支持那些有勇气打破陈规的人，他们敢于创业，而且很可能改变整个产业。我们想给他们提供创业路上所需的工具。

最近，我向戴尔科技公司（Dell Technologies）创始人兼首席执行官迈克尔·戴尔介绍了德瑞普大学。他很喜欢我的创意，并对我说："在我创业那会儿，如果有这样一所大学，也许我就不会辍学了。"我调侃他说："没错，如果你在德瑞普大学上过学的话，可能早就成为大人物了。"

为了让你对德瑞普大学有更深的感受，我会提供我在入学当天和毕业典礼上的演讲。

以下是我通常会发表的新生欢迎辞：

欢迎大家来到德瑞普大学！

我创办了德瑞普英雄大学，因为我坚信世界需要更多创业英雄，而你们就是被精心挑选出来的创业英雄。想成为创业英雄，需要经历一个过程。对你们来说，在这里所做的某些事情是有意义的，有些则没有意义。有些知识可以拿来就用，有些知识则会在 10 年后的某个关键时刻才能派上用场。未来的 7 周里，你们将会成为受训的英雄。学期结束后，如果你们没有被淘汰，那就准备好成为真正的创业英雄吧！

你们还要在将来创立企业。你们要学会构思，学会写商业计划，学会为自己要追求的事业准备一份演示文稿。无论你们要创办营利性企业或非营利性机构，还是从事虚拟货币业务，又或者想发起一场运动或革命，你们都要让自己创办的实体能够盈利和可持续发展。如果一家企业常年亏损，或者只知道从弱势的投资人那里拿钱，那这家企业是不会给世界带来什么好处的。

德瑞普大学刚刚创立，如果有做得不到位的地方，请大家多多包涵。我们这里没有太多规则，但以下规定请务必遵守：

● 相互帮助。有人问老布什总统，他成功的秘诀是什么？老布什回答说："我总是想办法去帮助别人。"

● 表现自己。伍迪·艾伦曾说过："90%的成功源于懂得表现自己。"

● 把自己投入到每一个项目中。永远保持高扬的团队精神。

● 你们可以把这里弄乱，但接下来要把它变得比以前更干净。让德瑞普大学保持光鲜，多学点知识，少制造点垃圾。

● 在这里玩得开心。没有幽默感或不懂得玩乐的人是无法创立市值数十亿美元的企业的，更无法推动任何革命或运动。无论你是否擅长某些技能，来到这里就要尽量尝试。我们只在乎你是否敢于尝试。

你们之所以被选中，来到这里接受创业英雄的培训，是因为我们发现了你们身上的一些特质，包括雄心壮志、激情、领导力、内心随时能被点燃的火花。你们将被分成五六个人的小组，要为团队的利益奋斗和牺牲。我们已经根据一系列标准为你们选择好了团队，希望你们所在的团队是多元化和富有挑战性的，只要磨合得当，你们的团队就会像一台经过精心润滑的机器那样运行。同心协力，一起工作，荣誉将属于胜出的队伍。

根据学习期间的表现，你们的团队将获得创业英雄积分，评判标准是看你们是否敢于尝试不寻常的事物，并能否最终取得胜利。课程结束时，你们每个人都要向风险投资专家小组做两分钟的演讲。希望到那个时候，你们已经走上了创业之路。请把你们的团队成员当作董事会的董事，他们都是与众不同之人，能够为你们的企业提供广阔的视野。

在学习、身体、心理、情感和社交方面，你们将遭遇挑战。我们会给你们布置很多任务，有些任务是看似不可能完成的。创业英雄总会想方设法完成任务，而不会考虑失败的可能。在奔向成功的道路上，乐观主义态度就是通行证。做悲观主义者轻而易举，但悲观主义者一事无成。你们一定要成为班级里最积极进取的人。

你们要对自己负责。照顾好自己，保护好这里的设施。必要时，照顾好身边的同学，帮助他们走出困境。

在这个月里，我们希望你们每个人都能设想和规划出一个商业愿景，并向别人推广这个愿景。你们可以在白板墙上把愿景写下来，这将有助于你们在其他学生面前公开自己的愿景和想法。你们的座位就是这些懒人沙发。我们在教室里放置懒人沙发，这样你们就可以向后仰，以听妈妈讲故事的姿势听老师讲课。我们把这个房间称为"孵化间"，顾名思义，你们就像小鸡一样在这里被孵化，不过当你们想要撑破外壳时，只要举手就行了。不要怕问一些愚蠢的问题，愚蠢的问题说不定可以帮你们的团队拿到积分。

在这里，你们几乎不会听到老学究的说教。我们的讲师都拥有丰富的实战经验，他们不是专业教师，而是来自现实世界，所以请容忍他们的怪癖。

我们设置了一间演员休息室和一间音响室，你们可以随意使用，在里面制作广告，录制 Kickstarter 或 Indiegogo 视频，或者病毒视频（viral videos）[①]。我建议你们每人都制作一段视频和一首主题曲。有时候，会有人把它录下来。你们要习惯周围的摄影机，适应它们。摄像师会尽量不介入你们的学习和生活，但依然得捕捉他们需要的内容。希望你们在学习期间能时刻顾及学校的声誉。

你们会在这里遇到很多导师。对他们友好一点，他们可以帮助你们。我们还请了一些创业专家常驻学校，以完成各种教学项目。

熟悉一下这个小镇。创业英雄们要了解他们所处的环境及可以利用的资源。仔细看一遍课程表和时间表，这样你就知道未来的课程安排。但请注意，我们随时可能更改你们的课程表。有些改动是计划好的，有些改动则是因为失误。

坐电梯时记得带手机。有一次，我跟弗兰克和马丁一起被困在电梯里，这种感觉并不好。马丁之前向我保证说电梯早就修好了，可没想到……

我们的学校采用浸入式教学方式。无论白天还是晚上，你们都要参加各种活动。课程中还设置了"游戏之夜"。你们要参加各种开卷考试和团队测试。你们要想好如何在团队内部分工合作，这对你们是有好处的。

现在，让我们互相了解一下。我点到哪位学员，就请这位学员跳起来，然后：

● 描述你所拥有的超级英雄技能；

● 请把你人生目标清单上的第一件事或最后一件事告诉我们。

● 介绍一下自己，跳一小段舞，然后坐下来。

---

① 病毒视频并非病毒，而是指视频像病毒一样在网络上广泛传播——译者注。

这是本周的家庭作业：

- 写下你的 10 年、20 年、30 年和 40 年计划。

- 今晚读完所有 14 本书，明天早上会有一个测试。

- 记住创业英雄誓言。它是我们的超级英雄信条，是重要的培训内容之一。

我们已经把你们分成了几个小组，就像用《哈利波特》里的"分类帽"（Sorting Hat）将学生分到不同学院一样。分组工作已经结束，和你们的团队荣辱与共吧！

以下是我们的毕业典礼致辞：

世界需要更多英雄，所以我们创办了这所培养创业英雄的学校。我们想打造一所与众不同的大学，做一些非凡的事情。我们希望这所学校成为未来的灯塔，成为创业者可以磨炼他们超级英雄技能的地方。我们革新了团队学习方式、面向未来的教学方式、生存训练方式，并突破了很多局限。我们鼓励学员们锻炼身心的弹性和灵活性。我们坚信这里是一个塑造创业英雄的地方，创业者可以在这里学习创业技能，使不可能变成现实。还有更多的事情等着我们去做，希望你们能帮助我们实现使命。

这是一个多么重大的转变！来这所学校之前，你们都是普通人，可能会过上体面的生活；而离开学校时，你们已经成为超级英雄了。你的人生将会变得更有挑战性、更有风险、更难以预测。我为你们的班级感到骄傲。你们已经想象到了未来的样子，那时候，我们的生活变得更美好，到处都是新产品和新服务。你们已经学会了面对失败和从挫折中恢复过来。

你们从生存训练中活了下来，并且了解到如何在一个更高、更富挑战性的层面生活。你们已经知道什么是创业、什么是创造属于自己的世界和人生。你们的活力和创造力将为周围的人创造就业机会和更美好的生活。你们知道自己可以用更快的速度完成更多的任务，但还要克服一些不足。你们的人生将是充实的、有意义的。你们将会知道失败是什么感觉，希望你们也能品尝成功的滋味。你们将会知道"活着就要勇于尝试"这句话的含义，把在这里学到的东西付诸实践，把梦想变成现实。

在进入德瑞普英雄大学之前，你们可能对现状很满意，完全满足于现有的工作，养家糊口，无忧无虑，不惹是生非，生活波澜不惊。而现在，你们的人生要掀起轩然大波！你们要拯救于水深火热之中的人们，为人们创造就业机会，从事艰苦的工作，承担起世人所面临的巨大挑战。你们不仅能找到解决办法，还会彻底改造这个问题。

你们将会成为真正的英雄。凡事身先士卒，当机立断，敢于解雇那些惹是生非或无精打采的员工。你们不仅会亲自去倒垃圾，还能为企业筹集资金，攻克关键客户，率先削减自己的薪水，并且做最艰难的事。

你们将会成为真正的英雄，遇到问题临危不乱，善于组建成功的团队，确保企业盈利，推动愿景实现，成为员工们最信赖的"舵手"。

你们将会成为真正的英雄，敢于承认失败，为了自由而奋斗，关心家人和朋友，传递爱心。

你们的人生将充满挑战，但并不孤单。正所谓"得道者多助"，在德瑞普英雄大学，你们已经建立了一个创业英雄关系网络，它将使你们终身受益，而我们希望这个关系网络里的人，包括你们的前辈和后辈，都将成为世界上最有影响力和最积极的人。跟你们一样，他们也经历过这个过程，面临过同样的挑战，经受过同样的考验。他们发现了自身内在的力量，即内心的乐观主义态度。这些创业英雄来到这世上也是为了实现某种人生目标，他们今天就在现场，并将永远支持你们，帮助你们完成使命。

我们已经给了你们很多工具，你们可以留待日后使用。不过，为了实现人生使命，你们将来仍然会面临诸多挑战，需要学习很多概念，并且要尝试很多新事物。请带着热情去做这些事情。现在，你们已经是这个学校的一部分，请大家向外界宣扬学校的美名。我希望如今你们呼吸的时候，吸入的是空气，呼出的是我们的价值观、理念和信条。

很多新兴市场已被垄断企业把持多年，如今，你们已经找到了通往这些新兴市场的钥匙。类似于特定地点市场理念、众包技术、全球定位技术（GPS）、无人机技术、大数据、比特币、区块链、首次公开售币、DNA 序列测定技术、基因编辑技术（CRISPR）、太阳能和其他替代能源技术，以及其他许多技术，可以让你们在金融科技领域、教育科技领域、政府科技领域、医疗科技领域、交通科技领域和农业科技领域开拓新的市场。这些平台是垄断企业当初梦寐以求的，而你们现在完全可以利用这些平台。

世界需要更多创业英雄，而我们刚刚又培养出了 60 多位英雄。现在，我很自豪地把一个新班级的创业英雄介绍给全世界。这个班级接受了各种各样的挑战，在我们的推动下，他们不断超越自我极限，并且意识到自身的能力远远超出了想象。他们已经从最优秀、最聪明的人那里学到了本领。他们曾作为一个班级、一个团队独立运转。他们必须具备创造性、谋略、创新能力且敢于冒险。他们经受了实战考验，在耐力、精力、速度、敏捷度、灵活性、独创性和机动性等方面都有所提升。当他们回归自己的圈子时，可能看起来有点迷失方向，请理解他们，因为他们已经被彻底改造了。他们现在是创业英雄，而创业英雄对事物的看法跟一般人不同。

我们一起度过了令人兴奋的 7 周时间，并取得了如此多的成就。但是，我们还有很多事情要做。这是一个非凡的、多元化的班级，所有学员都是超级英雄！

在我们创立德瑞普英雄大学时，就梦想着教出这样的班级。谢谢你们，我们所做的一切努力都值了。

所有毕业生都会得到一颗水晶、一件斗篷和一副面具。遇到困难时，你们可以用水晶寻找力量；而在需要采取行动时，请披上斗篷并戴上面具。

你们都要重新融入社会，这个过程有点类似于戒酒或戒毒，又或者经历时差或文化冲击，更多地像文化冲击。尽力缩短适应时间。你们要习惯于现在的自己，你们如同璞玉，你们有能力做出伟大的事情。在你们看来，这个世界是灰色的，而你们的职责就是让它变得丰富多彩……当然，你们还要拯救它，改变它。去拯救世界、改变世界吧！

愿诸位多福多寿。能力越大，责任越重。享受这段旅程吧，祝各位展翅高飞！

关于传播福音的问题与练习

1. 你是否传播过福音？在传播福音的过程中遇到了哪些挑战？

2. 你遇到过什么样的阻力？

3. 你的竞争对手是谁？你是如何对待他们的？

4. 你是如何为自己的事业赋予灵魂的？

5. 你打算如何向自己创立的企业传播福音？

6. 给某个表现出创业精神的人打电话，向他介绍德瑞普大学。德瑞普大学的创业英雄转化率约为 97%，你向他介绍我们学校，就相当于给了他一次成功的机会。

关于传播福音的难题

"美洲鹰"（American Eagle）是一个游戏，参与游戏的人数可多达 100 人。游戏开始时，一个人阻截从他身边跑过的人，被阻截下来的人就成为他的帮手，帮他在下一轮继续阻截其他人，以此类推。每一名阻截者成功的概率为 $R \times (1/200)$，其中 R 代表的是剩余未被阻截者的数量。假设你是游戏的初始阻截者，请问：在所有人被阻截之前，他们平均要在你面前跑过几次？你要花多长时间才能阻截到三分之二的人？

THE BLACK
SWAN CLAUSE

黑天鹅条款

　　除非我在人生旅途中发现这份誓言遗漏了一些重要而非凡的东西，否则的话，我会一直遵守此誓言。

"任何规则都有例外，这是大自然的规律。"

玛格丽特·富勒（Margaret Fuller）

"优秀的老师必须了解规则，而优秀的学生必须了解规则以外的事物。"

马丁·H. 费舍尔（Martin H. Fischer）

例外

有些绝佳机会是在意想不到的情况下出现的。过去，世上绝大多数人认为天鹅都是白色的，直到澳大利亚人发现了一只黑天鹅，人们的观念才发生改变。"黑天鹅"已经成为一个术语，每当创业者改变一个行业时，就成为"黑天鹅事件"。我想确保你已经做好准备，迎接即将改变的行业。

在我家里，我的家人们都不看新闻。新闻传播恐惧感，而恐惧感使人们不敢采取行动。当一头鹿被汽车前车灯照到时，它会出于恐惧而站住不动。我们不想像鹿那样站住不动，被汽车撞死。我建议你通过音频或文字来了解这个世界，更好的办法是到户外去亲自体验一番。不知何故，从新闻中看到的画面会让人在潜意识里不敢做任何事情。

在某一天的新闻中，你可能会看到关于金融危机、印度炸弹爆炸案、刚果暴力案件、巴基斯坦的地震、叙利亚人抗议美国突袭、警察在受害者尸体的附近发现一支枪等报道。但是，在日常生活里，你可能会遇到一个特别的人，把产品卖给客户，看到一个婴儿做些可爱的事情，为自己的企业制订一份计划，帮忙引荐某个人，遛狗，做饭，买礼物；或者发表演讲，签订合同，在小雨中跑过；又或者去印度、刚果、巴基斯坦或叙利亚旅游。你可以试着关心与自己相关的新闻。全球最大公关公司的创始人理查德·爱德曼（Richard Edelman）给了我一些很好的建议，他说："如今这个时代，社交媒体大行其道。企业必须掌握自有媒体，传播自己的新闻。"不要被媒体报道的新闻吓到，去制造属于你自己的新闻吧。

在看新闻报道时，你要带着一种怀疑的态度，多问自己一些问题，比如：记者是从什么视角看待新闻事件的？这名记者是否受到企业或政府的操纵，甚至是巧妙的操纵？这篇文章的受益者是谁？多看一些期刊，最好是来自世界各地的期刊。你可能会看到一篇标题为"邪恶朝鲜威胁关岛"的报道，而针对同样的新闻事件，另一篇报道的标题则是"帝国主义杂种胁迫朝鲜"。

是传播一种恐惧文化，还是传播一种崇尚机遇的文化，我觉得这取决于你自己。我强烈推荐后者。无论在我的家里、办公室、德瑞普大学，还是在这本书里，我都推崇关注机遇。

2008 年，金融市场崩盘，一位著名的风险投资人向他所投资企业的首席执行官发送了一条恐吓信息，他想让企业削减开支。这条信息被泄露给了媒体，造成了恐慌。人们由于恐惧而不敢越雷池半步。当所有公司都削减开支时，就没人能推动经济发展了，经济可能陷入恶性循环当中。

我们对首席执行官们所说的话截然不同，而且更针对个人。我说："你是创业者，目光远大，有白手起家的能力。眼前的金融大恐慌是有史以来的最佳机遇之一，因为游戏规则已经变了。你要改变自己的企业，让它适应新的环境。"对一些首席执行官来说，金融危机让他们更有理由去实现自己期望中的变革，他们可以解雇那些一直在拖公司后腿的人。有些首席执行官可以借机缩减团队规模，只保留能完成关键任务的人员；还有些首席执行官则可以趁别人都不敢作为的时候投入资金打造企业，攫取更多市场份额。

当时，我在一家企业董事会担任董事，这家企业名为"格兰媒体公司"（Glam Media），后来改名为"风尚媒体公司"（Mode Media）。它运营着一家时尚博客，而且成长速度颇快，但董事会认为公司的支出太高，成长速度太慢。董事会要求首席执行官萨米尔·阿罗拉（Samir Arora）削减公司的开支。萨米尔知道，削减开支就意味着改变公司的商业模式，于是他开始构想一种新的模式。他想到了"黑天鹅"概念——在博客上卖广告。这个新模式很了不起，他由此开发了第一个广告网络。后来，格兰媒体的营收达到 1 亿美元。几年后，这家公司倒闭了，但那是另外一个故事了。

我参股的多家德瑞普基金投资了很多类似这样的"黑天鹅"企业。Hotmail 便是一只"黑天鹅"，它横空出世，没人料到它能活到现在。比特币也是一只"黑天鹅"；互联网本身就是一只"黑天鹅"；Twitch.Tv 是一只"黑天鹅"，特斯拉更是如此。

"黑天鹅"经常出现。它们震撼了我们的世界，改变了各个行业，并最终改变了社会。当你看到"黑天鹅"时，要做好调整和创新的准备。

关于黑天鹅的问题与练习

1. 你见过黑天鹅吗？你知道它们的存在吗？

2. 列一张清单，把那些人们追求无关事物而带来的创新记录下来。

3. 你的企业是否准备好适应那些有可能被采用的黑天鹅技术？

4. 你能想象到哪些技术或市场变化会使你的企业变得脆弱不堪或者黯然失色？

5. 你是否随时注意任何可能产生的"黑天鹅"事物，从而帮助你的初创公司走在行业前列？

6. 找一条人们看重的规则，然后找出不符合该规则的特例，并在与别人的谈话中提出来。

关于黑天鹅的难题

你有一只袋子，袋子里装着四只天鹅，其中一只是黑色的。你从袋子里取出一只天鹅，还没等你看清它的颜色，它就已经飞走了。你取出的下一只天鹅是白色的可能性有多大？

THE STARTUP
HERO'S
WORKBOOK

㊷ 卷 二

创业英雄操作手册

　　卷二的内容是帮助你挑战自我,去创立一家企业(business)。所有使命都会演变成企业,而我把它定义为"任何要求资金投入和产生资金流的努力"。如果你要生产某种产品或提供某种服务,就必须建立一家企业;如果你是一名艺术家,就要从经营企业的角度看待自己的工作;如果你是一名革命者,就要把革命当作一家企业来运作;如果你打算竞选总统,也要以经营企业的态度做好竞选准备。不管怎样,哪里有资金进出,哪里就有企业。教堂、慈善机构、摇滚乐队、图书馆、同业联盟、工会、帮派、修理店、警察部队、书店和咨询公司都是企业,因为它们既有资金流入,也有资金流出。

　　现在,创业英雄誓言已经成为你的指引,接下来就要花点心血去规划你的企业,这样才能创业成功。这本书和其他书不一样,它不是一本循序渐进的指南,那些书哪里都可以买得到。卷二对你提出了更高的要求——想成为一名成功的创业英雄,你就得考虑得更全面,规划得更完善,并以更巧妙的方式工作。

　　这本书所涉及的思维过程可以确保你朝正确的方向前进,而书中给出的建议能够帮助你规避我的学生和我投资的创业者遇到的一些问题;假如你还没有创业构想,可以借鉴书中的建议,尝试改变和反思某些行业。

　　你要思考一下自己的计划,你的计划应该包含你想做的事情及方法。无论你的使命是什么,你都要写一份商业计划书。

BEFORE YOU WRITE YOUR BUSINESS PLAN

写商业计划之前的注意事项

你仍然想成为一名创业英雄吗？好吧，在你开始创立自己的苹果或特斯拉之前，在你开始写商业计划或企业介绍之前，我建议你做一些深入的研究和思考。首先，你要确定自己正在解决的问题很重大，重大到足以影响你很长一段时间。接着，你要展开头脑风暴，想出一个创业的点子，然后对这个想法进行验证。

大问题

提出一个你正在努力解决的问题。它必须是一个重大问题，而且最好是很多人或很多企业都想解决的全球性问题，比如自由、便捷性、全球饥荒、官僚主义、安全、癌症、心脏病、教育、能源、太空旅行、通信、废物处理、交通、环境、气候变化、人类需求、世界和平等。确保你所面临的问题足够重大，值得你用一辈子的时间去解决。历史上的一些伟人就是倾其毕生精力去解决一件事情、实现一个愿景或一种使命的。

然后，想想如今人们是如何解决你所关心的问题的。这个行业是不是被少数寡头占据主导地位？那些寡头所提供的服务水平是否与它们收取的费用不成正比？它们是否变得越来越懒惰和官僚？是否有一种可能成功打入该行业的新技术？这种新技术能使当前的服务质量提高 10 倍吗？

接下来，想想你拥有哪些优势。在开始创业之前，一定要确保你拥有独特的优势。你是否最适合解决这个问题？你是否目睹过这个问题？你是否觉得以前的雇主忽略了客户的真正需求？你是否目睹过或设计了某种能够使整个行业完全转型的新技术？你是否意识到，你可以利用某种新技术来改变这个行业？

如果这些问题的答案都是肯定的，那么，你就要准备展开头脑风暴或进行集思广益了。

头脑风暴 / 集思广益

头脑风暴和集思广益是一门艺术。有些人只是独自进行头脑风暴，但绝大多数人都需要征询别人的意见。这种头脑风暴模式被称为"集思广益法"，也就是与一群人共同进行头脑风暴。

首先，找一块白板、黑板或人人都能看到的显示屏。然后列出你已经发现的问题，并征求别人的建议。多肯定别人的想法，不要仓促否定，把所有的想法都写在白板或黑板上。

接着，针对这些想法提出反对意见，使创意变得更加饱满。在德瑞普大学，我们创办了"英雄大赛"（Hero-A-Thon）。这是一项为期3天的赛事，学生们必须毫不迟疑地说出自己的想法，构思、设计和制造出一款产品。为了给竞赛增加变数，我们告诉每个团队，他们必须以某种方式在自己的产品中加入一只活塞。所有团队都制作出了独特而有趣的产品，比如有个团队利用活塞制作了一台有机水耕播种机，另一个团队则利用活塞来识别停车位。

蒂娜·西利格到德瑞普大学执教后，我们就发明了一种最好的头脑风暴技术。蒂娜是德瑞普大学董事会成员，也是"德丰杰思想领袖"（DFJ Thought Leaders）项目的倡导人。在这个项目中，创业者们到斯坦福大学向学习创业的学生发表演讲。蒂娜浑身上下都充满了热情和勇气，刚开始演讲时，她就给我们的学生团队提出了难题。她说："假设你们要开餐馆，请想出最好的点子。"在后一次演讲时，学生们提出了很多相当有趣的想法，比如把美食与体育类电视节目结合在一起；或者开一家墨西哥风味餐厅，请墨西哥流浪乐队（mariachis）在餐厅里演奏音乐。蒂娜接着又对学生们说："现在大家再想想，有哪些创意是最不适合经营餐馆的。"他们按蒂娜的要求做了，想出了一些糟糕的做法。

然后，蒂娜让各个团队换位思考，以其他团队的糟糕想法为基础，想出一些新的创意。值得注意的是，经过这个练习之后，团队成员们产生的想法堪称狂野和疯狂，但有些想法非常有趣，甚至值得投资，比如完全由机器人经营的餐厅、盲品菜式、自己养海鲜及互换厨师等。如果只是想为餐厅寻找一些"好点子"，上述创意都不会诞生，但这种故意捣乱的方式有助于学生们解放思想，做出真正的创新。

你还可以采用另一种头脑风暴技术，即在产品或服务中融入此前从未运用过的新事物。把两个在通常情况下毫不相关的事物放在一起，从中产生新的事物。如果把烤箱和冰箱放在一起，你可能会想到一种自动化存储和烹饪设备；如果把钱包和手机放在一起，你可能会联想到消灭纸币或信用卡的方法。将这种头脑风暴技术用于创业，你可能会把优步和水管工结合起来，或者把脸书和马戏表演联系在一起。

进行头脑风暴时，不仅要考虑改进现有事物，还要从基本原理的角度重新构思事物。我们已经发明了洗衣机、干衣机、熨衣板、折叠机、堆垛机和壁橱，但我们真正想要的是一套系统化设备，可以清洗、烘干、熨烫和堆叠衣物。

构思和传播你的想法。刚开始的时候，集思广益可能会让人感到恐惧和困难，因为如果你的创意对人们来说没有意义，那就会很尴尬，但随着你不断磨炼自己的创新能力，它会变得越来越容易，而且你会变得越来越善于做这件事。你要不断思考如何改善事物，或者如何将两个不相关的事物组合在一起，形成某种新的或更优质的产品或服务。最后，当你按正常流程思考时，你会发现自己能够重塑周围的一切事物。随时留意新的想法，并把这些想法告诉别人。随着越来越多人倾听你的想法，你的想法会得到改善，而在谈论这些想法时，你会得到更多的创意。请注意，思想只有在传播的时候才是最有价值的。

尹准（Joon Yun）[①]是一名才华横溢的医生，也是帕洛阿尔托投资公司（Palo Alto Investors）的投资人之一。他不仅在医学方面有很多发明，还拥有一系列与医学风马牛不相及的专利，其中一些专利涉及某种药物的相反用途，比如用使血压升高的药物增加病人的抵抗力，从而将血压降低。但他注意到，由于没有时间继续研究这些药物，相关发明一直没有派上用场，于是，他做了一件非同寻常的事情。他发起了"长寿挑战赛"，参赛选手只要能够破解衰老基因密码，即可获得200万美元奖金。他认为，如果存在衰老基因，就肯定有人可以破解它，那我们就不会衰老了。他更进一步说服了美国国家医学院（National Academy of Medicine）参与到挑战赛中，他说："我这是为了给科学界树立榜样，因为这比任何个人努力都更加重要，我把我所有的专利都捐献给人类寿命研究。"由于他的慷慨举动，我们所有人都可能寿命更长，生活得更健康。如果其他科学家决定效仿他的做法，倡导思想开源和合作，科学界就会经历与硅谷创业圈同样的爆炸式发展，人类将再次加速进步。

去寻找那些有待改善的行业，比如医疗保健、娱乐、房地产、保险、时尚业和银行业；再去寻找可以改善这些行业的新技术，比如共享经济、社交媒体、可编程干细胞、基因编辑技术、微卫星标记、虚拟实境、比特币、太阳能经济、自动驾驶汽车、电子服装、生物电子学、机器人脑、假肢、口袋妖怪（Pokemon）衍生物、线下大型开放式网络课

---

① 音译——译者注。

程（MOOCs）、企业软件和多变量验证程序。把这些行业和新技术融合在一起，甚至发明新的技术产业。你的想象力是无限的，充分利用好自己的想象力吧。

商业创意

你可以从下面这些创意起步。有些人想有所作为，但又暂时想不到什么绝妙的点子或足以奉献毕生精力的创意。以下清单就是为这些人准备的。看看这些点子是否适合你，你可以即兴发挥或在这些创意的基础上加入自己的想法。然后，你可以在我们的"创业英雄计划"竞赛中提交你的商业计划，该竞赛的相关信息可以在www.draper.vc上找到。

◆ 重新构思厨房。把冰箱和橱柜变成一个分拣装置，可以将食物放入切割机中，切割机生成重量比，调准食物的坠落速度，然后开始烹饪食物。或者制作一台与水槽相结合的洗碗机，把盘子、碟子、碗筷等放在水槽的架子上，水槽架子下沉到洗碗机里，靠洗碗机的水流把所有东西洗干净。

◆ 重新构思酒店。为了减少酒店建筑用地和浴室数量，设计多个"墓穴"式的床位，人们可以睡在里面。床位可移动，客人需要洗澡时，床位便移动到一处浴室。或者，为了便于在客人退房后清理地毯，把地毯设计成可移动的，由传送带进行传输，传送带底部有吸尘装置，可将地毯的灰尘吸除干净。

◆ 重新构思教育。创建虚拟实境工作室，采用程序化教学方式。学生们在一个牢固的大房间里玩耍，房间里面有各种各样的材料、玩具等，可用于项目培训和团队训练。

◆ K-12团队式学习。学生们会根据他们所在团队的实力得到评分。想象一下，如果"A"只给团队，而不是给个人，那些老虎妈妈会做什么。她们会训练整个团队！

◆ 重新构思洗衣、烘干和熨衣的过程。用户可以把他们的衣物扔进一个大桶里，大桶自动把衣物洗干净，然后把衣物放到另一个桶里烘干。烘干之后，机器可以根据衣物的种类（比如裤子、衬衫、袜子、裙子等）自动熨烫和折叠好。

◆ 开一家传统快餐店，只供应肉类、蔬菜、土豆和一些水果。你可以把肉和蔬菜放进一个甜椒里招待客人。

◆ 重新构思政府。我们可以组建一个完全开放的政府，利用区块链进行税收的再分配；政府工作网络化；用比特币记录资金的使用情况；实行流动性民主与有机选区体制。有很多机会采用新的技术取代政府职能。

◆ 重新构思信用体系。货币只用作慈善用途，即传递爱心的媒介。

◆ 重新构思大型商品零售模式。用户在网上选购产品之后，厂家再开始组装产品并直接送到用户家里。

◆ 重新构思飞机。整架飞机可以从侧面打开，让乘客一排排鱼贯而入，然后从侧面关闭机舱；或者重新构思飞机的造型，使其外形像飞碟或沙滩排球。

◆ 设计并制作部分钢铁侠战衣。我的儿子亚当决定资助一些公司，研发钢铁侠战衣，让我们能够做钢铁侠在电影中所做的事情。从推进器到外骨骼，再到人工助手和虚拟光标，只要有足够的决心并付出大量努力，所有这些技术都能实现。

◆ 重新构思虚拟政府的边界。设计一家能够建立自己的虚拟政府的企业。

◆ 重新构思战争。战争是完全虚拟化的，允许领导人在战争中"指点江山"，并确定虚拟战争的真实结果。

◆ 重新构思太空。发射以电磁而非火箭燃料作为动力的飞行器。

◆ 重新构思配电方式。通过点对点电网分配电力，使配电过程分散化，这样我们就可以从邻居那里购买电力，而不必与美国公用事业委员会（the Public Utility Commission，PUC）或控制现有电网的公用事业公司打交道。

◆ 重新构思能源。考虑从海浪、人类或其他来源寻找一种新能源，从空中和虚拟场所开发利用新能源。

◆ 重新构思宇宙。也许宇宙全是由能量构成的，也有可能是由精神构成的；宇宙也许是有生命的。

◆ 重新构思宗教。到了 22 世纪，宗教应该变成什么样子？

◆ 重新构思医学。如何才能使医学变得个人化和以数据为驱动？使用云系统中的各种数据源。请想象一个不使用药物、以病人为导向的云医学系统。

◆ 重新构思决策方式。你如何利用人工智能（AI）进行有针对性的营销、识别趋势、为机器人编程、替人类从事重复和危险的工作？

◆ 重新构思葬礼。你怎样才能更好地处理逝者的遗体，让家人和朋友记住他们的亲人？降低火化成本，并借助虚拟实境技术缅怀逝者。

◆ 重新构思股票买卖。在网上购买某家公司的产品，然后根据购物体验决定是否购买该公司的股票。只需点击一个"购买我司股票"的按钮，购买过产品的用户就可以购入该公司的股票。此外，网络零售商还可以向客户赠送股票以取代优惠券。《乔布斯法案》第三部分（Title Ⅲ of the JOBS act）允许个人投资者在一定约束下投资私营企业，如今该法案已生效，私营企业可以将股票赠予客户。

◆ 重新构思零售业。未来的购物将是什么样子的？展架上的产品会是虚拟的吗？

购物会不会变得更注重体验，且针对性购物会减少？人们是否只需指着商品，点击购买，产品就可以被送到他们家里，或者用 3D 打印机打印出来？

◆ 重新构思划船活动。在海上使用一艘耗尽能量的电动船。

◆ 想象一下比特币或区块链的新用途。现在你可以通过首次发售货币为代币筹集资金。如果你预见到一种新的代币，那就开始挖掘和决定它的用途吧。

◆ 创建一个私营企业股票交易平台。

◆ 提供网络化的会计服务。

◆ 做些能够改善或取代政府服务的事情。

◆ 设计能够将大数据用于医疗保健的软件。

◆ 想出一种更好的教育方式。

◆ 重新构思太空旅行。我们如何才能到达另一个星球？

◆ 重新构思保险、房地产、音乐会或眼镜。思考一些基本原理，比如：保险存在的理由是什么？一场虚拟音乐会要如何进行？是否可以发明一款用于增强现实体验并且带缩放和聚焦功能的可编程眼镜？

利用你对周围环境的认识，为潜在的创业英雄公司提出新点子。下面，我要给大家讲个有点令人恶心却很有意义的例子。

有一次，我上厕所时发现自己便血了，于是去找我的朋友内科医生斯图尔特·魏斯曼（ Stewart Weisman ）检查身体。他问我在过去几周里是否服用过抗生素。我说服用过。然后，他把肠道的生理特征告诉了我。"把你的肠道想象成刚修剪过的草坪，处处干净平整；然后把抗生素想象成除草剂，它会杀死一部分青草。接下来，在青草被杀死的地方会长杂草，"他对我说，"你的肠道里面就是长了'杂草'，所以才会流血。"

他继续解释说，有些人的"草坪"完全被抗生素毁了，只能重新种植相当于"大便移植物"的东西。医生在病人的肠道里放入新的大便，让细菌得以调整和重新种植"草坪"。他举了个例子，说有位女士很瘦，她的女儿却很胖，她决定用自己女儿的粪便进行移植。奇怪的是，移植以后，这位女士的新"草坪"变干净了，但她也变得像女儿一样肥胖了。

我想，我们肠道里的细菌正在跟身体的其他部位沟通，学习如何成长和适应体内环境。我们的大脑、心脏和四肢都可能受到来自肠道细菌的指令的影响。我认为，通过研究粪便及其正确移植后对人体的影响，很可能会产生一个全新的生物学分支。

显然，我的想法有点"事后诸葛亮"的意思，却是正确的，因为一个全新的科学领域正在形成，它的研究对象是细菌及其对人体新陈代谢和整体健康的影响，这使我联想到地球可能只是某个巨大天体"胃"里的一个小细菌。不过，此话题可能更适合我接下来要写的科幻小说……敬请期待吧。

尹准对粪便移植的创意也很感兴趣，因为它关系到人类的寿命。他组织了一次人类寿命研讨会，科学家们在会上讨论胚胎细胞移植问题，以及如何才能使年轻干细胞比年长干细胞更有效。我采纳了这个概念，并提出了一个想法：医生不必向病患体内植入干细胞，而是植入婴儿的粪便，恢复其肠道活力，从而改变患者整个身体的新陈代谢。

另一个例子是我在户外看到一群蜜蜂愉快地飞入陷阱中，顿时想到了可以利用周围的环境来取得突破。陷阱里充满了信息素，能够吸引蜜蜂进入黄色的管道，但就像《加州旅馆》（Hotel California）的歌词写的那样，一旦进入以后，它们就"再也无法离去"（they can never leave）。

大约就在那段时期，我听说癌症有"母细胞"，它可以自我繁殖，促进癌症蔓延。我想："为什么我们不能研制出与癌症同样的信息素，将癌细胞从体内吸引出来呢？"

绝大多数癌症的治疗模式都是试图通过化学疗法将癌细胞从体内切除，或者使癌细胞中毒（宿主也会中毒），从而根治癌症。但是，如果我们用糖和癌症信息素等诱惑物把癌症从身体里引诱出来，是不是效果更好呢？

产生这样的想法并不难。不要忧虑于别人觉得你的奇思妙想很傻，或者觉得它会破坏现状，不妨这样想："我能用更好的方式表达自己的想法吗？"

你身边有如此多的创意，充分利用这些创意，把它们运用到一个全球性的问题上，使它们成为你自己的创意，并与其他人分享想法。每当发现问题时，你要看自己是否能想出一个创造性的解决方案，而该方案是前人没有想到过的。头脑风暴很好玩，玩得开心点！

第一次头脑风暴结束后，就要开始减少想法的数量并对它们从高到低进行排列。这种练习对于打磨顶层的少数想法十分有用，这样你就不会被随机的想法所困扰，而是专注于那些你可能想要付诸实践的想法。紧抓较好的几个和最差的一个想法不放，关注最好的和最坏的想法，看是否能以某种方式把它们融合在一起。我发现，假如我们尝试着把那些看似格格不入的事物联系在一起，往往会获得重大突破。如果你想成为一名创业英雄，你就需要取得突破。

值得注意的是，在历史长河中，有些伟大的想法极其离谱，前人根本不敢触碰它们，所以，人们根本没有对它们设定任何指导性规则。请记住，假如你所在的行业已经有了规则，那你可能来得太晚了，因为如果已经有现成规则摆在你面前，那么其他人必定已捷足先登，而你总要历经艰苦才能跟上他们。又或者，如果你真的开始思考，就会变得豁然开朗。

头脑风暴结束后，你已经拥有了一个独特又不失狂野的想法，这时候就可以开始试着经营企业了。在企业评估方面，我发明了三种测试法，它们都是非常有帮助的。这三种测试法分别是"祖母测试法""16 岁青少年测试法"和"15 年测试法"。

三种测试法

首先是"祖母测试法"。有了想法以后，你可以向自己的祖母或某位 65 岁以上且关心你的人讲述该想法。祖母们会用她们的智慧和爱来回应你的想法，迫使你用外行人的语言推广自己的企业，不断完善想法，简单地用一两句话来概括它。如果她们觉得你的想法太疯狂，也会如实告诉你。

在经营企业的过程中，这种简明扼要的回答对你来说是件好事，因为你必须在社交场合、电梯里或商务会议上向各色人等解释自己企业的性质，还要向员工、供应商和客户描述你正在做的事情。化繁为简，让你的话易于口耳相传。一旦你充分解释了企业的理念，并让祖母相信你正在做某件事，或者认为你真的疯了，那你就可以转而采用"16 岁青少年测试法"。

"16 岁青少年测试法"适用于消费类服务。很多新兴消费品的最早使用者往往是 16 岁的青少年，这可能是因为他们通常喜欢挑战现状，愿意尝试新事物，探索他们所处的社会环境。他们往往无视说明书的内容和生产商的初衷，以各种方式测试产品，试图找到适合自己的有趣用途。很多企业之所以能俘获消费者的欢心，是因为它们吸引了 16 岁左右的消费群体。年轻人往往喜欢交流，但有时候也缺乏耐心，喜欢拉帮结派。如果能够迅速且毫不费力地获得信息，这些年轻的消费者也许会对你正在做的事情感兴趣；而如果他们的小团体在使用某款产品，他们很有可能也会成为该产品的用户。

好几家著名的企业早期就是靠"16 岁青少年测试法"取得了成功。史蒂夫·乔布斯发布第一款麦金塔电脑（Macintosh），就是以高中生作为目标群体的。为了普及这款革命性的电脑，乔布斯给予高中生很大的折扣。脸书创立之初，只有顶尖大学的学生使用它，直到高中生使用脸书，它才真正获得成功。色拉布应用软件（Snapchat）是高中生们分享照片和想法的理想渠道，这些照片和想法几秒钟后就会消失，这样，他们就不必为自己在软件上的言行负责。上述公司都触动了青少年的消费痛点，它们已经或很可能成为数千亿美元规模的企业。

如果适当培育，高中生就能引领潮流，形成某种代际产业。俘获了高中生的欢心之后，你还要通过最后一个测试。

"15年测试法"就是思考未来15年世界会变成什么样子。最优秀的创业者通常会反思自己的想法，然后问自己："15年后，我的企业还存不存在？"如果他们认为自己的企业15年后不复存在，他们就会反思原因。为什么？因为一夜成名通常要花15年时间。

以下是在通往成功的道路上可能发生的事情：

◆ 第1年：公司起步。你找到了办公场所和一两个联合创始人，然后开始规划你的企业。你制订了一份商业计划，并获得了天使基金的资助。

◆ 第2年：公司首款产品上市，你赠送给客户，让客户免费试用产品。

◆ 第3年：公司开始面临诸多问题，你开始重新思考公司的策略，研究客户行为，做市场调研，重新制订商业计划。

◆ 第4年：你的企业终于研发出适销的产品，你开始新一轮更大规模的融资，即"A轮融资"，并且看到了小规模盈利的希望。

◆ 第5年：媒体看到了你的雄心壮志，争相报道你的事迹，你开始名声大噪。这时千万不要得意忘形，很多企业通常在真正成功之前就被媒体"捧杀"了。

◆ 第6年：扩大企业规模，生产更多适销产品。公司终于开始赚钱了。

◆ 第7年：公司不断盈利和成长，逐渐走上正轨，生意机会也开始多了起来。你不用再为时间和现金发愁。

◆ 第8年：你发现了扩大客户群的方法，这是攻克主流客户群的大好机会。早期客户不再是你的主要关注点，客户群现在已经非常广泛，你要把产品标准化。

◆ 第9年：你开始挑战行业巨头的地位。现在，竞争对手已经感受到你的冲击，你的企业蒸蒸日上，从行业巨头那里抢了不少市场份额和消费者关注度。竞争对手虽然很不满，却也只能强压怒火。

◆ 第10年：行业巨头开始反击，它们想通过法律诉讼、媒体抨击和推动政府监管等手段来击败你。这样的斗争将持续很长一段时间。如果你能熬过这段时期，不被对手打垮，你的愿景就有实现的希望。切忌惊慌失措，法律诉讼案件不是一朝一夕可以解决的，而是永远需要解决。对媒体的攻击予以反击，并趁机宣传你的企业。千万不要恐慌，你要保持自己的创业热情和勇气，因为你的员工都唯你马首是瞻。

◆ 第11年：你拓宽了市场，也获得了目标客户的青睐。也许一路走来伤痕累累，但你永不言败。是时候驰骋翱翔了！

◆ 第 12 年：企业继续成长，你开始接触目标客户，并发起一轮股权私募。

◆ 第 13 年：企业规模越来越大，你可以考虑上市了。

◆ 第 14 年：企业继续成长，你已经拥有了你创业时想要的市场地位。

◆ 第 15 年：你的愿景得以实现。全世界都知道了你的企业，你一夜成名，成为新的行业巨头，又有 50 家新创企业把矛头对准了你。

◆ 15 年过后，随着企业规模变大，增速很有可能放缓了，所有行业都是如此。你的产品线将从引领创新转而面临价格的压力。如果你的企业规划得好，它就会变成一棵摇钱树，客户对你无比忠诚，永远不会离你而去，但是企业的增长速度毫无疑问会放缓。

创业 15 年后，你的企业还存在吗？它会是什么样的呢？到了那个时候，竞争对手的地位会比你高吗？

以下是一个典型行业用 15~20 年时间达到 10 亿美元规模的示意图。

德雷珀 iS 曲线
新的变革性技术产业的市值随时间变化趋势

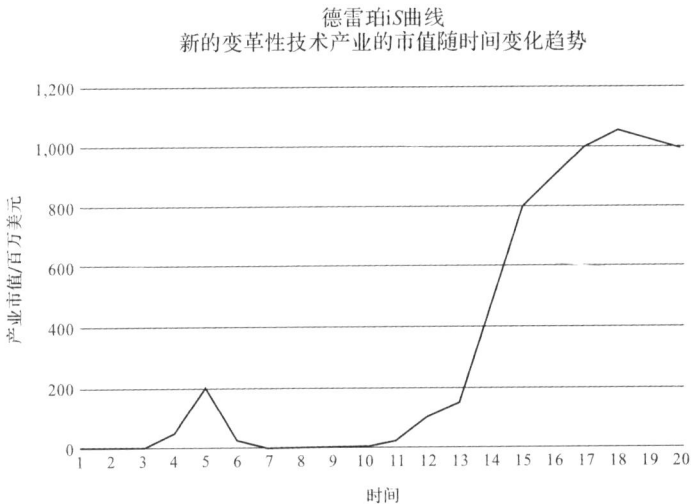

我将这条曲线命名为"德瑞普 iS 曲线"，因为它就像一个草书的小写字母"i"，后面跟着一个斜体的大写字母"S"。该曲线描绘了一个新的变革性技术产业的市值是如何随时间变化的。请注意，媒体在第 5 年发现了这个行业，此时正值行业市值上升期。后来，媒体发现该行业对外行人缺乏吸引力，备感失望，行业市值也随之下降。但是，如果你所在行业拥有真正的持久力，那么大约在第 15 年时，行业的前景会完全展现出来，并表现出强大的增长力。在之后几年里，随着行业逐渐成熟，增长会陷入停滞。

在 15 年时间里，会发生很多事情。那时候的世界会是什么样子？想象一下你认为可能发生的事情，做出一些预测。以下是我的预测。

地球上的人口将超过 80 亿，其中大部分年轻人将生活在非洲。联合国开发计划署表示，预期在 50 年内，世界人口将从 70 亿增长到 110 亿，届时非洲人口将从 10 亿增长到 40 亿。几乎可以肯定的是，世界各地民众将会更加自由。社交媒体将迫使一些无能的政府垮台，我希望好的政府能够崛起。事实上，在过去 10 年里，新加坡人口已经从 350 万增长到了 550 万，而苏丹、土耳其和叙利亚的人口数量持续下降。我希望这种"政府市场"能够继续迫使政府变得更加自由、高效，更具备增长潜力。

越来越多的人将具备创新能力。如今，全球一半以上的人口可以使用智能手机，因此，他们可以借助搜索引擎和媒体内容进行自我学习，并在他们所从事的行业中保持较高的技术水平。全球经济将显著增长，每一项新的创新都会使一个社会的财富得以增长，而所有创新都来自一个受过良好教育、了解最新技术的群体。我们的世界将持续成长，世界各地民众将有机会接触到全球化信息、全球化治理模式、全球化货币和全球化市场。人口将是流动的，不再被紧紧约束在任何一个地理区域内。

接下来，我要进行更大胆的预测：人们将乘坐自动驾驶的车辆出行，并通过虚拟实境设备或增强实境设备进行交流。科学家将会发现治疗癌症的方法和衰老基因，人类寿命会得以延长。人们的健康将通过安装在衣服上的传感器来监测，人们可以根据自己的喜好对这些传感器进行光学编程，以满足任何情况下的需求。教育将变成一个竞争性的、负责任的行业，教师要定期考核和排名，佼佼者将成为媒体争相报道的名人，而成绩最差者将失去教师资格。绝大多数交易将通过比特币进行，并记录在区块链上。隐形眼镜中将安装上比人脑更加聪明的微型电脑，镜片上将显示它给用户提出的建议，而音频则被发送到一副无线耳机里。所有人的所有行为都会被记录下来。罪犯可能会被区别对待；陪审团是由普通民众组成的；罪犯通过工作来向社会"还债"，而不是由社会支付费用来养着监狱里的罪犯。能源成本将大幅下降。从食物、处方药到日常杂货，所有物品都由机器人送到你的门口。无论去往世界任何地方，都只需要花几分钟时间。有一部分人也许要前往火星居住。

所以，想想你的企业吧。在这个日新月异的世界里，你的企业会变成什么样子？那时候，你的企业还存在吗？它将如何进化？以我的预测为背景，你的企业将如何与世界上的其他企业相抗衡？你未来的竞争对手会是什么样的？当你的企业发展壮大时，你的竞争对手和如今的行业巨头将如何应对？如果那些不适应新世界的公司发现你正在抢它们的生意，它们会对你的企业采取什么措施？

尽可能多问自己一些问题，然后做些深入的研究，预测 15 年后的世界究竟会是什么样子的。到了那个时候，你的企业还能在这个行业立足吗？又或者你的企业早已不存在，而你也有了其他追求？回答这些问题，做好这项工作。别忘了，你正准备投入毕生精力去创业，所以，你最好先为自己找到清晰的方向。

引领潮流

想一想新技术是如何大量涌现并改变各个行业的，这个方法也很管用。一些科技浪潮带来新的思维方式，扰动原有行业，为客户提供更好、更快、更便宜、更有效率的生活方式和工作方式。

互联网、集市平台、比特币和人工智能就是先后涌现出来的科技浪潮，它们依次改变了原有行业和一些与它们相关的公司。

互联网改变的行业包括：

信息（谷歌）、购物（亚马逊）、通信（Skype）、娱乐（奈飞）、媒体（iTunes）、游戏 [《我的世界》（*Minecraft*）]、社区（脸书）

集市平台改变的行业包括：

交通（优步）、酒店（爱彼迎）、创业（AngelList）、劳动力（Thumbtack）、律师（LawTrades）、公关（PRx）、经纪业务（Robinhood）、室内装修 [劳瑞沃尔夫（Laurel & Wolf）]、股票市场（Equidate、EquityZen）、资本构成表（eShares、Capshare）、游戏（Twitch）

比特币改变的行业包括：

货币（比特币）、政府（Tezos）、合同（以太坊）、银行 [瑞波（Ripple）]、房地产（BenBen）、保险（Augur）、金融（Bancor）

人工智能改变的行业包括：

汽车（巡航自动化公司）、身份（Neurala）

除了上述行业和变化以外，虚拟实境或增强实境技术肯定会对现有教育体系带来挑战，而无人机和特斯拉则分别挑战了监控设备行业和公用事业。

了解趋势

这也是一种研究行业内部和周边趋势的好方法。趋势与"赶时髦"不同，赶时髦的人像名人那样穿衣打扮、留胡须或佩戴珠宝；而趋势则是指行业、客户或技术已经朝某个方向发展了一段时间，而且看似还要继续发展。有些趋势呈指数级发展，也就是说，随着时间的推移，变化具有复合性的特征。从以下图中，你可以感受到不同行业的发展趋势。

摩尔定律

摩尔定律指出，每过 18 个月，每 1000 美元的计算设备的运算能力就会翻一番。自晶体管问世以来，这一趋势就从未改变，而有些人则说该趋势从古至今都是如此。

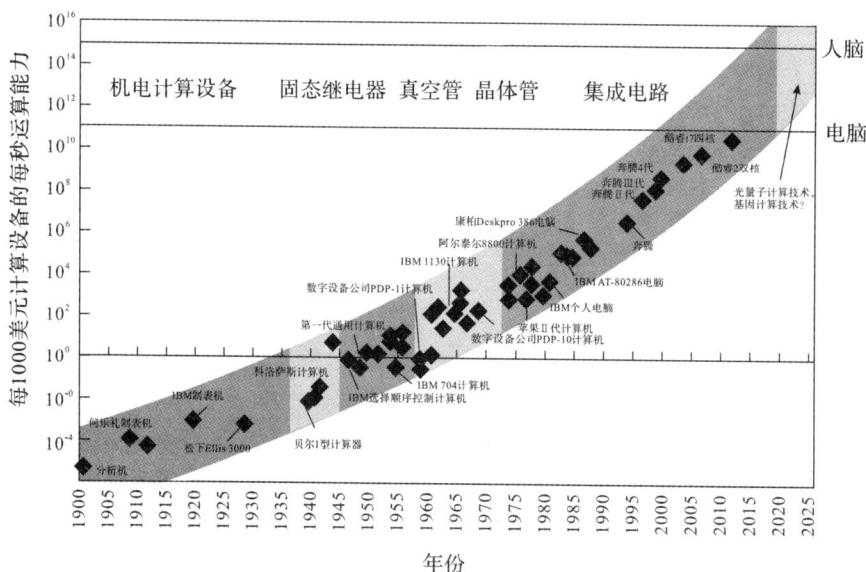

资料来源：雷·库兹韦尔所著《奇点临近》第67页，维京出版社2006年版。
2000—2012年的数据点只是BCA研究所的预测。

自杀率

以下是 1993 年至 2010 年的美国自杀率曲线图。这张图非常有趣。1998 年发生了什么，导致自杀率的下降趋势产生反转？你认为原因可能是什么？ 1996 年，治疗小儿多动症（ADHD）的药物安非他命盐（Adderall）被美国食品及药物管理局（FDA）

批准为治疗注意力缺陷障碍症的处方药,并被用作帮助学生提升注意力的科研手段。我想知道自杀率变化与该药物之间是否有关联。

1993—2010年美国自杀率曲线

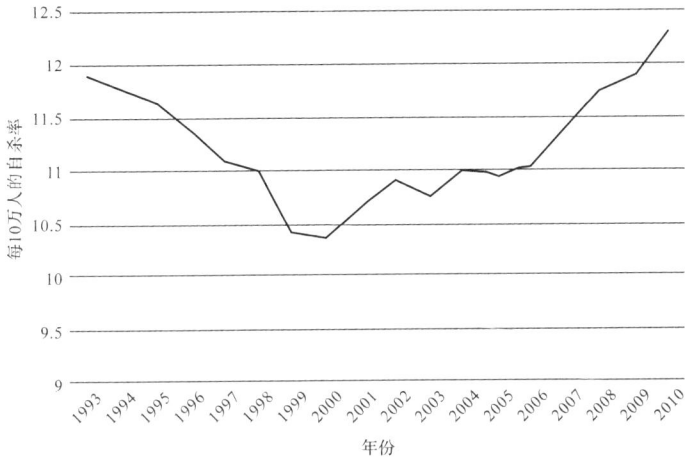

比特币价格

以下是比特币市值和比特币钱包数量的关系图。你从这张图中看出了什么?比特币的价格与钱包数量的平方有关吗?这是不是梅特卡夫定律(Metcalfe's Law)的一个例子?(关于梅特卡夫定律,请见下文)

区块链钱包数量与比特币市值(2011年11月—2017年9月)

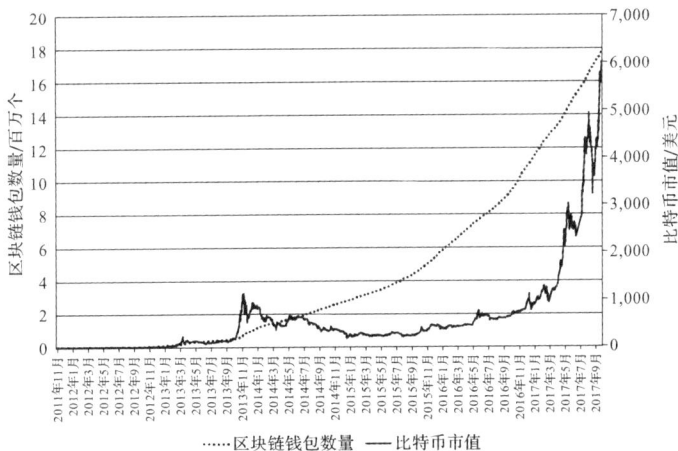

······区块链钱包数量 ——比特币市值

预期寿命

人类的预期寿命越来越长。如果这一趋势持续下去，100 年后的地球人会是什么样子？人口会发生什么变化？人口规模呢？人口构成呢？

全球人口平均预期寿命（1960—2015年）

趋势至关重要。你要找一些与你所在行业相关的趋势图，尝试着解读趋势。你所在行业的产品单价发生了什么变化？市场在以什么速度增长？你所在行业的龙头企业占有的市场份额发生了什么变化？

评估你的商业理念

世界正在发生变化，创业无处不在。各行各业的人发现，他们可以创立一家公司来解决世界上存在的某个问题。作为一名创业者，这对你来说既有好处，又有坏处。

好处就是，如今创业的过程变得标准化和简单化。比如，人们很容易在 LegalZoom 或 Clerky 网站上注册公司，在 LawTrades 网站上获取法律建议，还可以申请进入德瑞普大学或像 Soost.vc、Y Combinator 或 TechStars 之类的加速器。只要在 AngelList 或 Crowdfunder 上列出你的公司名称，就能吸引到天使投资资金，非常简单。你还可以在 ProductHunt、Kickstarter 或 Indiegogo 上列出产品，看看是否有客户对你正在做的事情感兴趣。法律术语变得越来越标准，易于研究，比如 "SAFE" [即 "未来股权标准协议" 的英文缩写（Standard Agreement of Future Equity），由 Y Combinator 首创]、"KISS"（由 500 家初创公司所创术语），以及我们与德瑞普合伙人公司最喜欢的术语"系列种子"（Series Seed）和"TATS"[即"可交易自动条款清单"的英文缩写（Tradeable Automated Term Sheet）]，后者可以在 www.lawtrades.com 网站上找到。股票可以很容易地通过 eShares 的产品来管理；银行家、律师、会计师、猎头和其他顾问更愿意冒险帮助初创公司站稳脚跟。数字货币或代币首次发售正成为一种提供种子基金的手段，企业可以通过发行代币来筹集资金。

环处就是，当你有一个好创意时，可能还有 50 个人想到同样的点子，或者他们早已领先你一步。其他人也能轻而易举地获得培训、加速器资源、资金和来自专家的建议，况且他们可能已经从事某个行业了。这些创业者也许来自硅谷，也许来自以色列、中国、韩国或伦敦。全世界兴起了创业之风，和你一样，别人也做好了随时创业的准备。创业英雄要做些什么？我建议做以下事情。

1. **搜索**。在谷歌、必应或百度（或所有三种搜索引擎）上搜索你的商业创意，搜索结果会显示你有哪些竞争对手。也许你会发现很多直接竞争对手，又或者看到一些可能合作的公司，也许有些公司会成为你的第一家客户。从搜索结果来看，你还没开始创业，就已经有了很多竞争对手。这种情况很常见。那么，你将如何把你的公司与其他公司区分开来呢？不断思考，不断向人们介绍你的企业，直至你想到新的创意，能够超越搜索结果中出现的竞争企业。

2. **转型**。没错，现在就转型，刻不容缓。如果有 50 家企业打算做你想做的事情，那就让他们去做吧，让它们去取得成功吧。想象一下，它们取得成功以后，这个世界会是什么样子，然后再设想那时候客户需要些什么。

3. **抽象化**。如果你脑海中正在考虑转型，那就再加入一层抽象化概念，也许这样效果更好。企业应该将自己从当下的市场中抽离出来，这听上去似乎有悖常理，但这正是我建议你去做的。一家不受现实羁绊的企业能够预测甚至"猜想"到未来会发生什么。看到优步如此成功，你也许会考虑创立一家快递企业，但市场上的快递公司已经多得数不胜数，所以你可以想得更抽象一些，考虑从事无人机快递业务或自动驾驶汽车快递业务。也许你觉得这种抽象化的企业很难取得成功，可类似的成功企业确实存在！不过，我希望你从创业英雄的角度思考一下"成功"的定义。创业英雄要改变世界，打破现状，寻找那些别人觉得不可理喻的机会。这样做的成功概率可能较低，但如果你是创业英雄，你的预期值会更高一些。

假设你创立了一家公司，并进入某个行业，而这个行业已有 50 家竞争企业。再假设你进入该行业的时机不算太早，也不算太晚，后面还有 49 家初创公司紧追不舍，而且它们对市场发展趋势的判断都是完全正确的。想成为这个行业的赢家，你只有 1%

的机会，而且必须做出正确的判断。1% 的胜算是存在的，但你不能犯任何错误。

现在，让我们假设你要转型，要预测这些公司占领了你最初想进入的市场后人们打算做些什么。它们培养了市场，消费者会选择赢家，所以市场可能比你起初想进入时更明确、规模更大。想在这个新市场中立于不败之地，你必须推测消费者接下来会做些什么。由于猜测是抽象的，所以会有不确定性。假设你有 1/4 的机会推测准确，当你在网上搜索那个抽象化的新想法时，你发现只有一家公司在用你这一新方式思考这个行业，你得假设至少还有一家公司在做同样的事情。所以现在，在这个更加不确定的市场当中，你有 1/3 的机会成为赢家，但你的企业只有 1/4 的机会抓住消费者的心。如果把这两者算在一起，你有 1/12 的机会赢得市场，比你的初始胜算高出 8 倍，因为按初始想法赢得市场的概率只有 1%。敢于"犯错"，敢于失败，你就更有机会成为一名成功的创业英雄。

没错，你更有可能被别人嘲笑，因为你的眼光太过长远，人们无法理解你；甚至你的想法有可能是错的。但总的来说，如果你能够从抽象化角度思考自己的企业并及时转型的话，预期结果会比当下好上 8 倍。

有了创意，又进行过头脑风暴，现在是时候制订商业计划了。商业计划可以是任何形式的，比如 PPT、Word 文档、手写的长篇大论，甚至可以用象形文字的形式表现出来。但是，如果你想获得风投资金，商业计划书就必须包含一些深度思考和研究。正如范·韦尔德（Van Wilder）所说的那样，无论如何，你都要"把它写下来"（write that down），这才是最重要的。

A STARTUP HERO'S BUSINESS PLAN

创业英雄的商业计划

商业计划各不相同，你要制订适合自己的商业计划，不要邯郸学步，借用别人现有的计划。如果你想借用某个商业计划模板，那就用它来促使自己考虑具体问题，但绝不要让它左右你对企业重要事项的思考。你的企业是与众不同的。它是你在百忙中创立起来的，而且在不断进化中。要知道，随着企业的发展，它可能会演变成多种形态。你要确保自己的企业和商业模式（即企业如何赚钱）具有创新性，你的产品、技术和服务也同样如此。写商业计划书应该是一项创造性的活动。现在，让我们来看一些极富创造性的商业计划书。

价格俱乐部（Price Club）的商业计划书的第一句就是"美国人都有车库"。他们发现，美国人会把一些不急着用的多余物品放在他们的车库里，所以，向他们大量出售产品的做法是行得通的。这样一来，价格俱乐部就把美国人的车库变成了他们的仓库，在储存空间方面节省了一大笔钱。他们还发现，如果人们成为会员并为获得会员特权付费，那他们就不太可能成为小偷。小偷当然不会花钱买东西，所以小偷不会成为会员。价格俱乐部最终在"止损"项目上节省了 7% 的成本，而沃尔玛和塔吉特等主要竞争对手仍为这事头痛不已。

亚马逊的商业计划书极具破坏性，它颠覆了现状。亚马逊打造了世界上最大的书店，它的网站列出了所有能找到的书的名称，等客户下单后再去采购这些书。亚马逊会先接收订单，等客户付钱，然后再把书寄出去。这种模式对亚马逊维持现金流起到了巨大作用。先收现金再进货，亚马逊的做法与实体书店的运营方式正好相反。实体书店先花钱进货，然后把书放在货架上等待顾客购买，而这些顾客的购买及付款通常会延期，从而使其现金流问题加重。借助"先收钱、后进货"模式，亚马逊消除了库存，既没有应收账款，也没有产生坏账或不必要的损耗。

采用病毒式营销之后，Hotmail 公司的商业计划就改变了。病毒式营销就是用户收到邮件后，点击某个链接，就可以注册成为会员，而这个链接会留在用户发出的每一封电子邮件里面。Hotmail 使客户成为其销售人员，此后根本不需要做任何营销预算。而由于节约了营销成本，它因此能够把这笔节省下来的钱用来打造更好、更易于传播的产品。

优步为供应商建立了一个通信和物流平台，一跃成为全球最大的出租车公司，却无须购买任何出租车；爱彼迎是全球最大的连锁酒店，而房源都不是它自己的。这些商业计划在用户和服务提供商之间搭起了桥梁，为它们提供了最高效和最恰当的连接，而平台预先支付了中介费用。

劳瑞沃尔夫公司的商业计划是搭建一个平台，让客户在网上给室内设计师购买材料，同时让室内设计师们展示自己的才能，相互争夺客户。劳瑞沃尔夫的商业模式的独到之处在于，它能够与家具供应商合作，针对客户在平台上的家具订购行为收取佣金。

制订适合你自己的商业计划。如果这个商业计划足够好，无人可与之匹敌，那么它就有可能会改变整个行业。

请注意，不要把商业计划写成论文或小说，但它应该尽量全面。一份好的商业计划既是呈现给外部的销售文件，也是助你经营企业的内部指南。

英雄的创业计划

以下是你的商业计划中应该包含的内容。

公司愿景——公司愿景描述了当你的想法成为现实时，世界会变成什么样子。"让数据无处不在"或者"居者有良屋"都是不错的愿景。

公司使命——该使命表明你的公司将如何成为一股积德行善的力量。"我们生产更优质的汽车""我们要让旅行变得更加轻松"，或者"我们的家具轻便结实"都是不错的公司使命。

问题——把你发现的问题罗列出来，并写下它们会对人们造成影响的原因。"快餐不利于身体健康"或"我们需要更清洁的能源"都可以作为问题写下来。

解决方案——你的企业打算如何解决这些问题？列出你的业务范围，这就是你的"电梯推销辞"。一套好的电梯推销辞只需两三句话就能让人们了解你的企业提供什么样的产品或服务。

市场——弄清楚你要进入的市场有多大，这不仅有助于你向风险投资人和银行家展示企业的潜力，也有助于你了解自己所从事的行业是否足够大，值得你将毕生精力投入其中。你可以通过"自上而下"或"自下而上"的评估方式来确定市场规模，最好是两种评估方式同时进行。

要自上而下评估市场规模，你得确定目标市场如今规模有多大，且随着你企业的发展，它在15年内如何增长或萎缩。为了找到这个数字，你可以搜索公共和私人市场数据，找出该市场中所有公司的相关营业收入，并确定总数值。

要自下而上计算出市场规模，你只需确定有多少人每年购买你的产品或服务，并将此数字乘以你计划每年对该产品或服务收取的费用即可。为了更准确地评估目标市场规模，你可能要从细分市场着手。此外，一定要就你的产品或服务上市后你对市场的期望发表评论。你的产品会变得更便宜，从而导致市场萎缩吗？又或者，你的产品有助于扩大市场规模吗？

产品工作原理或服务内容——在商业计划中写出产品工作原理或服务内容，不要有任何隐瞒，如实写出来。工程师们往往将企业的产品或服务视为商业秘密，不肯透露半个字。无论正当与否，这种偏执的做法会建立起一种适得其反的不信任关系，非常不利于推销产品或推广企业。你要接受这样一个事实：你是业内最优秀、知识最渊博的人，即使有人知道你打算做的事情，他们也永远无法跟上你的脚步。在你的商业计划中开门见山，向投资人说明你所做的事情。信任是商业的重要组成部分，信任别人，别人也不会辜负你的信任。在大多数情况下，他们会信任你的。

如何制造产品或打造服务——制造产品或打造服务需要什么样的人或流程？你有很多个供应商吗？供应商越多，原材料供应越稳定，你的客户会更加安心，而你的谈判力会更强，因为供应商们会相互竞争。你是否依赖其中一家供应商？如果该供应商倒闭或不好打交道，你将如何应对？你是否担心产品的构造？你的产品或服务融入了哪些独特技术，从而大获成功？产品或服务涉及哪些风险？第一次使用产品或服务时，可能会发生什么故障？你打算如何降低风险或对早期发现的故障迅速做出反应？

不要留按键——在研发第一台iPod时，史蒂夫·乔布斯曾说过："只留一个按键。"他希望iPod易于使用，用户只要用一个按键就可以找音乐、选音乐和听音乐。显然，当工程师们不断要求他多留几个按键时，他都一一拒绝了。史蒂夫终于得到了他想要的音乐播放器，iPod只有一个实体按键，按键周围则是触控按钮。

在设计产品或服务的时候，你可以告诉自己："不要留按键。"如今，与客户需求相关的信息唾手可得，你在产品设计过程中可以预测客户的需求。优步就是"只留一个按键"的例子。我设想优步软件可以跟我的日历相挂钩，比如，我正在伍德赛德的巴克餐厅吃饭，下午 3 点必须到达英雄城；下午 2 点 20 分，一位优步司机准时来接我，因为软件计算出两地之间需要 40 分钟的车程。你的企业要善于预测客户的需求，"不要留按键"。

营销模式——营销模式就是想办法把顾客变成你最大的销售力量。优秀的企业善于取悦客户，把客户变成他们的销售人员。我知道，如果一位朋友告诉我某款产品有多好，那我购买那款产品的概率就更大。你如何取悦自己的客户？又如何留住客户？这也许是商业计划中最重要的两部分内容。对绝大多数公司来说，营销可能是最大的支出项目，而如果你能想办法让客户帮你推销产品的话，就可以大幅降低这笔费用。世界上一些优秀企业已经把他们的产品变成了通用语言，比如我们常说"Skype 我"或者"谷歌一下"。你如何才能让客户把你的公司名称融入日常用语中呢？

团队组成——你的团队里有哪些人，他们为什么会加入公司？他们的工作经历是否与公司的需求和职位相匹配？你打算如何激励员工？认真思考一下团队建设问题，比如：你要如何培训他们？如何给他们支付报酬？如何激励他们？

最后一点：

公司盈利模式——从表面上看，这是初创公司最容易做到的事情，但盈利离不开创造性思维和行动。以下是你要解决的问题。

向客户提供产品或服务的成本有多高？有时候，这个问题可能很难回答。特斯拉第一批电动汽车下生产线时，每台车的成本超过 100 万美元，但建工厂的目的就是批量制造汽车，尽快使制造成本远低于购买价格。你需要考虑长期成本、短期成本、可变成本和固定成本。某些产品通常有可变成本，例如雨刷或电池都有可变成本。固定成本是指无论产品或服务质量如何，成本都是固定的，例如给汽车喷漆的机器人或者企业经营者的薪酬就是固定成本。

你打算如何对产品或服务进行定价？

定价是动态的还是固化的？你会在一天当中的不同时间段定不同价格吗？电影院会给中午场的电影打折扣，这就是动态定价的例子。又或者，你是否会设置固定价格？例如，苏打水的单价一直是 2 美元一瓶。定价是你整体营销策略的一部分吗？史蒂夫·乔布斯把每首歌的下载价格定在 99 美分，这个定价策略改变了音乐行业。在那之前，歌曲的价格是可变的，有些歌曲价格高些，有些价格低些。另一边，绝大多数企业软件公司认为产品定价与它们给客户提供的价值相符。事实上，某些软件公司和像安达信（Anderson Consulting）与德勤（Deloitte）这样的咨询公司向不同行业出售同一款软件时，会收取不同的价钱。有些初创公司采取所谓的"退缩定价"策略，即不断增加成本和功能，直到客户退缩为止。你要弄清楚哪种定价模式最适合你的产品或服务。

企业是否有多种营收来源？你能像大多数媒体公司那样从广告和发行中获得收入吗？如果你是一家网络集市平台公司，你能从买卖双方那里赚取收入吗？很多投资银行家会同时赚买卖双方的钱。

客户的忠诚度高吗？客户会一直向你的公司购买产品吗？你的产品是否对他们至关重要？换句话说，你的产品被客户企业采用后，他们是否离不开这款产品？举个例子：家庭安装了有线电视之后，不管有线电视公司每个月收多少钱，人们都不愿意把它从墙上拆下来。你是否要持续开拓新客户？二手车销售员卖出一辆车之后，就知道该客户很长一段时间内都不可能回来找他，于是他尽可能多地赚每一位客户的钱。客户的流失率是多少？流失客户的频率高不高？流失客户有多痛苦？你还要评估新客户开发的成本，因为较低的新客户开发成本和较高的客户终身价值也是评判初创公司的标准。

公司的现金流是否健康？谁会给你的公司支付现金？何时支付现金？你要向谁支付现金？何时支付现金？那些提前付款的客户可以使你的公司取得巨大成功，而延期付款的客户可能会阻碍公司的发展。

我与 Pebble 公司的合作就是现金流业务建模的例子之一。在 Y-Combinator 早期举办的一次活动中，我结识了埃里克·米基科夫斯基（Eric Migicovsky）。埃里克来自欧洲，身材瘦削。在那天的演讲者当中，他是唯一一位敢创立硬件公司的人。当时的风险投资人对硬件公司持谨慎态度，因为这些公司都是采用先囤货后销售的经营模式，这需要大量现金作为后盾。但我支持他，因为我在他身上看到了英勇、诚挚、坚定和远见卓识。他打算创立一家智能手表公司，并起名为 Pebble。

这笔投资从一开始就很不顺利。就在我投资 Pebble 后不久，埃里克想增加库存量，结果现金用完了。但接下来，他做了一件令人意想不到的事情，就像美式橄榄球球员在比赛的最后几秒钟传出了致命直传。他录制了一段产品视频，放在 Kickstarter 众筹平台上募资，这也是该平台的首批众筹产品之一。不到 3 周时间，他就预售了价值 1000 万美元的产品，并获得了预售款。在这 3 周里，埃里克从破产的边缘一跃成为行业宠儿，手头有足够多的现金用于囤货和发货了。该公司售出了 200 多万块智能手表，销售额超过 1 亿美元。但后来，随着公司规模越来越大，Pebble 似乎已经忘记了初心。它没有继续在互联网上预售手表，而是开始走零售渠道。零售商给了 Pebble 提升销量的机会，但在出货之前，Pebble 必须囤积大量库存，而零售商从来不按期付款，这是众所周知的事情。打入零售渠道之后，Pebble 又陷入了现金短缺的局面，并最终破产，被迫贱价抛售。这个故事表明，一定要在商业计划中说明现金流入的时机。现金流入初创公司的时机通常比卖出多少产品更加重要。

完美的金融商业模式：零资产和零费用

如果让一位金融专家评价创业英雄的业务模式，他通常会迷惑不解。要知道，创业英雄最善于打破常规，而金融专家已经习惯了现状。如果你的企业规划得很好，它会与现状格格不入。你必须习惯于改变你所在行业的性质。会计师、顾问、银行家和公务员都会尝试着了解你的企业，但如果你的商业模式有悖于现状，他们会建议你改变模式，以适应你所在行业的其他企业。千万不要变换模式！你要抵抗住诱惑，不要听专家们的话。如果你走在正确的创业道路上，你的企业就不会趋同于现状，而你也要适应这种苦恼。

绝大多数企业都有标准的资产负债表。在负债表的"资产"项下，通常包含了应收账款（即企业还未收回来的钱）、库存（即存放在仓库里的货物）、实体工厂，以及存在银行里的一些现金。

亚马逊没有任何资产，它没有任何库存图书，而是采用先款后货模式。亚马逊也不开任何实体书店，不囤积库存，但它却成为世界上最大的书店。

优步没有汽车；爱彼迎没有房产；Thumbtack 没有修管道的工具或油漆刷子，但它能够为你家提供能工巧匠；而我女儿埃莉诺创立的公告牌公司既没有房产，也不拥有手工艺人的作品，但这两样东西在其平台都有售。

绝大多数企业都有标准的损益表。在支出方面，他们有已售商品成本、研发费用、营销费用、销售费用及日常开支和行政费用。

微软最初的已售商品成本为零，它的商品就是安装在系统中的软件（即二进制数字信息）。Hotmail、Skype 和现在其他很多公司也没有任何营销费用，因为它们采用病毒式营销模式。eBay 的销售费用为零，它的整个产品线都是由用户打造的。参数技术公司的研发预算只占公司总预算的 3%，而竞争对手的研发预算占比为19%，这让它比竞争对手多出了 16% 的营收。

删除你的财务报表中的一些费用项目。在向投资人介绍你的那家非凡企业的时候，财务报表上的费用项越少越好！

最重要的一点：深入思考企业的商业模式，思考如何才能削减财务报表中的费用项目，从而使某家企业或某个行业发生翻天覆地的变化。

制订了创业计划之后，你就要考虑如何才能实现自己的创业英雄使命，并寻求创业资金。

GROWING YOUR STARTUP

培育你的初创公司

创业很艰难，但这段旅程是值得的。一定要记住：所有成功的背后是无数次失败。做一些你可以预见自己在未来十年或更长时间要做的事情，而且不要低估一位强大的联合创始人的作用，他可以让你的企业受益无穷。无论最终成功与否，你都要知道自己正在一步步向前迈进。还有，要拯救世界，首先得确保你自己的企业能够健康成长，正所谓"一屋不扫，何以扫天下"。

作为创业者，千万不要急于求成。初创公司的发展有高潮期和低谷期，有些公司是季节性的，有时候它们迅猛发展，然后陷入停滞；有时候公司发展速度很快，然后营收开始萎缩，直到推出一款新产品，才重新步入发展轨道。绝大多数半导体企业的发展模式是先设计一款芯片，然后做出一些样本，再将芯片整合到其他公司的产品中，由后者交付终端产品。由于半导体是内置在终端产品中的，它们的客户很可能会持续使用芯片，所以半导体公司不会连续增长很多年。但是，一旦它们的产品被植入客户的产品中，它们就能够存活很长一段时间。到了某个时候，随着科技的进步，客户需求将趋于平稳。为了保持增长，半导体公司要设计新的产品，所以它们的营收是周期性的。

我投资的很多公司都掉入了类似陷阱。从某种程度上说，这些公司都曾获得过巨大成功，可当它们达到一定的规模时，失败在所难免。有时候失败源自企业失去了控制，有时候是因为它们没有关注自身的现金流，有时候则是因为一下子聘请了太多员工。

某些企业创始人从市场上赚得了第一桶金（或者钱只是来自投资人，这种情况更糟），于是想雇用更多员工，加快企业发展。有些创始人只是在提到雇用了多少员工时才用到"直线上升"一词，对于公司获得多少营业收入或利润却避而不谈。员工规模快速扩张可能是一个巨大的错误！只有在企业人手紧缺的时候，你才需要聘请更多员工。在产品或服务研发阶段，这一点尤为重要。扩大员工队伍的前提是公司不断推陈出新，产品持续满足市场需求。

企业就像植物，有着自然有机生长率。如果适当施肥，它们会长得更快一些，但如果肥料过多，它们就会被烧死。创业者获得的风险资金越多、越快，他们往往也会越快把钱挥霍掉，从而使支出的费用越来越多，企业无法持续发展。

资金可能在创业初期就被挥霍掉了。优秀的初创公司会尽量筹集资金，只有在必要的时候才花钱。在产品研发阶段，这种量入为出的做法尤为重要。很多公司在研发阶段雇用太多员工，且花销无度，没有意识到最好的产品和服务往往是由两三名优秀工程师组成的团队打造的。当首席执行官雇用过多员工时，这些冗员既浪费了时间，又耗费了公司的资金，而且他们通常会拖慢产品的研发进度。

成功的企业往往会失去控制权，而控制权恰恰是它们获得成功的法宝。当员工规模超过 150 人时，通常就是公司发展的关键时刻，但有时候这个关键时刻会来得更早一些。在这个阶段，首席执行官不再认识每一名员工，甚至不再参与每一次人员招聘工作；也是在这个时候，首席执行官失去了对企业的直接把控。他会把招聘权授予别人，团队开始过快增长，招人越来越容易，公司规模在短时间内迅速膨胀，等到首席执行官发现公司冗员时为时已晚。人员招聘一两天就可以完成，但裁员就没那么容易了，公司要付出好几个月工资的代价。当员工人数超过 20 人时，企业就要对团队规模严加控制。所有企业都要明白这一点。

优秀的首席财务官是企业的无价之宝，他能够让公司了解当下招聘工作对企业造成的短期和长期影响；此外，首席财务官还善于预测公司业务何时下滑，及时收取应收账款，并且知道公司经历脆弱的成长阶段之后现金流的重要作用。人力资源的成本很高，你要确保自己能够合理地招聘员工。

这里的一些经验法则也许能帮助你像创业英雄那样持续经营公司。在研发产品的过程中，企业应该尽量少花钱，并且让前三家客户对产品进行评价。有至少三家客户证实产品符合市场需求，企业才能组建营销团队。从至少三家客户那里获得收入之前，可暂时不用聘请首席财务官。

创业英雄们要合理安排自己的时间，有时候这很难做到，因为英雄们总是想把所有事情做完。但是，初创公司需要专注。无论筹集资金还是销售产品，初创公司都应找对线索，因为很多时间往往会浪费在无效线索上。创业英雄应做好调研工作，了解谁是投资人或目标客户，并提前决定优先找哪些客户或投资人。一般来说，应该先接触较小的客户或投资人，因为他们的决策速度通常更快；而大客户组织架构复杂，决策速度较慢。在接触大客户之前，创业者可以从小客户身上积累经验。

　　如果公司找到了少量客户，客户对产品感到满意，则证明产品满足市场需求。此时，创业英雄可以开始把钱投在市场营销上了。产品上市后，创业英雄要迅速向尽量多的客户推广产品，让竞争对手来不及跟进。一旦客户对产品非常感兴趣，那就是时候趁热打铁了。初创公司要量入为出，且不能聘用过多员工，不过，当市场出现机遇时，就应该在营销上投入大量资金，推动业务的发展。

FINANCING YOUR STARTUP

为初创公司融资

风险投资人在评估一家创业公司时，只看重三个因素：技术、市场和创业者。

技术必须独特，这样你才能比竞争对手更有优势，才能制定合理的溢价，并帮助你的公司打入现有的市场。市场规模必须很大，且现有企业较为弱势；此外，你的商业模式要能够确保企业迅速产生足够的现金，如果一切按计划进行的话，投资者将获得丰厚回报。你要成为了不起的人物，了解你的客户和竞争对手，了解公司的技术，把握好商业模式，对新的思维方式持开放态度，并且对你的企业充满热情，抱有乐观的态度。

至于风险投资人，我想多说两句。他们的赚钱模式就是为投资者带来利润，"附带收益"是他们的主要收入来源，只有在冒着巨大风险投资初创公司时，他们才能获得可观收益。只有存活下来的初创公司规模变得特别大，他们才愿意损失几笔投资。为此，他们会成立投资委员会，推动那些有潜力的优质企业成长，并物色一些能够为其投资者提供丰厚回报的企业。事实上，绝大多数初创公司并不成功，风险投资人很清楚这一点，所以他们必须依靠于少数成功企业扩大规模，唯有如此，才能从它们身上赚到数倍于投资金额的回报。

为了更清楚地说明风险投资人的投资动机，下面我要举个例子。风险投资公司可能会成立一只"盲选投资基金"，准备募集 1 亿美元，而参与该基金的投资者不得参与决策。这 1 亿美元可能会投向 20 家初创公司，每家企业获得 500 万美元。如果其中 12 家公司倒闭，6 家公司刚刚能够返还所投资的资金，那这家风险投资公司只能靠剩余两家成功的企业获得回报。风险投资基金通常以 10 年为期，因此，要获得市场回报，投资者会希望在这段时间内将资金翻一番或两番。最后两家公司必须提供大约 2.5 亿美元的回报，这只基金才算得上是成功的；换句话说，这两家公司都必须将 500 万美元的初始投资转化为 1.25 亿美元，即投资额的 25 倍。

风险投资人寻找的是真正的创业英雄，他们有 10% 的机会赚 25 倍的钱。他们会对你进行评估，看你是否有勇气和能力完成这一壮举。

由于风险投资人有这样的激励机制，所以他们大多数时候都是站在创业英雄这边的。但有时候，风险投资人的利益会与创业英雄的利益发生冲突。风险投资人可能会鼓励创业者做出一些不顾后果的行为，而这些行为极有可能导致创业失败。不过，即使结果会很可怕，他们依旧想看看这家初创公司是否有壮大的可能性。为了自我保护，创业英雄有时候要拒绝这些建议，因为某些不顾后果的行为有可能会带来灾难性的结果。

但是，为了成功，真正的创业英雄愿意做出一些不计后果的举动，因为他们知道，他们获得成功并得到高额回报的概率比失败的概率高出很多倍。

初创公司克服了市场规模和独有技术等所有障碍之后，风险投资人就要依赖于创始团队的专注、热情和坚韧不拔的精神。无论遇到多大挫折，一支强大的团队总有能力克服它。作为一名风险投资人，我看好那些既有深刻理解能力，又有自我驱动力和不屈不挠精神的创业者。科技行业日新月异，在这样的市场中，公司创始人也必须具有创造性且懂得灵活变通。

MARKETING YOUR STARTUP

推广初创公司

初创公司的推广是一门艺术。在找到行之有效的推广模式之前，任何初创公司都要摸索一段时间。以下是你在构思营销计划时要考虑的一些事情。

公关

爱德曼（Edelman）是全球最大的公关公司，其创始人兼首席执行官理查德·爱德曼曾对我说："未来将是社交媒体的新时代，而企业要为自己代言。"

接受他的建议吧，学会宣传自己的初创公司。除了企业的日常运营以外，你还要打好媒体基础，关注时下的热门话题，多做一些跨界的事情，比如写一篇博客，分析某位总统候选人大选获胜会对比特币价格造成什么影响，或者分析虚拟实境技术如何才能提高学校的教学质量。

去结识那些专门分析你所在行业的写手。如果他们曾经分析过一次你所在的行业，他们往往就会继续报道该行业。主动去了解他们需要些什么。他们永远赶不上交稿时间，永远在寻找新的故事题材。保持积极心态，尽快回复他们，多给他们讲些故事，必要时还可以编个故事讲给他们听。

制造一个他们想报道的话题，让人们心平气和地思考。你要敢于冒险，挑起一些具有争议性的话题，例如"我们现在为什么还要信任法定货币？"或者"有了虚拟实境技术，还要老师做什么？"虽然你知道这些话题会引发争议，但也深知自己站在有理的一方。

源源不断地制造话题。"这是我在 eBay 上买的"就是最好的例子。每当有人在 eBay 上出售某种有趣的物品时，媒体都会争相报道。从佩兹（Pez）糖果盒到核电站，从房子到汽车，eBay 上卖的东西经常成为人们的谈资。

我记得，当初我在推行教育券计划时，一名专门报道教育行业的记者把我拉到一边，对我说："我们真的不能给你写一篇关于教育券的文章，因为我们以后还要靠教师工会提供报道素材，但工会显然反对你正在做的事情。我们知道教育券计划值得报道，但投票结束后，媒体的报道就结束了，而只要我们不乱来，教师工会将继续给我们提供素材。"这话真是令人震惊，但它促使我开始思考公关问题，以及企业如何才能持续为媒体提供写作素材，而不仅仅是开展某项活动或产品上市时向媒体发表声明。

永远对媒体持积极态度，即使在谈论你的竞争对手时也要如此。我认为，最好不要向媒体提及你的竞争对手，除非你要实施某种特定的营销策略，比如"可口可乐大战百事可乐"或"Box 取代 SharePoint"。可口可乐和百事可乐意识到，通过在电视上进行口味测试，它们的广告效应可以提升一倍，因为这两家公司的产品都会出现在彼此的每一个广告当中。Box 的营销策略是以小搏大，它的很多目标客户都已经跟 SharePoint 合作，所以它认为向媒体提到竞争对手是件划算的事情，这样会有助于 Box 在与 SharePoint 的正面交锋中摸清对手的虚实。

我的市场推广经理巴里·哈奇森（Barry Hutchison）曾给我提供过一些关于如何与媒体交流的建议。他给我找了一位媒体培训师，两人一起培训我。以下是我从他们那里及各种采访中学到的一些知识。如果你要接受电视采访，在面对摄像机之前，记得先去照下镜子，因为自信的外表和幸福的表情比你所说的话更重要。根据经验，讲话要用完整和简短的句子；在气息用尽之前，就应该结束一个句子。记住：如果你接受的是广播或播客访谈，听众是看不到你的，你可以一边说话一边看笔记。无论接受广播还是电视采访，你都要保持充沛的精力。每次上电视之前，我都会原地跳几下，这很有帮助。而直播开始后，我会尽量正襟危坐，不让自己坐得太舒服。

上电视的关键是外表，做广播节目的关键是口才；而相比之下，如果你要接受报纸的采访，那就得采取不同方式了。与文字记者交谈时，你必须思路清晰，但也要引导对方了解你的整个思维过程。记者总是想有倾向性地报道某个故事，至于这种倾向性是正面的还是负面的，完全取决于你如何让他对你产生共鸣。你也可以向媒体提些建议，比如"要不我给你寄张数据表吧？"或者"你想要我们公司的 logo 图吗？"不管这篇报道是如何描述你的，这些附加内容也许有助于你推广自己的企业。我认识一些优秀的营销人员，他们撰写了推广文案，并希望媒体能够刊登全部内容，而记者们通常只做了少数改动，就将文章发表出来了。

访谈快结束时，要注意自己的言论。可能你觉得采访已经结束了，但记者仍然是记者，麦克风可能还没关，不管你说什么，都有可能被写进报道里。我就遇到过这种事情。有一次，我接受了一名记者的正式采访。采访结束后，我站起身来，把记者送到门口，边走边提到我正考虑募资成立一只基金。第二天，这只基金就成了新闻头条，而由于我们公司没有资格进行大范围募资，所以这篇报道给我们带来了麻烦。

如今，很多记者习惯给采访对象录像和录音。需要注意的是，如果他们想编造故事，就可以不择手段地使用这些录像和录音。我父亲曾在美国进出口银行工作，著名访谈节目《60分钟》（*60 Minutes*）提出要采访他，想了解他是如何发放某些贷款的。那时候，有人猜测《60分钟》节目作假，把被访者说"是"和说"不是"的视频分别录下来，根据需要偷梁换柱。我父亲怀疑他们所讲述的故事不会展现出美国进出口银行最好的一面，所以，对于该节目的采访请求，他的回答是："好的，我们很乐意接受采访，但我们自己也会把采访过程录下来。"听到这话，《60分钟》取消了采访，我父亲也躲过了一劫。

公关可以作为融资和直销的掩护手段，投资人和客户都明白这一点。你可以把公关视为一种预售方式。当你接受电视采访时，一定要说出自己公司的名称、公司的业务范围，以及你的联络方式。否则，你可能会失去一个大好时机。

最后，无论与任何形式的媒体交流，你都要提及你的公司名称、业务范围和联络方式。否则，你就可能失去一个重要的推广机会。

其他营销技巧

使用最新技术来推广你的产品或服务。你要跟那些成功企业、新平台和热点打成一片。比如，Instagram是全新的社交平台，而Friendster已经日薄西山甚至过气了，相比之下，通过前者开展业务要好得多。

如今可用的营销工具比5年前开发的任何工具都要好，放心用这些新工具吧。对于竞逐成熟市场的初创公司来说，新技术可以让营销方式变得与众不同。把你身边的熟人都变成社交媒体上的支持者。推特转发者和脸书好友对绝大多数初创公司来说都是非常有价值的，因为初创公司通常很难获得媒体的大量关注，而你的朋友可以帮你传播信息。

评估营销效果。营销是一门艺术，但优秀的营销人员同时也是科学家。你要试着评估每一次营销的效果，以确定哪些措施是有效的，哪些是无效的。你要知道你从脸书广告中获得了多少客户线索，有多少客户来自你的病毒式营销，有多少客户来自你写的博客文章，又有多少客户来自你租用的广告牌，诸如此类。然后，你还要了解这些客户线索的质量优劣。也许你会发现，那些怪诞的营销活动反而效果最好。

我投资的很多企业家认为，他们可以从大型代工厂或渠道伙伴那里获得大部分客户线索，但他们也发现很难让大型代工厂或转售合作伙伴为他们争取客户，而脸书广告却可以源源不断地带来客户。不要只评估营销措施的效果，要行动起来！如果你发现某些营销措施起作用，那就加倍努力去做，不要踌躇不决。营销资源有限，所以你要把它们发挥到极致，物尽其用。

写一首主题歌。泰勒·斯威夫特（Taylor Swift）[1] 在 Instagram 上放了一张自己的照片，点赞数就达到 140 万。一首脍炙人口的歌曲具有无比强大的力量，它可以把顾客吸引到你身边。

写一本书。写好书之后，想办法出版，媒体自然会把你视为专家，对你进行报道。如果你没时间写书，那就开博客，成为社交媒体专家。

在公共场合发言。就特定主题发表公开演讲是让客户接受你的思维方式的一种有效手段。在公共场合发表演讲时，听众会全神贯注地倾听你的发言。充分利用这一点，推广你自己和你的企业。引导听众去做你希望他们做的事情，并且一直向他们提问题。如果你不问，你不会得到自己想要的东西；而如果你问了，就可能会得到答案。

病毒式营销

病毒式营销是一种艺术形式。当我提出可以通过网络邮件让顾客自发传播实现病毒式营销时，我意识到这项技术适用于任何公司和行业。病毒式营销是指，如果你向客户提供某些有价值的东西，客户愿意把消息传播出去，但前提是传播方式很简单，不产生任何摩擦，且客户能以某种方式受益。在 Hotmail 的案例中，客户热衷于让其他人通过网络与他们沟通，所以他们非常乐意传播信息，并推广你的公司。

---

[1] 美国流行音乐歌手——译者注。

病毒式营销的十大注意事项

你的公司若要成功开展病毒式营销，需具备以下十大要素：

1. 某种价值主张。你必须拥有客户想使用甚至愿意花钱购买的东西。

2. 使人认可。使用该产品的人必须愿意把它推荐给其他人，或至少保持中立，允许产品信息扩散。

3. 用户传播产品信息毫不费力。除了平常所做的事情以外，用户无须付出额外的努力就可以传播产品。

4. 新颖的产品或服务。如果产品能形成一些反响，就会对营销有所帮助。反响往往伴随着争议。要适应争议，让产品流传开来。

5. 清晰的主旨。产品应该是简单的、直观的和自然的，非常便于使用。

6. 产品不伤害计算机。即使用该产品后客户的计算机不易出现问题。即便是潜在的问题，也会扼杀客户对产品的需求。

7. 网络预防措施。网络不会因产品的使用而发生延时。

8. 无接触式传播。产品应能在无接触的情况下传播。

9. 碎片式传播。采用病毒式营销的产品像碎片那样传播。产品被带到新的社区，然后在整个社区内传播，而该社区与另外一个社区产生联系（或形成联系渠道），于是产品再传播到新的社区。你应该尝试一下，看看如何加快产品在社区内部和社区之间的传播。

10. 流动完全自由。倘若受到外力限制或控制，"病毒"就会被治愈（或变质）。你要让"病毒"存活下来！

看你能不能把客户变成销售人员。看你能不能让客户在讨论你的产品或服务时说出你公司的名字。你应该在电视广告中看到过一种激励措施：只要把产品推荐给自己的朋友和家人，观众就能获得现金奖励或免费服务。这会激励顾客将产品推销给他的朋友和家人。实际上，特百惠（Tupperware）就是这样把顾客变成销售人员的。只有成为特百惠的销售代表，他们才能获得特百惠的产品。特百惠公司鼓励这些销售代表举办聚会，以更好地推销产品。近年来出现了很多客户成为产品销售代表的案例。每当你拍一张照片放在 Instagram、脸书或色拉布上，你就把它们的服务传播给了你的追随者。每当你写下一条推文时，你就是在推荐大家使用推特。Kik 和 Tango 是两种可以让人们免费视频通话的服务，你在这些平台上打的任何电话都会给 Kik 或 Tango 带来一些新客户。如果你把朋友的联系方式提供给这些公司，他们的用户群就会扩大，而你也能更方便地找到你的朋友。

这些病毒式营销方法引发了"网络效应"，而其中一种网络效应最为明显，那就是比特币。如果没有人使用或重视比特币，那比特币就一文不值，其实任何货币都是这样的。但是，随着越来越多的人将比特币当作一种资金传输方式，人们越发认识到比特币的重要性，并认可它不断上升的价值。

梅特卡夫定律表明，通信网络的价值与该系统连接用户数的平方（N^2）成正比，其价值根据网络节点数呈指数式增长。

梅特卡夫定律

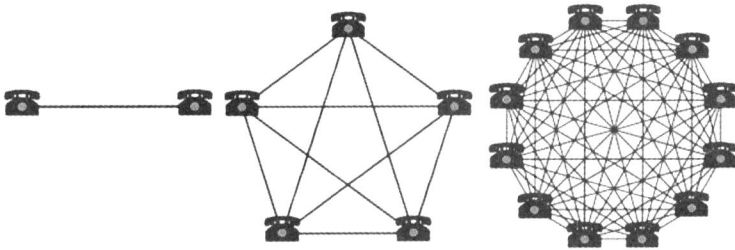

以数学公式表示：

网络价值（即人际关系）= 从 1 到 $N-1$ 的所有数字的总和，其中 N 是节点的数量。

简化方程式是这样的：

如果 R 是人际关系，N 是节点数量，为了使方程式更加简单，假设 $X=N-1$，则结果是：$R=(X^2+X)/2$

从数学上讲，梅特卡夫定律是正确的。如果我们把人际关系的数量定义为网络价值，则该价值会随节点数量的平方值而增加。

随着网络不断扩大，其价值也不断增加。若网络数值为 1，那你就没有任何人际关系。若网络数值为 2，那你就跟 1 个人有关系。若网络数值为 3，则人际关系数量为 3。若网络数值为 4，则人际关系数量为 6。若网络数值为 5，那你就跟 10 个人有关系，以此类推。请见下表：

节点	人际关系数量
1	0
2	1
3	3
4	6
5	10
6	15
7	21
8	28
9	36
10	45

加入某个网络的每个额外节点（或每个人）会把网络值变成"原有网络值＋节点数量 −1"。第 2 个人只增加 1 个关系，但第 1000 个人增加了 999 个关系。

下面，我们要做一个有趣的思维实验：将梅特卡夫定律应用于比特币。如果今天的比特币单价是 5000 美元，而人际关系网络中有 1500 万人，那么，当人际关系网的人数达到 1.5 亿人时，比特币的价格是多少？

每增加一个人，这个人就会带来自己的人际关系网络，所以，病毒式营销加速了产品的市场渗透速度，网络效应能更快地增加人际关系的数量，从而增加实体的价值，而这正是病毒式营销的有趣之处。随着越来越多的人加入某种病毒式营销场景，就会出现相互重叠的情况，每个额外用户的价值会略有下降。因此，当我们接近人数极限时，新增加用户只是在将自己（及他们可以联系到的人）添加到人际关系网络价值当中。

在一个无限大的人口群体中，一个新客户有 10 个朋友，而这些朋友每个人都有 10 个朋友，不存在任何重叠，那么获取客户的过程可以大大加速。假设一家公司在没有采用病毒式营销的情况下，用 1 周时间增加了 10 个新客户，而这些客户借助病毒式营销每周发展了 10 个新客户，后续客户皆以同样的方式扩展。5 周以后，采用和不采用病毒式营销方式发展的客户数量分别为：

	第 1 周	第 2 周	第 3 周	第 4 周	第 5 周
不采用病毒式营销	10	20	30	40	50
采用病毒式营销	10	100	1000	10000	100000

因此，病毒式营销可以节省你的时间，帮助你的企业获得成功。

但这个过程不会无止境地持续下去，因为客户必定会有重叠。我的一些朋友和家人可能也是你的朋友和家人，而随着客户数量增加到你想要接触的客户总数，病毒式营销的效果就会降低。

下面这张表格假定每个客户可增加 10 人，总人数为 100，重叠客户数量和最终获得客户的数量分别为（约数）：

客户号码 #	关系人数	可能重叠人数	关系人增加数	获得客户人数
1	10	0	10	10
2	10	1	9	19
3	10	2	8	27
4	10	3	7	34
5	10	3	7	41
6	10	5	5	46
7	10	4	6	52
8	10	5	5	57
9	10	3	7	64
10	10	3	7	71

可以用好几种方式来解读这些数据，其中一种是：在有限的客户群体中添加新客户会变得越来越困难。如果该网络是人际关系网络，那么当你达到世界人口极限或目标客户数量时，回报就会缩小。

难题：病毒式营销的曲线是怎样的？随着时间的推移，产品能以多快的速度传播？随着人数的增加，曲线将如何变化？它是以线性增长还是以指数级别增长，或是以其他方式增长？是否有一条渐近线来限制某项服务能够开发的客户数量？

下述病毒式营销方程式描绘了随着时间的变化，客户数量的变化速度。该方程式适用于那些像我一样真正深入研究病毒式营销的读者：

$$\mathrm{d}p/\mathrm{d}t = kp(1-p/P)$$

其中，P＝市场中客户总量，

p＝任意时刻的客户数量，

t＝时间，

所以，$\mathrm{d}p/\mathrm{d}t$＝随着时间的变化而产生的客户数量的变化，

k 是变化速度（即人们多久发展一次客户）。

接下来，让我们从数学回到文字……

把公司名称变成口头禅

营销既是一门艺术，也是一门关于如何进入人们潜意识的学问，但只有极少数公司能够做到这一点。如果你能做到的话，你就拥有了一个极佳的营销机会。"Skype我"和"谷歌一下"等广告词都是经过精心策划的营销活动。人们不说"Hotmail 我"或"必应一下"，但是，如果 Hotmail 和必应的营销部门思考过如何宣传本公司服务的话，这些句子可能也会变成人们的口头禅。在日常工作中，试着去思考那些接触的公司，看看它们的名称是否朗朗上口。

市场营销就是 20% 的事实加上 80% 的人性。史蒂夫·乔布斯推出 iPod 时，市面上还有其他 40 种音乐存储设备，有些设备的内存是 iPod 的 4 倍，但苹果公司最终成为市场的主导者。为什么？因为史蒂夫·乔布斯对商业背后的人性了如指掌。他知道，通过讲述与 iPod 相关的某个故事，把它描绘成一款好玩又好用的产品，消费者就会觉得手里有一台 iPod 是件"酷炫"或"时髦"的事情；至于 iPod 是否像竞品那么功能强大、快速或便宜，倒不是最重要的事情，因为他知道自己能捕捉到客户的情感、思想、精神和自我。如果你能捕捉到客户的想法，那么，与那些仅仅向客户强调产品的功能、优势或价格的公司相比，你会获益更多。人类是一种复杂的动物，既胸怀壮志、雄心勃勃，又充满嫉妒心，且喜欢消费，善于交际，要向他们推销产品，就应该考虑到他们人性的一面。

THE HERO
STARTUP PITCH

初创公司融资路演

请注意，本书把融资路演放在了商业计划、市场营销、产品，甚至创业誓言之后，是有充分理由的。很多公司从一开始就设计好了路演的说辞，但创业者还没有把它融入商业计划。在尝试推销任何产品之前，你要确保自己有一个清晰的计划，这是非常重要的。你想改变世界、改造某个行业，经过深思熟虑形成一份详尽的计划再表述出来是很难的。可如果不做任何事就考虑先向投资人路演，无疑会浪费投资人的时间。

最近，我收到一封电子邮件，发件人说："我有一个创意，但需要 8000 万欧元去实现它。"就这两句话，没有下文了。我原以为她在要求这么多投资之前会把创意说一下，可她并没有这样做，简直可笑至极，所以我删除了这封电子邮件。可能她真的有好点子，却没有表述清楚。假如她一开始就说"我找到了治愈癌症的办法"或者"我发现了时间旅行的方法"，也许我会继续读下去。

如果你已经竭尽所能制订了计划，那接下来就要琢磨一下路演了。以下建议或许适用于你的融资路演。

如果你想成为创业英雄，就得为某些目标而奋斗；而作为一名创业者，你要做很多次"电梯推销"。这种推销应该是充满激情的、清晰的、有说服力的，而且应该有重点。德瑞普大学会对学员进行"电梯推销"训练，有时候我们会建议学员在推销辞中提及企业的使命和商业模式，有时候则会建议学员多提及个人和自我改进的方法。以下是我给德瑞普大学学员的建议，有些建议适用于一般商业规划，有些建议是针对个别学生的。如果你打算成为一名创业英雄，可能所有建议都是有用的。我推荐你把各种建议都应用到你的实践中。

以下是我给全体学生的一般性建议：

● **目光放长远**。你们很多人关注的市场太小了。即使你觉得需要循序渐进，也应该有一个远大的目标。

● **学会赚钱**。你们很少有人想好了如何从购买你的服务或产品的客户那里赚到钱，构建自己的商业模式。去尝试一下吧。你们要学会评估市场规模和进入市场的方式，算好收费水平和各种成本。看看你能不能提前收到货款，能不能把客户变成你的销售人员。

● **了解市场和竞争对手**。在谷歌上简单搜一下你所在的行业，上面有很多相关信息。初创公司想赢得市场，就得推陈出新，即使只是加快产品上市速度或推出更廉价的产品。

● **演讲时不要照本宣科**。要充分了解你的演讲主题，使演讲变得更自然一些。秘诀就是练习，练习，再练习。

● **表现出热情**。要带着感情去推销企业或产品，要浑身充满活力，让听众觉得必须听你的推销辞。

● **全神贯注**。去趟洗手间，往脸上泼点水，我发现这有助于提神醒脑。冷水会让你保持清醒。这个方法还有另外一个好处，那就是促使你照镜子，看看自己是否需要梳头或刷牙。

以下是给个别学生提出的具体建议：

● **对财务数据了然于胸**。如果创业者不了解自己企业的财务状况，是不会得到投资者的支持的。

● 确保在你的商业计划中融入你的创业激情。

● 以全球眼光去做规划。如果不高屋建瓴，你的企业就无法做大。

● 思考如何才能进入目标市场。你是直接面对消费者吗？还是通过另一家企业与消费者接触？你是否可以利用某些网络效应？

● 不要赶热点。如果媒体在报道某个事物，那就证明它已经过时了，或者已经不再是热点了。我曾经有过这样一些学生，他们时而关注欺凌现象，时而关注全球变暖，时而又关注财富分配问题。热点话题只能火一小段时间，不可能永远火下去。

● 确保有一款能实现你愿景的产品，而且该产品供不应求。

● 思考你的产品、服务或企业有何与众不同之处。它比市面上现有的好在哪里？

● 向客户试销产品。

● 确保你的客户资金充足。

● 确保你的客户永远忠诚，或者想办法让你的企业更易于宣传。婴儿纸尿布和婚纱这两门生意很难做，因为当你的客户不再需要尿布或婚纱时，她就会离开你。

● 了解你的团队成员。他们的能力是否与岗位相匹配，是否能帮助你获得成功？

● 如果你无法轻松地用文字解释产品功能，那就借助图片、视频或样品。向客户和投资人推销产品时，样品往往很重要。

● 确保你的企业除了提供新平台和新功能之外，还能给客户带来其他价值。如果谷歌或特斯拉可以复制你的服务并将其作为一个功能添加到他们的搜索工具中，那么，你很可能不是在改变一个行业。

● 确定你是否拥有独特优势。你比其他人都了解这项业务吗？你有地理或技术方面的优势吗？

● 编个故事。故事可以销售产品，故事还可以推广企业。

● 在谷歌、必应、Safari、Yandex 或百度上搜索竞争对手，看看他们正在做什么。你依旧是这个行业内独一无二的企业吗？

● 如果有人听说了你的创意，而且资金和人手都比你多，那么他抄袭你的创意并击败你的概率大不大？好好想一想。

● 不要指望政府改变法律来使你的企业运转起来，不要指望政府购买你的产品。总之一句话：不要依赖政府。

● 试着发起一项运动，以产品为媒介，把用户凝聚起来。人们是否会对你的产品产生某种情绪反应，而你是否可以利用这种情绪反应鼓动他们？

● 想象一下，大大小小的竞争企业会做何反应？你会怎样保护自己？当你受到对手攻击时，谁会支持你？你要确保客户离不开你。

● 对免费产品或服务进行收费是件难事，但也不是没有可能。

● 做好业务规划，这样，随着业务的开展，你的利润将不断增加。竞争对手会拉低价格吗？从长远看，谁最有话语权，你还是你的客户？

● 如果产品需要营运资金，那就先把它预售给客户，然后看需要提前收取多少才能收回成本。特斯拉推出"创始人系列"电动汽车时，要求客户预付 90% 的货款。正是凭借这笔预付款，其生产得以顺利开展。很多新产品都是通过 Indiegogo 和

Kickstarter 平台筹集资金的。

● 思考这家公司是否更适合经营代币。数字货币首次公开募资是一种新的实体形式，创业者可以用代币或数字货币筹集资金。如果你能构思出某种代币，那就要规划好它的用途。确保代币具有市场需求、供应和流通等完整周期。

● 打听那些尝试过类似业务的企业，找出它们失败或成功的原因。

● 确保那些购买服务的客户能从中受益。

● 征求专家的意见，但不要以为他们知道自己在说什么。你和专家不是同一个世界的。

● 不要"与象共舞"。作为一家初创公司，你可能有机会与大公司合作，人们通常把这种合作称为"与象共舞"。绝大多数采用这种策略的初创公司都被"大象"压死了。它们以为大公司会帮它们完成所有工作，但事实恰恰相反，大公司会研究它们，并花很长的时间做决策，而想以小搏大的初创公司则白白浪费了时间和金钱。

有些初创公司倒是成功地"与象共舞"了。下面是"表演舞蹈"的一些步骤。

你要确保企业提前获得足够的货款，并确保利润足够高，能够让你履行订单合同。合同执行时间将比你预期的要长，很多大企业的合同要花 1 年的时间才能完成。调出一张电子表格，看看合同生效前后你的现金流动情况怎样，然后在合同的签署日期上加 90 天，在此基础上再加 90 天，因为大企业通常会延期付款。如果你尝试了这一步骤，就会明白为什么这么多初创公司在跟大企业合作时倒闭了。

在与大企业合作的过程中，如果初创公司要求对方支付一笔非经常性工程（non-recurring engineering，NRE）费、一笔单方中止协议费，以及一笔缓解其现金流需求的预付款，那它们就有可能获得成功。除了支付方式之外，你还要了解"大象"的动向。一旦"大象"开始向你的方向移动，合作势头增强，这家大企业将很难改变方向。所以，在"与象共舞"时，你要确保这就是你想跳的舞蹈。

IPOS

上　市

为什么现在任何公司都想上市？在过去，创立一家市值 5000 万美元左右的公司是一个远大目标，甚至是一个梦想。实现该目标之后，企业才想着上市。如今，这个过程甚至毫无意义了。为了符合《萨班斯 - 奥克斯利法案》中的新规定，所有公司每年要付出 500 万美元成本。2001 年，安然和世通公司（WorldCom）丑闻相继爆发，为了防止类似事件再次发生，美国国会于 2002 年制定了《萨班斯 - 奥克斯利法案》。但是，如今回想起来，该法案的新规定和附加条件有弄巧成拙之嫌。公司上市需支付大量会计费用、法律费用和保险费用，使得有志于上市的公司不堪重负。为了每年支付法案规定的 500 万美元，而又不至于对公司造成严重影响，上市公司的规模必须非常庞大，能够承受这笔巨额费用。《萨班斯 - 奥克斯利法案》产生了令人意想不到的后果，政府本想通过该法案保护民众，却未料到民众被法案约束了手脚，无法投资高回报、高增长的公司。

要遵守《萨班斯 - 奥克斯利法案》，上市公司就必须花高薪聘请律师，请他们对公司进行辅导，防止公司吃了晦涩法规的亏。雪上加霜的是，每家上市公司都会面临律师集体诉讼（也被称为"抱团诉讼"，因为这些律师会抱团起诉公司）的风险。律师们会在公司上市时购买该公司的股份，倘若公司股价下跌或业绩不如预期，他们就可以对该公司发起集体诉讼。

集体诉讼的原理就是：除非投资人看过大量法律术语，并且填过一张表格，声明他们不想成为原告，否则，他们就会成为原告。然而，投资人必须阅读其他法律文本，才能弄清楚如何采集证据，所以律师通常能与三分之一的投资人达成和解。由于存在集体诉讼的风险，上市公司必须支付更多的保险费。而且，由于法规非常复杂，上市必须经过更深入的计算，因此会计成本非常高，也使得投资人在阅读财务报表时更会觉得复杂和不知其解。

此外，如果投资方是类似于加州公务员退休基金（CalPERS）这样的政府养老金，他们会对上市公司施加影响，改变其董事会的性质，以顺应政治风向。公共投资方希望看到上市公司每季度的进展，却从不做长远考虑，所以，与上市前相比，公司与投资方看问题的角度就难以保持一致了。公共投资方可以卖空上市公司的股票，在某些情况下，这种做法足以让公司破产。上市公司必须向其客户（及竞争对手）说明其利润水平，而一旦看到利润如此之高，客户可能会想重新谈合同。上市公司的薪酬和激励制度也要受到公众审查。相比之下，那些没有上市的竞争对手每年可节省 500 万美元合规费，它们可以把这笔钱用来推广现有产品或设计一款可与上市公司竞争的先进产品。自从《萨班斯 - 奥克斯利法案》被强加给上市公司之后，上市就更像是一场严酷的考验，而不是庆典。

鉴于上市带来的诸多不利因素，绝大多数聪明的创业者决定不上市，保持公司的私有化，因此，员工、投资人和创始人都拥有完全非流通股。在写作此书时，爱彼迎和优步造就了数以百计的纸面百万富翁，尽管有大量买家愿意购买他们手里的股票，他们却无法将股票出售。如今，就算你拥有十亿美元的优步股票，也可能连一杯咖啡都买不了。

这些法规原本旨在保护投资人免受损失，结果却使美国和世界各地的财富流动陷入了停滞。富裕社会的标志是财富可以自由流动，任何限制流动性的举措都会严重影响社会的就业、财富和繁荣。

我们的政府允许甚至鼓励民众玩彩票，却又小心翼翼地控制、监视和限制民众投资私营企业，而私营企业有可能成为社会进步的主要动力。现在到了修改法规、允许民众投资私营企业的时候了。

一家公司的价值是由投资人决定的。随着时间的推移，投资人会根据某家公司的贴现现金流判断该公司的价值。投资人喜欢集体思考，胜利时一起庆祝，失败时一起恐慌。当投资人对未来持乐观态度时，与未来前景相比，短期现金流和短期盈利能力在他们看来就显得无关紧要。当投资人变得悲观时，他们会转而关注"质量"，也就是说，他们会只凭借历史数据来确定公司的价值。在这个过程中，粗心大意的投资人就会损失金钱。但总体来讲，他们赚钱的可能性更大一些。在过去 100 年中，道琼斯工业平均指数（the Dow Jones Industrial Average）平均每年增长 12%。

这是一段诡异的时期。严格的法规使得公司无心上市，甚至没有兴趣面向公众；而自从我进入这个行业以后，私人市场的流动性比任何时候都要高。我认为，现在正是创业者为私营企业创造一个强流动性市场的大好时机（尽管这仅限于一小部分有资质的投资人），也是政治家围绕所有权流动性建立一个全新平台的绝佳机会。如今各州政府正在相互竞争，因此，我们将会看到企业灵活应对政府法规，在选择注册地时以哪个政府能提供友善的创业环境作为评判依据。

据说，我们要采用一种新方法来为股东建立流动性。美国政府已经针对上市制定了诸多监管措施，导致企业和投资人都不再热衷于上市。

机缘巧合之下，我找到了几种私募市场流动性替代方案。eShares（现改名为"Carta"）正致力于重塑记录公司股权的资本构成表，从长远来看，该报表可以帮助公司提高效率，无须大量的会计和法务工作就能交易股票。AngelList、Crowdfunder 和 FundersClub 等平台直接将企业与投资者联系在一起，它们最终可能成为股权交易所。我在德瑞普奥克伍德投资公司（Draper Oakwood）的合伙人阿尔默·萨尔弗拉兹（Aamer Sarfraz）创立了一家全新形式的特殊目的收购公司（speial purpose acquisition company，SPAC）。它是一家符合所有法规的空壳上市公司，私营企业可以通过简单并购的方式进入这家空壳公司，从而成为新的上市公司。在支付股息或分配收益等方面，比特币和区块链上的智能合约可能成为一种更简易的方式。数字货币首次公开募资也许能绕过传统上市流程，允许创业者通过代币募资，为项目筹集资金。

总而言之，严厉的监管会导致上市企业数量减少，经济下滑。不过，新的解决方案有望出现，更多流动性资产会进入系统，从而改善当下的经济状况。

CONCLUSION

结 语

　　创业英雄不好当，处处都会遇到挑战，但如果你心怀激情，身怀动力，不惜一切代价去实现目标，就能成为一名创业英雄。创业的过程是艰辛的，既充满了挑战，又令人兴奋，这是一种独特而变化无常的人生。你有可能成为下一个盖茨、扎克伯格、贝索斯、布林（Brin）、佩奇（Page）①、休利特（Hewlett）②、福特、普罗克特（Procter）、甘布尔（Gamble）③、迪士尼或中本（Nakamoto）④，但是要记住，失败也是重要的人生经历。无论你在经营自己的企业，还是给其他企业带来变革，只有创造浪潮，才能推动企业向前发展。凡事皆有可能！

------

① 谷歌的创始人谢尔盖·布林和拉里·佩奇。
② 惠普的创始人比尔·休利特。
③ 宝洁的创始人威廉·普罗克特和詹姆斯·甘布尔。
④ 比特币的开发者中本聪。

最后提示：冒险王

我曾与一位真正的创业者合作过，这次合作经历给我带来了一些启示。鲍勃·拉斯（Bob Russ）创立了一体化系统公司（Unity Systems），推出家庭管理系统，为所有家庭成员提供舒适的生活。鲍勃给我留下了深刻的印象，因为他目标清晰、专注、有决心。为了维持公司的运转，他拿出了自己在各个州办的 30 张信用卡。在我见过的创业者当中，鲍勃堪称最有激情之人。

鲍勃聘请了哈佛大学工商管理硕士汤姆·莱利（Tom Riley），后者擅长企业管理，非常值得信赖。后来，汤姆发现鲍勃工作时间没有规律，经常口无遮拦，也没有管理好自己的员工，对鲍勃深感失望。汤姆找到董事会，要求取代鲍勃首席执行官的位置，并要求董事会将鲍勃赶出公司。当时，由于我刚从事投资行业，很难做出解雇首席执行官的决定，于是让更资深的投资者进行定夺。董事会只有一项职责，那就是聘请和解雇首席执行官。考虑到汤姆已经发出了最后通牒，我们只好站在聪明的哈佛大学工商管理硕士这边。其实，我们应该想办法把他们两个人都留下来。鲍勃是公司的心脏，汤姆则是公司的大脑。

鲍勃离开公司时，依旧怀着创业的激情。他既痛苦又愤怒，虽然还是公司的大股东，但他不希望公司在没有自己的情况下获得成功。直到今天，我仍然认为鲍勃的离去带走了公司的精气神。多年来，为了保证公司的运转，汤姆不知疲倦地工作着，但公司缺少了鲍勃，也就少了他的远见、激情和不惜一切完成目标的韧劲。公司一直处在挣扎的边缘，最终以倒闭收场。

汤姆后来作为一名非常成功的外交家担任美国驻摩洛哥大使。至于鲍勃，我再也没有他的讯息。

作为一体化系统公司的董事会成员，我没有尽到自己的职责。现在，我开始认识到激情和商业意识是企业成功的必备要素。通常来说，成功所需的品质很少集中在某个人身上，我相信每家公司都需要心脏（比如像鲍勃这样的人）和大脑（比如像汤姆这样的人）。如果心脏离开了公司，公司就会死亡；而如果大脑离开公司，它还有可能无限期地生存下去，只不过再也无法取得它应有的成就。

我发现，虽然我已经尽量去支持创业者，但有时候我还是会对他们指手画脚。企业自有其生命，而有时为了解决实际问题，眼光放得不够长远，难免会间接伤害到创业者，无视其建立愿景的冲动。我还发现，企业一旦失去了创始人，就失去了主心骨。

正是有了与鲍勃和其他创业英雄合作的经历，我才逐渐成长为一名风险投资人。一直以来，我的使命就是支持他们；支持那些可能被误解的人，他们不像董事会那样墨守成规，而是可能把公司带到悬崖的边缘，但依旧拥有改变世界的雄心和眼光。他们需要得到尊重和保护，以免受到像我们这种神经质董事会的影响。与创业者相比，董事会往往缺乏长远的目光或同等的风险承受能力。

鲍勃，我要把下面这首歌献给你和那些像你一样的创业者。你们为自己的企业做出了非凡的牺牲，有些人短暂登场，有些人走完全程。

冒险王（版权所有；由提姆·德瑞普作词）

他把全副身家拿去创业，

跟他的美艳妻子离婚，

就连生活费也一分不剩，

朋友们觉得他有点滑稽。

他需要一名"世界级的 CEO"，

100 万美元资金，

还有一些现金流，

用泪水和汗水换来公司的上市。

15 年来栉风沐雨，

嗜血的银行家要求回报，

公司死气沉沉，

就连德瑞普都不会资助！

（合唱）

他是冒险王，

快意人生，追逐年华，

敢于刀口舔血，

他就是冒险王。

他胸怀使命，

公司愿景，

艺术家的野心，

和直觉。

无畏和自由的员工，

无法保证，

公司大逃亡。

团队逆势而动，

他不得不解雇自己最好的朋友，

所谓的"经济衰退"令人沮丧，

就这样结束了吗？

但一位销售大喊："我们拿到订单了！"

公司即将盈利，

报纸会说："不可思议。"

空中阴霾散去。

（合唱）

他站在了世界之巅，

他们终于看到了梦想实现！

现金周转不灵！

现在他成了众矢之的！

媒体叫嚣解雇他，法庭想审判他。

像他这样的有钱人一定是骗子。

《冒险王》成了我的主题曲，这首歌是我为那些推动进步、促进就业、创造财富和改善生活的创业英雄们唱的。我建议你为客户写一首主题曲，它会体现出你对客户的尊敬，当你唱起主题曲时，他们都会知道你是真正的创业英雄。

祝　福

有些新技术似乎正在取代人工。人工智能、网络集市平台和区块链肯定会让消费者的生活变得更美好，让社会更加富裕，解放劳动力，让他们做更抽象和高级的事情。电脑可能更擅长做那些单调的工作，比如把人或物品从一个地方送到另一个地方、分析客户数据模式，以及管理规章制度。人类把这些单调的工作交给电脑，自己从事那些更抽象（也更有趣）的工作，比如监控自动驾驶车辆，增强客户体验，改进银行服务、法律服务、会计服务甚至政府服务。

虽然有些人很难适应新世界，但新世界的工作会更有趣、更充实。别忘了，在工业革命之前，绝大多数人都在农场工作，但实现了自动化之后，大量手工作业被更有趣的抽象工作取代了，而我们也逐渐适应了过来。科技进步正在使我们经历类似的变革。未来，人们回首现在时会说："那些可怜的家伙开着车四处跑，每天都要在车里浪费两个小时。"

科技推动人类进步。工人们必须适应技术变革，改头换面，寻找新的工作。如果世界停滞不前，这些技术会让很多人无所事事。但是，人类有适应性和创造性，所以我对充满新技术的未来持乐观态度。

如今，科技的进步速度比历史上任何时期都要快。摩尔定律指出，电脑的运算能力每 18 个月就会翻一番。随着电脑越来越智能化，科技也产生了大量新突破，每一代电脑都可以为人类做比上一代电脑更多的事情。在摩尔定律的基础上，梅特卡夫定律指出：随着网络上节点数量不断增加，网络会变得更加强大。随着越来越多的人使用智能手机进行交流，梅特卡夫定律越发明显，而这些智能手机储存了关于我们的大量信息，比如我们是谁、我们在哪里、何时去往何处、我们的朋友是谁、我们吃什么、我们能为谁赚多少钱、我们是如何高效使用时间的，以及其他行为模式。

人类的进步不是线性的，而是不断加速的。去年，我们用同等价格的设备只能做我们如今大约三分之二的工作；而在十五年前，我们只能做如今千分之一的工作。

我们要预测社会的进步。对于求职者或那些在即将到来的技术变革浪潮中去中介化的人，我建议他们预测并想象一下世界在两年、三年、四年或多年以后会变成什么样子，并确定自己如何才能为社会做出最大贡献。如果我们思考现在要从事（或创造）什么样的工作，就必须思考这份工作与未来哪些趋势是相关的，以及未来什么样的市场平台是最重要的。

除此之外，我们需要有远见卓识之人。谁能引领行业变革，谁就能跟上科技发展趋势，带领企业走向成功，创造新的就业机会，改变人类和人性的面貌。这些人将成为明天的创业英雄，也许你就是他们当中的一员！

更多内容

iTunes 和 YouTube 上有创业英雄播客和视频。

drapertv.com 网站提供了杰出创业英雄视频。

meetthedrapers.com 上可以查看创业英雄推销辞，然后进行投资。

还可以登录我们的全球风险投资网络：drapernetwork.com。

教孩子成为创业英雄，请登录网站：bizworld.org。

想成为创业英雄，请登录网站：draperuniversity.com。

想推介你的初创公司，请登录网站：draper.vc。

创业英雄评估

你具备创业英雄的能力吗？

你成为创业英雄的潜力有多大？为了找到答案，请做以下评估（注意：这份评估完全是主观和不科学的）。回答以下问题时，请自行承担风险。这份评估主要是为了好玩，所以不要靠它来确定你的真正潜力。只有你知道你是否有能力成为创业英雄。

如果你得分不高，千万不要慌，德瑞普大学可以帮助你重塑思维。

1. 你最欣赏以下人物中的哪三位（至少选择一名女性和一名男性）？

    a. 乔治·华盛顿·

    b. 亨利·福特·

    c. 阿诺德·施瓦辛格

    d. 希拉里·克林顿

    e. 谢丽尔·桑德伯格·

    f. 奥普拉·温弗瑞·

2. 你喝酒吗？

    a. 喝

    b. 不喝·

3. 你认为以下哪种是最好的用钱方式？

    a. 给社会注入流动性·

    b. 构建愿景·

    c. 买一栋豪宅或豪车

    d. 我的客户表示他们很喜欢我的产品·

4. 你认为德瑞普大学招生流程对你有用吗？

    a. 有用

    b. 没用·

5. 你与当局发生过纠纷吗？

a. 发生过·

b. 没发生过

6. 你是否在溺水、火灾或其他危及生命的情境下救过人？

　　a. 是·

　　b. 否

7. 你是女性吗？

　　a. 是·

　　b. 否

8. 你更喜欢红色还是绿色？

　　a. 绿色·

　　b. 红色

9. 你是家里第二个、第三个或更晚些出生的孩子吗？

　　a. 是·

　　b. 否

10. 当事态没有按你的计划发展时，你会情绪激动吗？

　　a. 会

　　b. 不会·

11. 你喜欢追求创意吗？

　　a. 喜欢·

　　b. 不喜欢

12. 你的父亲或母亲是创业者吗？

　　a. 是·

　　b. 否

13. 你身高特别矮或特别高吗？

　　a. 是·

　　b. 否

14. 你有某种第六感吗？

　　a. 有·

　　b. 没有

15. 你会寻找改善事物的方法吗？

　　a. 是·

b. 否

16. 你会从修理机械产品的过程中获得满足感吗?

　　a. 会·

　　b. 不会

17. 你是工程师或营销人员吗?

　　a. 是·

　　b. 否

18. 你喜欢告诉别人该做什么吗?

　　a. 喜欢

　　b. 不喜欢·

19. 你想建立一个帝国吗?

　　a. 想

　　b. 不想·

20. 你特别丑或特别漂亮吗?

　　a. 是·

　　b. 否

21. 你希望弱者赢得比赛吗?

　　a. 希望·

　　b. 不希望

22. 你旅行的动力是什么?

　　a. 了解历史

　　b. 了解文化·

　　c. 学习语言

　　d. 结识新朋友·

　　e. 经历新事物·

23. 地位对你很重要吗?

　　a. 是

　　b. 否·

24. 你会追赶潮流吗?

　　a. 会

　　b. 不会·

25. 你经常变换外表吗?

    a. 是

    b. 否·

26. 你是否沉迷于超越其他人认为正常的事物?

    a. 是·

    b. 否

27. 你会评判那些把理想付诸行动的人吗?

    a. 会

    b. 不会·

28. 你是否说过"应该制定这方面的法律"?

    a. 是

    b. 否·

29. 你是否说过"我们来讲点道理"?

    a. 是

    b. 否·

30. 你平常是否使用"不可能"这个词?

    a. 是

    b. 否·

31. 你是否说过"万一你怎样""万一我怎样"或"万一我们怎样"?

    a. 是·

    b. 否

32. 你是否说过"善有善报,恶有恶报"?

    a. 是

    b. 否·

33. 你是否说过"去干活"?

    a. 是·

    b. 否

34. 你知道自己有多少钱吗?

    a. 知道

    b. 不知道·

35. 以下事情当中,你宁愿做哪些事情(选择两件事)?

a. 改变人们的想法·

b. 改善穷人的生活·

c. 建造某些东西，把你的名字留在上面

d. 赚钱

e. 推动进步·

f. 有事可做

有些答案后面带有圆点，计算你获得的圆点数量。如果圆点数量超过 15 个，你可能会有更远大的目标，那就来德瑞普大学吧；如果圆点数量不到 15 个，也许你依然有更远大的目标，而德瑞普大学可能会帮助你实现这个目标。

鸣　谢

　　特别感谢帮助我完成这本书的每一个人。感谢我的妻子梅丽莎，她读完我写的书后，总是能巧妙地劝我把它扔掉，然后重新开始写。感谢温迪·麦卡德尔（Wendy McArdle）和她的妹妹香农·托帕洛维奇（Shannon Topalovich），她们赋予本书独特的风格并琢磨大量细节。感谢吉尔·卢贝茨基（Gil Lubetsky），有好几次我都想把整本书删掉或把电脑砸烂，是她拯救了这本书。感谢黑原梅根（Megan Kurohara），她帮我在社交媒体上宣传这本书。感谢汤忠鼓励我把书写完；感谢西里·斯里尼瓦斯（Siri Srinivas）斧正书中的政治立场；感谢罗汉·古普塔（Rohan Gupta）协助本书快速交接；感谢德瑞普基金的所有合伙人，他们也参与了本书的写作；感谢史蒂夫·乔布斯发明了 iPhone，因为书中大部分内容是我用 iPhone 写的；感谢为我提供了无数次帮助的美国联合航空公司，他们让我连续好几个小时坐在他们的飞机上回忆故事；感谢我认识的所有创业者，他们促使我为未来的创业者写下这本书。感谢我的父亲，他是第一个阅读和评论本书的人。感谢书中所有的人物，感谢正在看书的你，我爱你们所有人。

　　特别感谢来自德鼎创新基金（Draper Dragon）上海团队的李广新、刁孝力、胡一鸣、王岳华、李忠强和查静卿。感谢他们为中文译本做出的校正和修改。

图书在版编目（CIP）数据

如何成为超级创业英雄：硅谷神话推手写给创业者
的教科书 /（美）提姆·德瑞普著；李文远译 . —杭州：
浙江大学出版社，2019.3
书名原文：How to be The Startup Hero
ISBN 978-7-308-18847-0

Ⅰ . ① 如… Ⅱ . ① 提… ② 李… Ⅲ . ① 创业—研究
Ⅳ . ①F241.4

中国版本图书馆 CIP 数据核字 (2018) 第 296662 号

浙江省版权局著作权合同登记图字：11-2018-509 号

如何成为超级创业英雄：硅谷神话推手写给创业者的教科书
[美] 提姆·德瑞普（Tim Draper） 著；李文远 译

策　　划　杭州蓝狮子文化创意股份有限公司
责任编辑　张一弛
责任校对　杨利军　牟杨茜
封面设计　张志凯
出版发行　浙江大学出版社
　　　　　（杭州市天目山路 148 号 邮政编码 310007）
　　　　　（网址：http://www.zjupress.com）
排　　版　杭州中大图文设计有限公司
印　　刷　杭州钱江彩色印务有限公司
开　　本　787mm×1092mm　1/16
印　　张　19.5
字　　数　334 千
版 印 次　2019 年 3 月第 1 版　2019 年 3 月第 1 次印刷
书　　号　ISBN 978-7-308-18847-0
定　　价　58.00 元